"十四五"职业教育国家规划教材
（中等职业学校公共基础课程教材）

体育与健康

（修订版）

高等教育出版社　教材发展研究所　组编

高等教育出版社·北京

专家顾问	刘　波	李树旺	张　博	宸　铮		
主　　编	李金梅					
副 主 编	丁传伟	刘新民	胡凌燕	唐　炎	韩国太	
编写人员	王　冠	王嘉辉	刘芳丽	刘　雪	刘景刚	刘　粤
	杨　晶	邱素轩	张向东	张远平	陈建勤	陈　攀
	和文雄	贺　刚	郭　丞	路志峻		

（以上按姓氏笔画排名）

总 策 划　贾瑞武　王素霞

图书在版编目（CIP）数据

体育与健康 / 高等教育出版社教材发展研究所组编. -- 修订版. -- 北京：高等教育出版社，2023.7
ISBN 978-7-04-060677-5

Ⅰ. ①体… Ⅱ. ①高… Ⅲ. ①体育-中等专业学校-教材②健康教育-中等专业学校-教材 Ⅳ. ①G634.961②G637.9

中国国家版本馆CIP数据核字(2023)第110697号

体育与健康
TIYU YU JIANKANG

策划编辑　董梦也		出版发行	高等教育出版社
责任编辑　董梦也		社　　址	北京市西城区德外大街4号
特约编辑　朱林欢		邮政编码	100120
封面设计　李树龙		印　　刷	北京鑫海金澳胶印有限公司
责任绘图　于　博		开　　本	880mm×1240mm 1/16
版式设计　李树龙		印　　张	16.75
责任校对　吕红颖		字　　数	300千字
责任印制　赵　振		购书热线	010-58581118
		咨询电话	400-810-0598
本书如有缺页、倒页、脱页		网　　址	http://www.hep.edu.cn
等质量问题，请到所购图书			http://www.hep.com.cn
销售部门联系调换		网上订购	http://www.hepmall.com.cn
版权所有　侵权必究			http://www.hepmall.com
物 料 号　60677-00			http://www.hepmall.cn
		版　　次	2021年8月第1版
			2023年7月第2版
		印　　次	2023年7月第1次印刷
		定　　价	35.80元

出版说明

为贯彻党的二十大精神，落实《中华人民共和国职业教育法》规定，深化职业教育"三教"改革，全面提高技术技能型人才培养质量，按照《职业院校教材管理办法》《中等职业学校公共基础课程方案》和有关课程标准的要求，在国家教材委员会的统筹领导下，根据教育部职业教育与成人教育司安排，教育部职业教育发展中心组织有关出版单位完成对数学、英语、信息技术、体育与健康、艺术、物理、化学7门公共基础课程国家规划新教材修订工作，修订教材经专家委员会审核通过，统一标注"十四五"职业教育国家规划教材（中等职业学校公共基础课程教材）。

修订教材根据教育部发布的中等职业学校公共基础课程标准和国家新要求编写，全面落实立德树人根本任务，突显职业教育类型特征，遵循技术技能人才成长规律和学生身心发展规律，聚焦核心素养、注重德技并修，在教材结构、教材内容、教学方法、呈现形式、配套资源等方面进行了有益探索，旨在推动中等职业教育向就业和升学并重转变，打牢中等职业学校学生的科学文化基础，提升学生的综合素质和终身学习能力，提高技术技能人才培养质量，巩固中等职业教育在职业教育体系中的基础地位。

各地要指导区域内中等职业学校开齐开足开好公共基础课程，认真贯彻实施《职业院校教材管理办法》，确保选用本次审核通过的国家规划修订教材。如使用过程中发现问题请及时反馈给出版单位，以推动编写、出版单位精益求精，不断提高教材质量。

中等职业学校公共基础课程
教材建设专家委员会
2023年6月

修订版前言

本教材是首批"十四五"职业教育国家规划教材（中等职业学校公共基础课程教材）。为深入贯彻党的二十大精神及新修订的《中华人民共和国职业教育法》《关于深化现代职业教育体系建设改革的意见》等的要求，为全国中等职业学校师生提供更高质量的体育与健康课程教材，进一步落实立德树人根本任务，充分发挥教材育人功能，编写组在第一版教材的基础上进行了修订。

一、修订的指导思想

本次修订以习近平新时代中国特色社会主义思想为根本指导，全面贯彻落实党的二十大精神，进一步推动相关精神、要求和内容进教材，力求充分反映我国在新时代取得的历史性成就、发生的历史性变革，紧紧围绕为党育人、为国育才这一初心使命，把精神文明与身心健康融合到时代新人培育上来。通过大力弘扬奋斗精神、奉献精神，传承和弘扬中华优秀传统体育文化，普及科学的、合理的体育运动知识、健康知识，引导中职学生践行社会主义核心价值观，成长为德智体美劳全面发展的技术技能人才，肩负起以中国式现代化全面推进中华民族伟大复兴的使命任务。

二、修订的主要内容

本次修订在保持第一版教材体例格式、框架结构和主体内容的基础上，主要在以下四个方面进行了更新和优化。

（一）结合党的二十大精神，进一步体现我国在新时代体育领域取得的伟大成就

教材主要通过"第一章 体育文化"和"文化中国""健康中国""运动中国""大事记摘要"栏目，反映我国竞技体育、群众体育和学校体育在发展过程中取得的重要成就、发生的重大变革。本次修订对栏目内容进行更新和补充，强调突出新内容、新精神，以进一步增强学生的民族自豪感，树立文化自信，理解以中国式现代化全面推进中华民族伟大复兴的重要意义。例如，更新每一章的"大事记摘要"栏目内容，让学生了解我国近三年在体育领域的成就与成果；在介绍奥林匹克运动相关内容时，强化了中国"双奥之城"的意义和精神，等等。

（二）进一步体现中华优秀传统体育文化

教材主要通过"第一章　体育文化""第九章　武术与民间传统体育类运动"体现学生身边的中华优秀传统体育文化。本次修订进一步丰富了"第一章　体育文化"中中国古代体育相关内容，更新了"第九章　武术与民间传统体育类运动"中武术部分相关内容。

（三）进一步优化体育运动项目教学内容的适用性

在进一步提高教材思想性和科学性的基础上，根据第一版教材使用、教师培训及一线教师反馈情况，本次修订优化了体育运动项目教学内容的适用性。例如，更新"学练赛"的方式方法、专项体能的练习方法，以期更利于师生开展教学活动。

（四）进一步优化版式设计，不断提升阅读体验

本次修订通过优化插图数量，提高插图和照片质量，调整版式设计颜色搭配，精心设计每个细节，使教材版式在保持活泼生动、图文并茂的基础上，更加简洁、重点突出，进一步提升了阅读体验。

修订版教材由高等教育出版社教材发展研究所组织修订，教材主编、副主编统筹指导，分工审读，重点对党的二十大精神进教材原则和思路进行梳理，并和部分编者参与了具体修订工作。第一章由李金梅修订，第二章由刘芳丽修订，第三章由郭丞修订，第四章由胡凌燕、陈攀、陈建勤修订，第五章由李金梅、韩国太、路志峻、张远平、杨晶修订，第六章由胡凌燕修订，第七章由张向东、王嘉辉修订，第八章由韩国太、郭丞修订，第九章由丁传伟、刘粤修订，第十章由路志峻、刘粤修订。本教材在修订过程中，得到了刘波、李树旺、宸铮等专家的悉心指导，同时编写组还参考和引用了相关书籍与文献资料，在此对各位专家及文献作者致以衷心的感谢！也感谢所有对教材的编写、出版、使用等工作提供过帮助与支持的同仁和各界朋友。

本教材第一版前言提供了学时分配表，师生可继续参考。本教材配套教学视频、教学阅读资料等辅教辅学资源，请登录高等教育出版社Abook新形态教材网（http://abook.hep.com.cn）获取相关资源。详细使用方法见本教材最后一页"郑重声明"页下方的"学习卡账号使用说明"。

我们希望修订后的教材更具有时代性、先进性、思想性和科学性，符合职业教育高质量发展的需求。真诚地希望广大教师、学生在使用本教材的过程中提出宝贵意见，我们将博采众长，继续修订完善，不断地提高教材质量。读者意见可反馈至邮箱：zz_dzyj@pub.hep.cn。

编 者

2023 年 2 月

第一版前言

中等职业学校体育与健康课程是各专业学生必修的公共基础课程。本教材是中等职业学校公共基础课程国家规划教材，依据《中等职业学校公共基础课程方案》和《中等职业学校体育与健康课程标准》（2020年版）编写。

课程落实立德树人根本任务，坚持健康第一的教育理念，通过传授体育与健康的知识、技能和方法，提高学生的体育运动能力，培养运动爱好和专长，使学生养成终身体育锻炼的习惯，形成健康的行为与生活方式，健全人格，强健体魄，具备身心健康和职业生涯发展必备的体育与健康学科核心素养，引领学生逐步形成正确的世界观、人生观和价值观，自觉践行社会主义核心价值观，成为德智体美劳全面发展的高素质劳动者和技术技能人才，对于建设健康中国、体育强国和人力资源强国，实现中华民族伟大复兴的中国梦具有重要意义。

本教材分为基础篇和拓展篇两部分。基础篇从介绍体育文化发展脉络入手，让学生再认识体育与健康的关系，在此基础上，掌握健康生活的基本知识，学练提升一般体能和职业体能的方法。拓展篇主要介绍七大类体育运动项目，以基本知识、技术、战术教学为主进行递进式教学，并与基础篇教学内容相辅相成，注意与义务教育阶段所学内容的衔接，以及与普通高中教学内容对接，以满足学生未来升学、就业的需求。

本教材在编写过程中体现了以下特点和特色。

1. 注重发挥教材的铸魂育人作用

教材立足新发展阶段，在理论知识传授、技术能力培养的过程中落实重大主题教育内容，让学生在习近平新时代中国特色社会主义思想的科学指引下，在为国为民、立德立善、育人育才中成就自我、拥抱梦想、实现价值。

2. 注重体现本学科三大核心素养

体育与健康学科的三大核心素养是运动能力、健康行为和体育精神。通过学习，激发学生的兴趣与爱好，熟练掌握1~2项体育运动技能，具备健康生活和未来职业生涯必备的身体素质，养成良好的生活习惯和终身体育锻炼的意识，培养勇于挑战、坚韧不拔、团结协作等优秀品质与精神。

3. 注重强化教学内容的思想性、科学性、适用性和职业特色

确保体育理论知识和实践教学内容编排的思想性、科学性、适用性，突出"学练赛评"的易学性和可操作性。同时，创设职业情境，将专业、职业岗位需求与教学内容紧密结合，让学生有职业代入感。

4. 重视贴近中职学生的生活和学习，培养学习兴趣，提升实践体验

内容多以短句、简单句等表达为主，以图配合文字，加强直观感受；正文设置了辅文，内容贴近生活、贴近学习，力争让学生提高运动技能，感受运动乐趣，欣赏运动之美。同时，重视吸收、参考上一版教材中具有代表性的素材，满足体育教学改革趋势和中职一线师生在新形势下的教学需求。

为使教材便于教师教学，本教材提供学时分配表。为使教材内容更加适教利学，本教材配套教学视频、教学阅读材料等辅教辅学资源，请登录高等教育出版社Abook新形态教材网（http://abook.hep.com.cn）获取相关资源。详细使用方法见本教材最后一页"郑重声明"下方的"学习卡账号使用说明"。

学时分配表（供参考）

篇	章	学时
基础篇	体育文化	2
	健康教育	12
	体能发展	22
拓展篇	田径运动	36 （任选2个运动项目）
	球类运动	
	体操运动	
	冰雪运动	
	水上运动	
	武术与民间传统体育类运动	
	新兴体育运动	
总计		72

本教材由高等教育出版社教材发展研究所组织编写，李金梅担任主编。刘新民、唐炎、丁传伟、韩国太担任副主编。全书编写分工如下，第一章：

李金梅、胡凌燕；第二章：刘芳丽、杨晶；第三章：韩国太、郭丞；第四章：陈攀、陈建勤；第五章：李金梅、韩国太、邱素轩、杨晶、张远平、王冠；第六章：李金梅、陈建勤；第七章：韩国太、郭丞；第八章：张向东、陈建勤、王嘉辉；第九章：丁传伟、路志峻、刘粤；第十章：路志峻、胡凌燕、刘粤。照片拍摄：王伟、高策、刘治才、符慧子、唐春妹、项雨晴、张益、陈曦、姚俊杰、杨勤、贾琳。贺刚、刘景刚、和文雄负责提供相关参考资料和复核工作。刘雪负责提供职业教育指导材料。李金梅、胡凌燕、韩国太、刘新民、唐炎负责统稿工作。

本教材在编写过程中得到了刘波、李树旺、宸铮、张博等专家，以及陈君生、冯丽敏、赵欣、楼向宁、苏海鹏、张勇、肖楠、王伟、吴帅等一线体育教师的指导和帮助。同时，编写组还参考和引用了一些相关书籍与文献资料，在此，对各位专家及文献作者致以衷心的感谢！也感谢所有对教材的编写、出版、试用等工作提供过帮助与支持的同仁和各界朋友。

我们希望这本教材具有时代性、先进性、思想性和科学性，符合职业教育发展的需求。真诚地希望广大教师、学生在使用本教材的过程中提出宝贵意见，我们将博采众长，不断地修订完善，进一步提高教材质量。读者意见可反馈至邮箱：zz_dzyj@pub.hep.cn。

编 者

2021年5月

目录

走进中职体育与健康课 001

基础篇

第一章　体育文化 005
　　第一节　体育的产生和发展 007
　　第二节　中华优秀传统体育文化 011
　　第三节　奥林匹克运动 014

第二章　健康教育 023
　　第一节　健康生活与疾病预防 025
　　第二节　心理健康与社会适应 032
　　第三节　青春期卫生保健 037
　　第四节　安全运动 041
　　第五节　应急避险 047
　　第六节　职业健康 052

第三章　体能发展 057
　　第一节　一般体能 059
　　第二节　职业体能 068

拓展篇

第四章　田径运动 079
　　第一节　跑 080
　　第二节　跳跃 087
　　第三节　投掷 092

第五章　球类运动　097
- 第一节　足球　098
- 第二节　篮球　108
- 第三节　排球　119
- 第四节　乒乓球　130
- 第五节　羽毛球　137
- 第六节　网球　145

第六章　体操运动　153
- 第一节　技巧　154
- 第二节　器械体操　160
- 第三节　啦啦操　165

第七章　冰雪运动　177
- 第一节　速度滑冰　178
- 第二节　高山滑雪　183
- 第三节　冰球　189

第八章　水上运动　195
- 第一节　游泳　196
- 第二节　实用游泳和安全救护　204

第九章　武术与民间传统体育类运动　209
- 第一节　武术　210
- 第二节　民间传统体育　227

第十章　新兴体育运动　235
- 第一节　花样跳绳　236
- 第二节　轮滑　242
- 第三节　定向运动　247

走进中职体育与健康课

亲爱的同学，当你带着梦想，满怀期待，精神焕发地走进中等职业学校，意味着你迈进了人生成长的新阶段。如今，我们的国家迈上了全面建设社会主义现代化国家新征程。到2035年，我国将基本实现社会主义现代化，其中就包括实现体育强国、健康中国。习近平总书记强调："体育承载着国家强盛、民族振兴的梦想。体育强则中国强，国运兴则体育兴。""发展体育事业不仅是实现中国梦的重要内容，还能为中华民族伟大复兴提供凝心聚气的强大精神力量。"

体育与健康课程，从小学就一直陪伴着你，今天，这门课程伴着你进入了中等职业学校，它的任务与目标就是将你培养成有理想、敢担当、能吃苦、肯奋斗，身心健康、意志坚强、充满活力的德智体美劳全面发展的高素质劳动者和技术技能人才。希望你在学习的过程中，始终坚持"健康第一"的理念，通过体育运动，享受乐趣，增强体质，健全人格，锤炼意志。

一、如何学习本课程

亲爱的同学，在学习中职体育与健康课程的过程中，你要以初中学过的知识为基础，注重培养自己的运动能力、健康行为和体育精神，即体育与健康学科的三大核心素养。这三大核心素养不仅能够让你享受体育的乐趣，增强体质，而且能为未来的工作打下良好的身心健康基础。

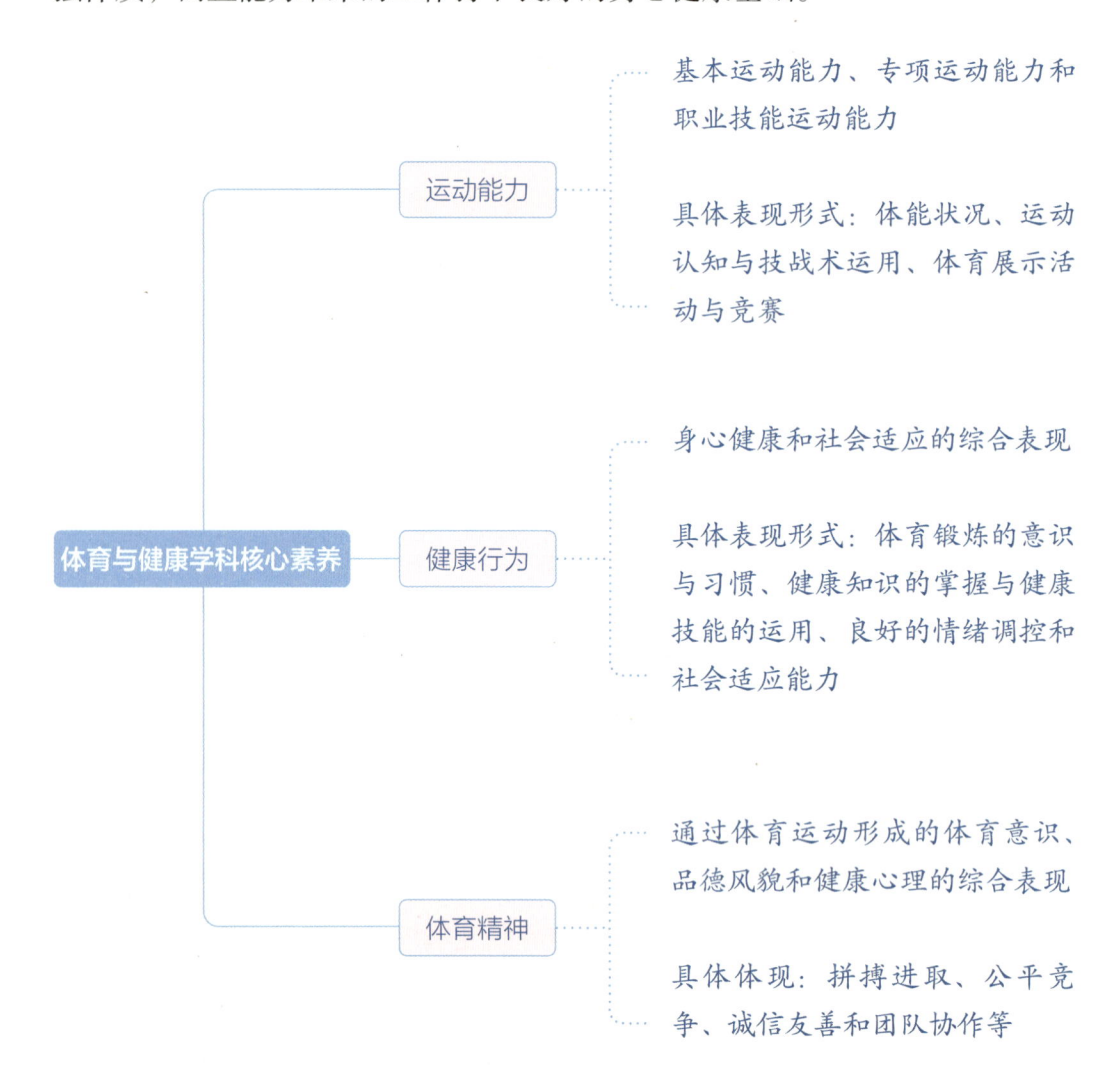

体育与健康学科核心素养

- 运动能力
  - 基本运动能力、专项运动能力和职业技能运动能力
  - 具体表现形式：体能状况、运动认知与技战术运用、体育展示活动与竞赛
- 健康行为
  - 身心健康和社会适应的综合表现
  - 具体表现形式：体育锻炼的意识与习惯、健康知识的掌握与健康技能的运用、良好的情绪调控和社会适应能力
- 体育精神
  - 通过体育运动形成的体育意识、品德风貌和健康心理的综合表现
  - 具体体现：拼搏进取、公平竞争、诚信友善和团队协作等

体育与健康课程由基础模块和拓展模块两个部分构成。其中，基础模块是必修的课程内容，包括健康教育知识和体能知识，是帮助你养成健康行为、打下良好身体素质的基础内容。拓展模块包括七大类运动项目，选择具有灵活性，学校会从地区特色、教学情况、学生兴趣爱好等方面考虑组织相关课程。你将在教师的指导下，递进式学习，以确保学习的科学性、系统性。最终，你需要修满8个学分，掌握1~2项体育运动技能，逐步形成学科核心素养。

除了学习体育与健康课程外，你还可以选择学校开设的课外体育锻炼活动、体育竞赛活动、体育社团活动等，以保障每天一小时校园体育活动的时间。这些活动将极大地有益于你的日常生活、学习，以及未来的工作。

二、如何阅读本教材

本教材共分十章,"第一章 体育文化"可以帮助你了解历史,用整体的、发展的思维去看体育的过去、现在和未来,从而进一步增强文化自信。"第二章 健康教育"通过普及与体育紧密相关的健康知识,帮助你树立"健康第一"的理念。从第三章开始,进入运动技能学习和训练内容,从体能发展到七大类运动项目,全面、有重点地为你介绍知识,帮助你树立科学锻炼身体的意识,掌握运动技能,并享受其中的乐趣。为了让每一章的学习内容更加丰富,学习过程更具有系统性、整体性,同时进一步加强思想性,教材中设置了"小栏目",以提供阅读、实践素材。

栏目名称	内容	作用
大事记摘要	介绍体育领域中的重要历史事件、成果或成就	启发式阅读,了解体育发展的进程,尤其是中国体育发展的显著成就
文化中国/健康中国/运动中国	介绍我国文化、健康和体育领域中的重大事件、重要成果	增进对党和国家建设中国特色社会主义的理解,增强民族自豪感,树立文化自信
体育之窗	介绍体育知识	拓展学习内容,丰富体育知识
启思导学/启思导练	利用一个知识点启发思考,引导实践	提高思考和实践能力,培养独立思考和解决问题的能力
专项体能	介绍与体育运动项目相关的体能训练方法	提高体能,提升身体素质,掌握更多的训练方法
评一评	介绍实用的评价活动	掌握自评、互评的方法,学会正确评价自己和他人
运动安全	介绍安全运动的知识	提高自我保护及保护他人的意识
走进运动场	介绍比赛场地、比赛规则和欣赏比赛的方法	强化遵守规则,公平、公正参与体育比赛的意识,学会如何欣赏体育比赛,做一名会运动、懂体育,将体育融入生活中的人
体育礼仪	介绍参赛、观赛知识	提示学生懂礼仪、守规矩,提升文明素养
励志人物	介绍我国优秀运动员、体育教育学家等的事迹、优异成绩	传递拼搏向上、不畏艰难、追求卓越的体育精神,培养爱国情怀、奉献精神

希望你通过学习体育与健康课程，能够真正理解"健康第一"的理念，真正喜爱并积极参与到体育运动中，真正享受体育运动带来的乐趣；能够学会科学锻炼身体的方法，提升体育运动能力，提高职业体能水平；树立正确的健康观念，掌握生活中的、与未来职业相关的健康安全知识，养成健康文明的生活方式；遵守体育道德规范和行为准则，发扬体育精神，塑造良好的体育品格，增强责任意识、规则意识和团队意识。

亲爱的同学，中国梦是每一个中国人的梦，是每一个年轻人的梦，希望你能够践行新思想，拥抱新时代，肩负起实现中华民族伟大复兴的历史使命，争做德智体美劳全面发展的社会主义建设者和接班人。

新时代的你，生逢其时，施展才干的舞台无比广阔，实现梦想的前景无比光明。在全面建设社会主义现代化国家的新征程中，在以中国式现代化全面推进中华民族伟大复兴的道路上，希望你拥有健全的人格、智慧的头脑、健康的体魄、良好的职业素养，自信自强，守正创新，踔厉奋发，勇毅前行！

第一章
体育文化

基础篇

　　文化是一个国家、一个民族的灵魂。文化兴国运兴，文化强民族强。没有高度的文化自信，没有文化的繁荣兴盛，就没有中华民族的伟大复兴。体育是人类特有的一种社会文化活动，一直伴随着人类社会的发展而不断演进。从原始形态的体育缘起，到现代奥林匹克的蓬勃发展，体育以其独特的魅力和感染力形成了独特的文化体系，已经成为国际通行的文化符号之一。体育文化是民族精神与时代精神的重要组成部分，是激励每一个人奋发向上的强大精神力量，是体育事业发展的灵魂，是促进世界和平与各国人民友好交往的纽带。本章将介绍体育的起源与发展、中华优秀传统体育文化及奥林匹克运动，帮助大家提高对体育的再认识。

大事记摘要

1 1774年，德国教育家巴塞多在德国创办了第一所博爱学校，首次把体育列为学校教育的正式课程。

2 1907年，中国著名教育家张伯苓首次提出中国要参与奥林匹克运动。

3 1917年4月1日，毛泽东在《新青年》第三卷第二号上发表《体育之研究》一文，提出学校教育要"三育并重""体育占第一位置"的思想。

4 1924年，中华全国体育协进会成立。1931年，中华全国体育协进会被国际奥林匹克委员会正式承认为"中国奥林匹克委员会"。

5 1974年，世界中学生运动会首次举办。

6 2016年，国务院办公厅印发《关于强化学校体育促进学生身心健康全面发展的意见》进一步推动学校体育改革发展，促进学生身心健康、体魄强健。

7 2019年，国务院办公厅印发《体育强国建设纲要》进一步明确体育强国建设的目标、任务及措施，充分发挥体育在全面建设社会主义现代化国家新征程中的重要作用。

8 2023年，为推动新时代青少年和学校体育发展，增强青少年体质，促进竞技体育后备人才培养，在广西举办中华人民共和国第一届学生（青年）运动会。

第一节 体育的产生和发展

文化中国

在漫长的人类进化和发展过程中,人类的文化,包括原始形态的体育也随社会一起开始出现并发展起来,中国考古出土的历史文物有力地证明了这一点。湖南长沙马王堆西汉墓出土了一部战国初年成书的《十大经》,里面记载有蹴鞠活动;陕西乾县唐代章怀太子李贤墓中发现了打马球壁画;已发现我国最早的古代导引术文献,即刻于《行气玉佩铭》上的"行气铭";甘肃敦煌莫高窟壁画上描绘了射箭、摔跤、相扑等体育活动。从这些历史文物中还能够看到中国数千年来的体育发展史,其渊源之悠久、内容之丰富、方式方法之独特、开展之广泛,堪称举世无双。

学习目标

1. 了解体育的产生和发展的基本知识及体育与人类社会发展之间的关系。
2. 了解体育发展历史中蕴含的文化内涵,学习、总结对自己未来学习体育知识有帮助的经验。
3. 学会用比较的方法,系统地学习体育文化知识,提高对体育的再认识,培养分析事件因果关系的思维能力。

一、体育的产生

在猿人进化为人的过程中,身体和动作行为发生了改变,动物嬉戏的本能逐渐演化为人类的游戏,继而劳动和战争不断为游戏增添新的内容。到原始社会末期,有了源于游戏、劳动和军事的身体动作,这些身体动作表现出了体育活动的基本形式和功能,但人们尚没有体育概念的意识和目的,这一阶段被称为原始体育阶段。

(一)谋求生存的身体活动

谋求生存和趋利避害是动物的本能。原始人类的活动首先是获取食物和生存空间,如采集、狩猎和争战。体育就是从这些活动中发展起来的。

1. 采集、狩猎

采集、狩猎等活动促进了原始人的大脑发育,也逐步促进了意识的发展,于是原始人在岩壁上凿刻出渔猎、舞蹈、战斗等场景。狩猎是原始人最重要的生产活动,世界各地均发现了形式多样的狩猎题材岩画。例如,我国曼德拉山岩画中展现集体围猎的情景(图1-1-1)。这些岩画中,出现了"射、骑、棒击、追逐"等情景,还表现了狩猎方式,如独猎、围猎等。原始人类使用狩猎工具的技能也影响着体育活动的内容与方式,例如,在新石器时代出现了弓箭。

▲ 图1-1-1 狩猎岩画图(曼德拉山岩画)

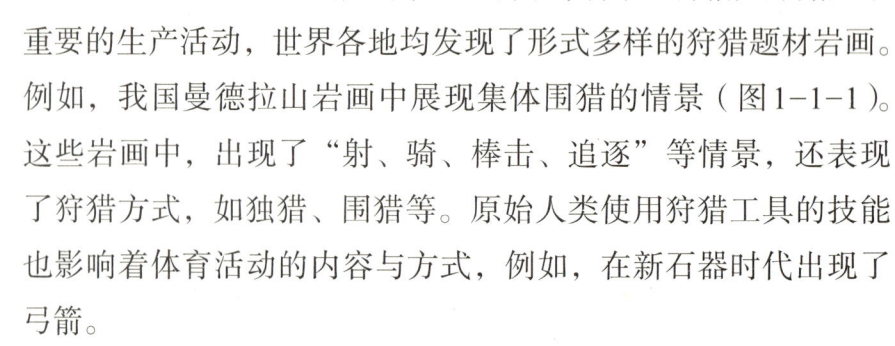

2. 争战

原始人类为了生存,不同部落间经常发生争夺猎物、财产和生活空间的情况,故以争战为主题的岩画十分常见(图1-1-2)。在武器粗陋的原始社会早期,人的体力和技能是战胜敌人的重要基础。

▲ 图1-1-2 表现争战的岩画

(二)非生产性的身体活动

除了直接获取食物的生产劳动和争夺生存空间的战争,原始人类还有许多与精神活动密切相关的身体活动,包括逐渐仪式化的原始舞蹈和其他娱乐活动,它们是舞蹈、音乐、戏剧和体育的共同源头。

1. 原始舞蹈

原始舞蹈(图1-1-3)是早期人类进行的一种仪式化行为,与现在体育、艺术中的舞蹈形式大同小异,但在功能和意义上迥然不同。在多数情况下,原始人类的舞蹈并不是消遣,而是全部落的严肃活动,部落中祭祀、酋长选举、婚丧、生育、狩猎、战争、宴会等都伴有舞蹈活动。

▲ 图1-1-3 新石器时代舞蹈纹彩陶盆

2. 其他身体活动

岩画中还有许多与原始人类的娱乐等身体活动有关的画面，如表现踢球、投掷、抛球、倒立和杂技等场面的岩画。

由此看出，原始人类的体育活动具有复杂、朴素等特性。原始体育活动富有多种意义，但没有清晰的形态和独立的价值，表现形式和内容相对简单。

二、体育的发展

（一）古代体育

当人类进一步发展后，开始积累和身体活动有关的经验与知识，初步意识到身体活动与身体变化之间的关系，并且自觉地用这些经验改善自己的身体状况。

两河流域和尼罗河流域是人类文明的发祥地之一。古代两河流域体育活动的内容主要有格斗技艺、狩猎、游泳、儿童游戏、保健术等。尼罗河流域体育活动的内容主要有游泳、划船、拳击、摔跤、击剑、杂技、舞蹈、狩猎等。这一时期，冲突、战争、侵扰等不断，所以体育活动多具有为军事服务的实用色彩。

印度河文明中的瑜伽文化盛行至今。据考古发现，当时居住在印度河流域的达罗毗荼人已有瑜伽术的实践。练习瑜伽时，人采用不同姿势，遵守静心调息的规则进行身心修炼，静坐是其基本的锻炼形式，要领在于控制、调理呼吸的运行。

在古代，从阿拉伯半岛、中亚到西伯利亚的广阔地带水草丰盛，适宜放牧，此处形成了许多游牧部落，如阿拉伯半岛古老的贝都因人等。这些游牧部落体育活动的内容主要为骑马、套马、射箭、围猎、摔跤等。这些体育活动与他们的游牧生活方式、争战方式紧密相关。

中国很早就出现乐舞、武舞、手搏等身体活动，反映出中国人对生命、健康、保健和身体活动的方法与价值的认识。中国古代体育主要可概括为养生活动，如导引、五禽戏等；军事训练，如各种武艺、奔跑和跳跃能力训练等；游戏娱乐活动，如百戏、投壶等。

（二）现代体育

"现代体育"不仅指现代社会中的体育，也指区别于古代体育的新的体育生活方式。文艺复兴中科学技术的发展与运用，把人类带入一个新的阶段。17—18世纪的科学技术革命和19世纪的工业革命，极大地扩展和提高了人类的认知能力，身体活动的规律逐渐被揭示，人类开始自觉地进行身体活动，科学地、有意识地设计、改造和完善身体活动，这一阶段的体育具有"现代体育"的特征。

工业革命开始并影响到世界各国以后，手工劳动逐渐被机器生产所取代，工业化和城市化进程加速，人们从繁重的手工劳动中解脱出来，有了空余时间，新的体育生活方式产生了。公众体育活动随之发展。与此同时，体育也逐渐成为学校教育的一门课程。

在工业化和城市化进程加速、大众体育活动盛行的环境下，体育竞赛活动也逐渐活跃起来。例如，1863年，英格兰足球协会成立并出版发行了一部较为统一的足球竞赛规则，标志着现代足球的诞生。

随着社会的发展，现代体育的浪潮也逐渐推向全世界。在美洲和澳洲，现代体育通过移民进行传播；俄罗斯、日本及一些欧洲国家通过政治变革引进现代体育；而在中国，现代体育与传统体育出现了交融发展等复杂的情况。

（三）当代体育

人类经历了第一次世界大战和第二次世界大战，新的世界格局形成，体育也随之发生了深刻的变化。

> **评一评**
>
> 以小组为单位，学习体育产生和发展的知识，制作体育史发展线路图，评一评哪组的线路图设计最清晰。

战后工作方式的转变、生活水平的提高，让人们的体力活动越来越少，运动不足导致人类的健康开始面临新的挑战，人们的体育观念也随之改变，"终身体育"的观念得到人们的认可与重视。一些国际组织也努力推动各国、各地区开展体育活动，并加强国际体育合作，例如，奥运会以外的大型国际赛事越来越多，如世界运动会、世界大学生运动会、世界中学生运动会等。除此之外，多国学校体育改革逐渐以促进终身体育和增进健康为目标，努力转变学生对体育的认知，培养学生的运动能力，并通过各种方法促使体育课程既统一又灵活。在我国，党和国家坚持以增强人民体质、提高全民族身体素质和生活质量为目标，充分发挥体育在促进人的全面发展中的重要作用，注重提高广大人民群众特别是青少年体育健身意识，增强竞技体育的综合实力和国际竞争力，加快建设体育强国步伐。

🔬 启思导学

古代体育、现代体育和当代体育之间的相同点有哪些？不同点有哪些？

第二节 中华优秀传统体育文化

文化中国

中华优秀传统文化源远流长、博大精深，是中华文明的智慧结晶，是中华民族的精神命脉。其中，体育文化是重要的组成部分。我国优秀传统体育文化是建设体育强国的重要内容和支撑，是铸就社会主义文化新辉煌的应有之义，我们应该了解、学习中国体育独特的文化内涵。截至2022年12月，我国列入联合国教科文组织非物质文化遗产名录（名册）项目共计43项，总数位居世界第一。截至2021年7月，我国世界遗产总数已达56处。其中，太极拳入选联合国教科文组织非物质文化遗产名录。该项目在我国得到广泛认知和实践，在促进当代人身心健康、和谐共处等方面发挥着重要作用，表现了中华优秀传统体育文化独一无二的理念、智慧、气度和神韵。

学习目标

1. 了解我国优秀传统体育文化的内容及蕴含的精神。
2. 了解我国优秀传统体育文化对人类的贡献和作用。
3. 提高对我国优秀传统体育文化中的精神标识和文化精髓的认知、认同感，坚守中华文化立场，能够积极主动传承弘扬优秀的民族传统体育文化，培养爱国精神、民族精神。

一、中华优秀传统体育的主要项目

中华民族有着灿烂辉煌的历史文化，其中，丰富多彩的传统体育文化是重要组成部分。传统体育是在古代萌发并流传至今的体育活动，是中华民族体育文化汇集、融合的结晶，体现着中国人的智慧，是中华民族奉献给全人类的瑰宝，具有传承性、习惯性和民俗性等重要特征。

中华优秀传统体育经历了漫长的发展过程，它萌芽于原始人类与大自然斗争求得生存的渔猎活动中，体现在各种各样的身体活动中……它是在夏、商、周等漫长的奴隶社会和长达2000多年的封建社会中发展起来的。

（一）射箭

在中国古代，射箭（图1-2-1）不仅是一项军事技术，而且也是学校教育的主要内容之一。清朝末年，随着科学技术的传入与不断发展，射箭逐渐丧失了军事作用，成了一项专门的传统体育运动形式。

（二）球戏

球戏（图1-2-2）是中国古代球类运动的总称。先秦时期已经有球戏，汉魏和唐宋时期球戏得到极大发展。中国古代球戏活动形式多样、内容丰富，主要包括蹴鞠、马球、捶丸、板球和手球等。

（三）武术

集实战、表演和健身于一体的武术（图1-2-3），是中国独具民族特色的传统体育项目。这一项目源于中国人的社会实践，兴盛于宋代，在明清时期得到了进一步的发展，形成了丰富多彩的套路以及风格迥异的流派。

▲ 图1-2-1 射箭 　　▲ 图1-2-2 球戏
▲ 图1-2-3 武术 　　▲ 图1-2-4 冰嬉 

（四）冰嬉

冰嬉（图1-2-4）也称冰戏，是我国古代北方人民的一项传统体育活动，也是众多冰上活动的总称，既是娱乐活动，也用于军事操练。这项活动兴盛于明清时期，内容丰富，与现代的速度滑冰、花样滑冰、冰球等形式近似。

> **体育之窗**
>
> 八段锦是中国传统保健气功，功法共有八式，每式为一段，每段一个动作，故名八段锦。其动作简单易行，健身效果显著。

中华传统体育活动，既有体现军事特点的身体训练内容，又有以延年益寿为特征的养生保健形式，同时还包括了消闲、娱乐的特点。除上述内容外，中国还有众多其他传统体育活动，例如，人们根据不同节气或传统节日开展体育活动，如端午节的龙舟竞赛、重阳节的爬山登高，等等。这些优秀传统体育活动凝聚了中华民族的精神，展现了中华民族的生活情趣和文化哲理，具有很强的娱乐观赏性和健身性。

二、中华优秀传统体育蕴含的民族精神

民族精神是一个民族生命力、创造力和凝聚力的集中体现，是一个民族赖以生存和发展的核心与灵魂，表现在社会、科学、艺术、体育等多个方面，在整个国家和民族发展中也发挥着凝聚性、支撑性、激励性的作用。

中华民族至今流传着丰富多样的传统体育活动。这些体育活动在其产生和发展中受到中华文化的滋养，充分展示了"天人合一、自强不息、厚德载物、讲信修睦、亲仁善邻"等中国人民在长期生产生活中积累的世界观、人生观、道德观。例如，作为中华优秀传统体育文化符号的武术，凝聚了中国人对天、地、人关系的理解，体现了中国人和平包容的心境和优雅自制的情趣，反映了中华民族文化的强大凝聚力、生命力和延续力，蕴含着中华民族文化的内涵和气势，已成为我国文化软实力的重要组成部分，成为世界各国认识中国文化的一个窗口。再如，每逢我国传统节日时，在民间盛行的龙舟竞渡、舞龙、舞狮等活动，以其独特的文化特性，极大地增强了人们的民族自豪感和自信心。

总之，丰富多样的中华优秀传统体育活动是中华民族精神的传承载体，了解、参与到这些体育活动中，可以有效培养和践行尚礼仪、重道德，尚和谐、重宽容，尚理想、重敬业的民族精神，更是弘扬民族精神、增强中华文明传播力影响力的有效途径。

> **评一评**
>
> 以小组为单位，选择一项我国优秀传统体育活动进行学习，为以后的学习打好基础。小组间互相交流，评选出资料收集最丰富的小组和总结最有特色的小组。

启思导学

随着社会的发展，我国优秀传统体育活动，如射箭、球戏、武术、水戏、冰嬉、马术、举重、角抵、摔跤等逐渐走入现代人的生活。你认为这些优秀传统体育活动与现代体育项目有哪些相同或不同？选择其中一项了解其演变与发展的过程。

第三节 奥林匹克运动

文化中国

2001年7月13日，北京赢得了2008年第29届夏季奥运会的举办权，中国人民的百年奥运梦想终于实现，中国也为世界带来了一场"绿色奥运、科技奥运、人文奥运"的盛宴。2015年7月31日，北京和张家口赢得了2022年第24届冬季奥运会的举办权，中国坚持"绿色办奥、共享办奥、开放办奥、廉洁办奥"的理念，突出"科技、智慧、绿色、节俭"的特色，向世界展示了"中国智慧"——精彩纷呈的开闭幕式，将奥林匹克"更团结"的理念贯穿于整个冬奥会，展现了中华文化的独特魅力，更向全世界展现了可信、可爱、可敬的中国形象。此外，一流的场馆设施、专业的赛事组织、温馨周到的服务和体育健儿的精彩表现，也印证了体育在展示和塑造中国形象和文化软实力方面的独特价值。至此，从2008年实现百年奥运梦到2022年与奥林匹克再度携手，北京已成为全球首座"双奥之城"。

学习目标

1. 了解古代奥林匹克运动和现代奥林匹克运动发展的历史和文化内涵，了解奥林匹克运动的构成。
2. 了解中国与奥林匹克运动的历史渊源，了解中国申办奥运、举办奥运的过程，以及奥运会为人类留下的精神文化遗产和物质文化遗产。
3. 感悟奥林匹克运动蕴含的人文精神、体育精神和我国奥运之路的意义、价值，树立道路自信、理论自信、制度自信、文化自信，增强民族自尊心、自信心和自豪感。

一、古代与现代奥林匹克运动

古代奥林匹克运动是珍贵的世界文化遗产,虽然后来古代奥林匹克运动因为种种原因消失在历史的长河中,但它却给人们留下了永恒的记忆,也是现代奥林匹克运动的文化渊源。

(一)古代奥林匹克运动

1. 古代奥林匹克运动的历史

古希腊最具有代表性的仪式是在奥林匹亚宙斯神殿前举行的祭祀活动。人们在祭祀大会上用运动展示身体的健与美,久而久之,以体育竞技的方式进行祭祀就逐渐占据了主导地位,且规模越来越大,比赛项目也越来越多,逐渐形成了运动会。公元前776年,世界上第1届古代奥运会在古希腊举行。此后共举行了293届。

公元前4世纪开始,古希腊城邦奴隶制逐渐崩溃,古代奥运会也从极盛期转入衰亡阶段。公元393年,古代奥运会终止了。在此之后,因为战争和自然灾害,奥林匹亚各项设施遭到了彻底毁灭,繁荣的奥林匹亚变成一片废墟,延续了1000多年的古代奥运会不复存在。

2. 古代奥林匹克运动的文化

古代奥运会给全世界留下了宝贵的精神文化遗产和物质文化遗产,丰富了人类的精神世界,对人类社会产生了重要影响。

古代奥林匹克运动的基本精神之一是公正、平等、竞争,在竞技场上人人平等,所有人都遵守规则,光明磊落地参加比赛,每个项目只有冠军。赛场中延续着人类自然本性的竞争意识,进而在比赛中激发出拼搏精神,这种拼搏精神逐渐成为古希腊人的理想,鼓励着人们不断追求、不断进取、不断挑战。

古代奥林匹克运动会为现代奥林匹克运动会留下了丰富的物质文化遗产。现代奥林匹克运动会沿用了古代"奥林匹克运动会"的名称,使全世界人民能团结在以和平友谊和促进现代体育发展为宗旨的奥林匹克大旗下,共同建设更为美好的世界。现代奥林匹克运动会沿袭古代奥林匹克运动会每4年举办1届的制度。现代奥林匹克运动会举办的各种展览、庄严的仪式,如艺术展览、艺术竞赛、点燃圣火、火炬接力、开幕式等,都与古代奥林匹克运动会一脉相承。

(二)现代奥林匹克运动

1. 现代奥林匹克运动的兴起

近代以来,伴随着欧洲大陆出现的文艺复兴、宗教改革和启蒙运动三大思想文化运动,人们开始发掘和整理古希腊体育的丰富遗产。一些先驱者尝试恢复举办奥运会。被人们称为"现代奥林匹克运动之父"的法国著名教育家顾拜旦首先提出了恢复奥运会的倡议,并向人们积极宣传奥林匹克思想,他创作的《体育颂》,对传播奥运精神有着深远影响。在国际上各种因素的促进和顾拜旦的不懈努力下,1894年6月16日至24日,国际体育运动代表大会举行,顾拜旦在会上做了《恢复奥林匹克运动会》的发言。6月23日,国际奥林匹克委员会(简称国际奥委会)成立,标志着现代奥林匹克运动的正式诞生。

1896年4月6日,熄灭了1500年之久的奥运圣火在希腊重新点燃,13个国家共14支代表队的运动员参加了第1届现代奥运会。奥林匹克运动终于重返历史舞台,揭开了人类文明史上又一页新的篇章。从此,奥林匹克运动会成为世界上规模最大的综合性运动会,也是迄今为止世界上影响力最大的体育盛会。

体育之窗

《体育颂》(节选)

顾拜旦

啊,体育!
天神的欢娱,生命的动力。
你猝然降临在灰蒙蒙的林间空地,让受难者激动不已。
你像是容光焕发的使者,向暮年人微笑致意。
你像高山之巅出现的晨曦,照亮了昏睡的大地。

啊,体育,你就是美丽!
你塑造的人体变得高尚还是卑鄙,
要看它是被可耻的欲望引向堕落,还是由健康的力量悉心培育。
没有匀称协调,便谈不上什么美丽。
你的作用无与伦比,可使三者和谐统一;
可使人体运动富有节律;使动作变得优美,柔中会有刚毅。

啊,体育,你就是正义!
你体现了社会生活中追求不到的公平合理。
任何人不可超过速度一分一秒,逾越高度一分一厘。
取得成功的关键,只能是体力与精神融为一体。

啊,体育!你就是勇气!
肌肉用力的全部含义是敢于搏击。
若不为此,敏捷、强健有何用?肌肉发达有何益?
我们所说的勇气,不是冒险家押上全部赌注似的蛮干,而是经过慎重的深思熟虑。

2. 现代奥林匹克运动的发展

奥林匹克运动经过100多年的不断发展，已经日趋成熟和规范。1894—1936年是奥林匹克运动发展趋于成熟与规范的阶段。例如，各个国家奥委会积极推进奥林匹克事业在本国的发展；奥运会项目设置规范化，增强了奥林匹克运动的普及性；奥运会场地设施规范化，逐渐与先进的科学技术相结合；等等。这些举措使奥运会受到全世界人民的广泛欢迎。在奥运精神的鼓舞下，人类不断发挥自身的潜能，创造出一个又一个世界纪录，使得竞技体育发生了深刻的变革，找到了正确的发展方向。

20世纪80年代以来，奥林匹克运动进入了改革发展的新时期。从1970年开始，国际奥委会加强与政府、非政府间的国际组织合作。2001—2013年，国际奥委会针对一些突出问题继续进行改革，如坚决反对服用兴奋剂，世界反兴奋剂机构于2003年7月正式审议通过《世界反兴奋剂条例》；创办青年奥林匹克运动会，鼓励年轻人从事体育运动。2014年，《奥林匹克2020议程》通过，国际奥委会一次次有力度的改革，促使奥运会逐渐向平民化方向转变。

> **体育之窗**
>
> 运动员使用兴奋剂会对身体造成极大危害，而且使用兴奋剂也打破了体育竞赛公平、公正的原则，违背诚实和公平竞争的体育道德，是一种违法行为。目前，我国已将涉兴奋剂违法写入最新的刑法修正案中，其罪名被正式确定为"妨害兴奋剂管理罪"。

二、奥林匹克运动的构成

（一）奥林匹克思想

思想是行动的指南，奥林匹克思想就是奥林匹克运动的指南。奥林匹克思想通过《奥林匹克宪章》、奥林匹克精神、奥林匹克格言等得以体现。

1.《奥林匹克宪章》

《奥林匹克宪章》是国际奥委会为奥林匹克运动发展制定的基本规则文件，它指导奥林匹克运动的组织和运行，并规定奥运会的举办条件。第一部《奥林匹克宪章》由顾拜旦亲自起草、主持审定并通过。

2. 奥林匹克精神

奥林匹克精神的内容是互相了解、友谊、团结和公平竞争。

3. 奥林匹克格言

1913年，国际奥委会正式批准，将"更快、更高、更强"确定为奥林匹克格言，并写入《奥林匹克宪章》。这一格言充分表达了奥林匹克运动不断进取、永不满足的奋斗精神和不畏艰辛、勇攀高峰的拼搏精神。2021年7月20日，国际奥委会第138次全会表决通过，同意在奥林匹克格言"更快、更高、更强"之后再加入"更团结"。奥林匹克格言有了新的呈现形式，也融入了新的价值理念。

体育之窗

从第1届奥运会开始，马拉松就被列入正式比赛项目。1908年伦敦奥运会上，意大利运动员多兰多·皮特里从比赛开始就跑在前面，最终进入运动场时他已精疲力竭，几次摔倒在地，但每次他都挣扎着爬起来继续向前跑。在离终点线15 m时，他再次倒下没能再爬起来，两位好心的医生搀扶着他走过了终点。皮特里因为借助他人的力量，被剥夺了获取金牌的资格，但他顽强的精神被载入了奥林匹克运动的史册。

（二）奥林匹克组织

1. 国际奥林匹克委员会

国际奥委会是一个国际性的、非政府的、非营利的、无限期的组织，是奥林匹克运动的最高权力组织。国际奥委会的组织机构包括国际奥委会全体委员会、国际奥委会执行委员会、国际奥委会专门委员会和国际奥委会总部等。

2. 国际单项体育联合会

国际单项体育联合会是世界范围内管辖一项和几项运动并接纳若干管辖这些项目的国家级团体的国际性的、非官方的组织。其职能是在保持与奥林匹克精神一致的前提下，在全世界进一步发展所管辖的运动项目，并负责所管理运动项目的技术性工作。

3. 国家奥林匹克委员会

国家奥林匹克委员会简称国家奥委会，是国际奥委会在全世界不同国家的代理人，担负着依据《奥林匹克宪章》在各自国家发展和维护奥林匹克运动的重大任务。

（三）奥林匹克竞赛活动

奥运会包括奥林匹克夏季运动会、奥林匹克冬季运动会及青少年奥林匹克运动会（简称青奥会）。夏季奥运会每4年举办1届。冬季奥运会自1992年以后和夏季奥运会分开举行。青奥会分为夏季运动会和冬季运动会，均为每4年举办1届。

国际残疾人奥林匹克运动会（简称残奥会）与国际特殊奥林匹克运动会（简称特奥会）是奥林匹克运动进一步普及的结果，体现了平等、公正的精神，也丰富了残疾人和智障人士的业余生活。残奥会每4年举办1届，夏季残奥会与夏季奥运会在同一城市举行，冬季残奥会与冬季奥运会在同一城市举行。国际奥委会交替举办夏季特奥会和冬季特奥会，每4年举办1届，分别安排在夏季奥运会和冬季奥运会前一年举行。

（四）奥林匹克文化

1. 奥运圣火传递仪式

奥运圣火（图1-3-1）指在国际奥委会许可下在奥林匹亚点燃的火焰，它象征着和平与正义、友谊与团结，也象征着青春活力，是人类希望之火。每届奥运会都要在会场上点燃圣火。圣火在希腊的奥林匹亚点燃，然后以接力跑的方式将圣火传递到奥运会主会场，并一直燃烧到奥运会闭幕。

2. 奥林匹克标志

奥林匹克标志（图1-3-2）由5个奥林匹克环套接组成，有蓝、黄、黑、绿、红5种颜色，象征五大洲和全世界的运动员在奥运会上相聚一堂。

▲ 图1-3-1　奥运圣火

▲ 图1-3-2　奥林匹克标志

> **体育之窗**
>
> 亚洲运动会（简称亚运会）是亚洲地区历史最久、规模最大的综合性运动会，是被国际奥委会承认的洲际综合性运动会。每4年举办1届，在两届奥运会中间举办。

三、中国与奥林匹克运动

（一）奥林匹克运动传入中国

奥林匹克运动在中国的传播与发展经历了缓慢而曲折的过程。20世纪上半叶，中国正式选派运动员参加了3届奥运会，即1932年在美国洛杉矶举行的第10届奥运会、1936年在德国柏林举行的第11届奥运会（图1-3-3）和1948年在英国伦敦举行的第14届奥运会，均由中华全国体育协进会负责代表团的筹备和参赛工作，虽然参赛成绩不佳，但它向世界宣告了中国奥林匹克运动的存在。

▲ 图1-3-3　参加第11届奥运会的中国代表团

第三节　奥林匹克运动　019

（二）中华人民共和国与奥林匹克运动

1. 探索奥运会

中华人民共和国成立后，"中华全国体育协进会"改组为"中华全国体育总会"，并于1952年7月派团参加了第15届赫尔辛基奥运会，向全世界表明了一个新生红色政权的存在，以及中国参加奥运会的合法权利不可剥夺。但是，1956年第16届墨尔本奥运会，国际奥委会坚持邀请中国台湾单独派遣运动员参加，中华全国体育总会为了坚持"一个中国"原则，放弃参加本届奥运会。为了坚决抵制"两个中国"的阴谋，维护国家的神圣主权，中华全国体育总会于1958年8月19日发表了关于同国际奥委会中断关系的声明。

体育之窗

"乒乓外交"是体育事件，也有政治含义。1971年4月10日至17日，美国乒乓球代表团应中国乒乓球代表团的邀请访问中国，打开了隔绝22年的中美交往的大门。此举对中美关系的突破产生了深远影响，被誉为"小球推动大球"。

2. 重返奥林匹克大家庭

经过各方多年的不懈努力，1979年10月25日，国际奥委会执委会会议在日本名古屋举行，会上一致通过了恢复中国在国际奥委会合法席位的决议，重新翻开了中国参与奥林匹克运动的崭新篇章。从此，中国体育踏上了现代奥林匹克运动的征程。1984年7月29日，第23届洛杉矶奥运会男子自选手枪慢射项目比赛中，中国选手许海峰（图1-3-4）夺得了这届奥运会的第1枚金牌，这也是中国历史上的第1枚奥运会金牌。这届奥运会，中国代表团取得15枚金牌、8枚银牌、9枚铜牌的成绩，成为中国体育全面走向世界的一个里程碑。

▲ 图1-3-4 许海峰

3. 申奥路上的中国

举办奥运会是中国人的百年梦想。1993年1月11日，中国正式向国际奥委会递交了申办2000年奥运会的材料，但以2票之差落选。1999年4月7日，中国再次向国际奥委会递交申办2008年奥运会的材料。2001年7月13日，北京以票数过半的优势赢得了奥运会举办权，圆了近百年来中国体育工作者和中国人民的奥运梦想。

2008年8月8日，中国为世界带来了一场"无与伦比"的北京奥运会，实现了中华民族的百年期盼，极大地激发了中华儿女的爱国热情和民族自豪感。中国体育代表团运动成绩和精神文明双丰收，为世界人民留下了宝贵的体育文化遗产和精神财富，例如，具有东方特色的奥运会吉祥物"福娃"和奥运会、残奥会会徽（图1-3-5）。

▲ 图1-3-5　2008年北京奥运会、残奥会会徽和奥运会吉祥物"福娃"

2015年7月31日，国际奥委会主席托马斯·巴赫宣布北京获得2022年第24届冬季奥林匹克运动会举办权。这是北京继成功举办2008年奥运会后，又一次成功申办世界性大型综合运动会。北京由此成为全球首座"双奥之城"。北京冬奥会的会徽、吉祥物（图1-3-6）等文化产品的涌现，再一次展示了中国的国家文化软实力。

▲ 图1-3-6　2022年北京冬奥会会徽和冬奥会、冬残奥会吉祥物

成功申办冬奥会后，全体中国人民在党和国家的领导下团结协作、攻坚克难，全力投入、紧密合作，在创新、协调、绿色、开放、共享五大发展理念的引领下，在实现中华民族伟大复兴中国梦的战略指引下，于2022年2月4日至20日，送给了世界一届精彩、非凡、卓越的冬奥会。在开闭幕式上，中华文化和冰雪元素交相辉映，人类命运共同体的主题贯穿始终，展现了中华文化的独特魅力和新时代中国的现代化水平与文化自信。现代化、高科技的运动场馆为来自世界各地的体育健儿提供了展示自我的竞技场所，他们在相互尊重、彼此激励、突破极限中完成了各项赛事，获得了优异成绩。中国人民共同创造了"胸怀大局、自信开放、迎难而上、追求卓越、共创未来"的北京冬奥精神，也极大激发了亿万人民参与体育运动的热情，冰雪运动走进了全国各地，开启了中国乃至全球冰雪运动新时代。

> **评一评**
>
> 以小组为单位，回顾中国的奥运之路，写一写感悟心得，在小组间进行交流。

第三节　奥林匹克运动　021

中国体育健儿在奥运会中屡创佳绩，在弘扬奥林匹克精神、促进体育与文化协调发展、加强与世界各国人民的友谊中做出了杰出贡献。1984—2021年，中国体育健儿先后参加了10次夏季奥运会，共获得262枚金牌。2008年北京奥运会，中国金牌总数位列第一，实现了历史性突破。

百年来中国体育事业与奥林匹克运动的发展，是中国社会进步与发展的缩影，更是中华民族努力实现伟大复兴的精彩写照。

体育之窗

2008年北京奥运会的"绿色奥运·科技奥运·人文奥运"三大理念和2022年北京冬奥会的"绿色办奥·共享办奥·开放办奥·廉洁办奥"理念体现了推动绿色发展、促进人与自然和谐共生的中国式现代化内涵，是留给中国乃至世界的精神遗产。

2008年北京奥运会的两大主体育馆"鸟巢"和"水立方"，是北京奥运会留给中国人民的价值丰厚的物质文化遗产。这两座场馆也在2022年北京冬奥会上继续展示了"风采"。其中，"鸟巢"作为开闭幕式场馆，再次惊艳世界。"水立方"华丽转身，成为"冰立方"，是世界首座完成"水冰转换"的场馆。

启思导学

奥林匹克运动的发展促进了运动技术的进步，而运动技术的进步依靠科学技术的发展。请你思考哪些运动项目运用了科技手段，并举例说明。

本章小结

本章重点围绕体育的产生和发展、中华优秀传统体育文化、奥林匹克运动进行讲述。通过学习，我们重新认识了体育，感受了自古以来体育蕴含的文化力量，同时，提高了对我国优秀传统体育文化的认知与认同感，也对奥林匹克运动的发展脉络有了清晰的了解。

中国在建设体育强国的过程中，赋予了体育文化新的意义和地位，在潜移默化间影响着众多中国人。同学们要把所学习的知识转化为激励自己追求卓越、挑战自我的体育精神和助力未来工作的职业精神，不断提升自身文化素养，树立文化自信。

第二章
健康教育

人民健康是民族昌盛和国家强盛的重要标志。党和国家将保障人民健康放在优先发展的战略位置，不断完善人民健康促进政策。从个人角度讲，身心健康是人生的第一笔财富，是幸福一生的基础。中职学生正处于身心快速成长的时期，应主动学习和掌握生理健康、心理健康和社会适应的相关知识，运用关键生活技能，将健康与当下和未来的生活紧密联系在一起。本章将围绕健康生活与疾病预防、心理健康与社会适应、青春期卫生保健、安全运动、应急避险、职业健康等主题介绍相关知识，以期提高你的健康意识，助你养成良好的生活方式，减少或消除不利于健康的因素，在生活中做到知行合一，为自己的终身健康奠定基础。

大事记摘要

1 1879年，世界上第一个心理学实验室建立，标志着科学实验心理学的诞生。

2 1917年，北京大学首次建立了心理学实验室，标志着中国现代心理学的正式诞生。

3 1948年，世界卫生组织宣告成立。每年的4月7日为全球性的"世界卫生日"。

4 1990年，国务院批准实施《学校卫生工作条例》要求学校监测学生健康状况，对学生进行健康教育，培养学生良好的卫生习惯。

5 2009年，我国颁布《全民健身条例》，将每年的8月8日定为"全民健身日"。

6 2016年，全国卫生与健康大会，习近平总书记明确提出"将健康融入所有政策，人民共建共享"，强调"没有全民健康，就没有全面健康。要把人民健康放在优先发展的战略地位"。

7 2016年10月，国家颁布《"健康中国2030"规划纲要》，为推进健康中国建设、提高人民健康水平做出了战略部署。

8 2021年，国务院印发《全民健身计划（2021—2025年）》。

第一节 健康生活与疾病预防

健康中国

2016年10月，中共中央、国务院印发了《"健康中国2030"规划纲要》，提出推进健康中国建设要以提高人民健康水平为核心，以"共建共享、全民健康"为战略主题，服务于人民健康素养水平的持续提高，使人人享有基本医疗卫生服务和基本体育健身服务，建立预防为主的健康理念。推进健康中国建设，是全面建成小康社会、基本实现社会主义现代化的重要基础，是全面提升中华民族健康素质、实现人民健康与经济社会协调发展的国家战略。中职学生以实际行动学习健康知识、提升健康认知、践行文明健康生活方式、养成健康行为，是助推全面健康、建设健康中国的前提和基础。

学习目标

1. 了解健康的基本概念、健康生活的意义、健康生活方式的具体做法及影响健康的因素。
2. 掌握合理饮食的方法，科学地参与运动，养成良好的生活习惯，树立正确的心理健康观念。
3. 培养自律的健康行为，树立良好的健康意识。

一、健康生活

世界卫生组织（简称世卫组织）对健康的定义是：健康不仅指一个人身体没有出现疾病或虚弱现象，而且指一个人生理上、心理上和社会适应上的完好状态。生理健康是健康的基础，是指身体生长发育正常，没有疾病。心理健康是指整个心理活动和心理特征的相对稳定，互相协调，充分发展，并与客观环境相统一和相适应。社会适应良好，是指机体能协调、适当地适应其所处的变化着的环境。

健康的生活方式是指有益于健康的习惯性的行为方式。健康的生活方式可以使你获得身心健康，保障生命质量，而不健康的生活方式则会带来各种疾病，影响个人发展，乃至生活质量。青少年健康生活方式主要包括合理膳食、科学运动、良好的生活习惯和行为及心理健康等。

（一）合理膳食

人体每天都需要摄入足够的营养物质才能保证身体正常运转。人体需要的营养物质是由食物中的营养素提供的。食物中所含的营养素主要包括蛋白质、脂肪、碳水化合物、维生素、矿物质、水、膳食纤维七大类，其中，蛋白质、脂肪和碳水化合物可以经过氧化产生热量供人体维持生命、生长发育和运动。

中职学生正处于身心发展趋于成熟的重要时期，学习任务和实习工作任务重，大量的脑力活动、体力活动促使新陈代谢加快，对营养的需求量较高，因此，保证合理的膳食营养是身体健康的重要基础之一。

膳食摄入要全面、平衡，全面是指摄取的营养素种类要齐全，平衡是指摄取的营养素要适量，与身体的需要保持平衡。每种天然食物均有独特的营养成分，平衡膳食就是要能够满足不同年龄阶段、不同能量水平的健康人群的营养与健康需要。根据《中国居民平衡膳食宝塔（2022）》推荐（图2-1-1），每日饮食应均衡摄取五类食物，包括谷薯类、蔬菜水果类、畜禽鱼蛋奶类、大豆和坚果类以及烹调用油盐，强调了增加身体活动和足量饮水的重要性。

膳食摄入要注意结构合理，每类食物都有推荐摄入量，按照推荐摄入量，每人每日摄入适宜的各类食物，再根据个人年龄、性别、身高、体重、劳动强度等情况适当调整。营养搭配合理才能维持人体的正常生理功能，促进身体健康和生长发育，提高机体的劳动能力、抵抗力和免疫力。

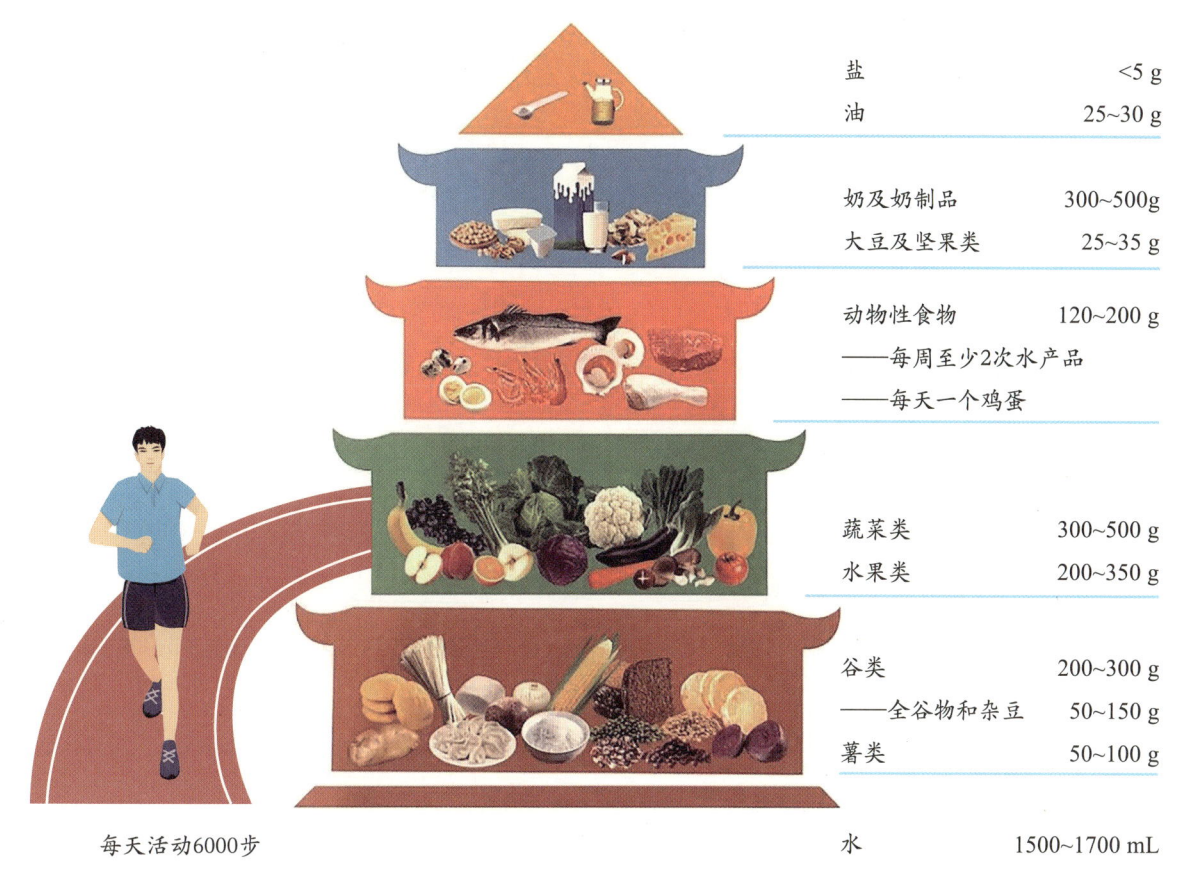

盐	<5 g
油	25~30 g
奶及奶制品	300~500 g
大豆及坚果类	25~35 g
动物性食物	120~200 g
——每周至少2次水产品	
——每天一个鸡蛋	
蔬菜类	300~500 g
水果类	200~350 g
谷类	200~300 g
——全谷物和杂豆	50~150 g
薯类	50~100 g
水	1500~1700 mL

每天活动6000步

▲ 图2-1-1 《中国居民平衡膳食宝塔（2022）》

（二）科学运动

运动不仅能促进身体健康，还能增进心理健康。青少年时期是最佳的体育运动习惯养成期，这一时期形成的良好的运动习惯将为一生的健康奠定基础。你应积极参与体育运动，根据年龄、性别、体质、体能、锻炼目标等因素，制订个人锻炼计划，掌握锻炼方法，从而养成科学的锻炼习惯，获得良好的锻炼效果。

在中职阶段，你应尽可能多地学习各种科学的体育锻炼方法，掌握1~2项运动技能，抓住各项身体"敏感期"进行锻炼，合理安排运动量，坚持每天至少1小时、每周3次中等以上强度的体育锻炼，并持之以恒。

体育之窗

人体从食物中摄取能量以供给机体活动的需要，主要包括基础代谢、体力活动代谢和食物特殊动力作用三个方面的输出。维持身体基本生理活动需要的热量占65%，体力活动代谢占25%，食物特殊动力作用占10%。

体育运动期间，如果缺乏合理的营养供给，消耗得不到及时补充，就会出现生理机能和运动能力下降、乏力、疲劳等现象。不同类型体育运动对营养摄入有不同要求，如耐力训练应注重补充糖类、脂肪和蛋白质，还应适当补充水分、电解质以及维生素B族、维生素C和维生素E等。

（三）良好的生活习惯和行为

在日常生活中，只有建立良好的生活习惯和行为，才能远离疾病，健康生活。例如，工作、学习劳逸结合，饮食起居规律，睡眠充足，保持健康体重，养成良好的体育锻炼习惯，讲卫生，爱护环境等。

中职学生要远离烟草和酒精。烟草燃烧产生的致癌物等对人体有害，会造成摄氧量下降、血压升高、身体加速疲劳等现象，从而导致运动能力下降。酒精会使人的心肌耗氧量增大，血压升高，心律失常，从而损害内脏器官功能，引起肝脏功能障碍，诱发多种癌症；如果酒后运动，则会进一步加重心肌的负担，还会出现注意力无法集中，记忆力、判断力减退，反应迟钝，无法正常运动的情况。现阶段，我们身体的生理机能尚未发育完全，对这些有害物质的抵抗力低，且容易成瘾，一旦成瘾很难戒脱。为了不对身体造成伤害，我们要坚决拒绝吸烟（包括电子烟）、吸二手烟和饮酒，珍爱生命，健康生活。

体育之窗

毒品是指鸦片、海洛因（冰毒）、吗啡、大麻、可卡因以及国家规定管制的其他能够使人形成瘾癖的麻醉药品和精神药品。吸毒严重危害身心健康，损害人的大脑、心脏、呼吸系统功能，并使免疫力下降，极易感染各种疾病，丧失劳动能力，严重时会导致死亡。每年6月26日是"国际禁毒日"，倡导人们"关爱生命、远离吸毒"。所有人都应树立禁毒意识，认识毒品的危害性、严重性，了解国家的相关法律法规，坚决拒绝毒品，不抱有任何好奇心和侥幸心理，要谨慎交友，谨防诱骗吸毒。

（四）心理健康

心理健康是指心理的各个方面及活动过程处于一种良好或正常的状态，在社交、工作、生活中能与其他人保持良好的沟通或配合。积极的心理状态有益于健康，消极的心理状态易导致身心疾病。中职学生正值青春期，面临的学习压力大、未来就业择业压力大，生活环境、人际交往环境等复杂多变，在这个过程中容易产生不同的心理问题。因此，要树立正确的心理健康观念，正确地认识自己，学会调控自己的情绪，通过不同的方式方法解决日常生活中遇到的心理问题，如培养体育运动爱好或找信任的人倾诉烦恼等，保持心理健康，积极投身于生活和学习中。

启思导学

学习了合理膳食的知识后，你知道各类营养素的食物来源吗？各类营养素对身体健康又有什么功能呢？请查找资料，与同学们讨论分享。

二、疾病预防

古今中外，疾病始终是威胁人类生命健康的重要因素之一。了解和掌握各种常见病、传染病、慢性非传染性疾病的起因、症状和预防措施等相关知识，并通过日常体育锻炼增强体质和自身免疫力，对抵抗疾病、维护健康和提高健康意识具有重要的帮助作用。

（一）常见病及其预防

1. 近视

近视指眼睛辨认5 m以上目标的视觉能力低于正常值。近视一旦发生是不可逆转的，也不能被治愈。导致近视发生的因素主要有两个：遗传因素和环境因素。遗传因素指主要受父母的影响，环境因素指读写姿势、采光照明、睡眠、营养状况等外部环境因素。近视受环境因素影响更多，大多由不良用眼习惯和不良视觉环境造成，而这些因素是可防可控的。

在日常生活、学习中，你应积极关注自身视力状况，避免不良的用眼行为，减少使用电子产品的时间，保障充足的睡眠和合理的营养摄入。体育运动是预防近视和控制近视加重的重要手段，应保证每天户外运动至少1小时，如跑步、户外打乒乓球或羽毛球等，训练眼部调节力，放松眼部肌肉。当出现看不清物体、感到眼睛疲劳等情况时，应及时去专业医疗机构检查，进行医学干预和矫正。

2. 肥胖

肥胖是由于体内脂肪积聚过多，达到危害健康程度的一种慢性代谢性疾病。肥胖的发生包括内因和外因两方面，内因主要与遗传有关，外因主要与环境有关，如不良的生活方式。内因与外因共同作用下易发生肥胖。当人体摄入的能量大于消耗的能量时，摄入的能量就会在体内转化为脂肪而沉积下来，长时间活动量小，就会导致肥胖的发生。肥胖会诱发多种疾病，如高血压、糖尿病、脂肪肝等；会影响智力发育水平，使人容易感到疲劳，注意力不易集中，从而使学习效率降低或成绩下降；会影响身体发育，出现平足、膝内翻、脊柱弯曲、行动迟钝困难等问题。

日常生活中，你应培养合理饮食习惯，三餐定时适量，少吃油炸食品，尽量减少糖的摄入；减少上网、玩手机、久坐的时间，积极参与体育运动，坚持进行有氧运动与适量力量训练。

（二）传染性疾病及其预防

1. 艾滋病

艾滋病（AIDS）是感染了人类免疫缺陷病毒（艾滋病病毒HIV）所引起的获得性免疫缺陷综合征，是一种危害性极大的传染性疾病。艾滋病的传播途径主要有三种：性传播、血液传播和母婴传播。艾滋病病毒不会通过空气和日常生活接触传播，与艾滋病病毒感染者共同生活、学习、工作，共用学习用具等，不会被传染艾滋病。

目前，艾滋病不能治愈，但可以预防。日常生活中，每个人应做到自尊自爱，杜绝婚前性行为及不安全性行为；远离毒品，拒绝毒品；不去非正规的诊所打针、输血等；不与别人共用剃须刀、牙刷等日用品。

艾滋病防治是一个国际性问题。1988年，世卫组织规定每年的12月1日为"世界艾滋病日"，呼吁社会各界关注艾滋病问题，共同应对艾滋病挑战，同时也让全世界都携起手来，给艾滋病病人以精神和心理上的支持与帮助。

2. 肺结核

结核病是长期严重危害我国人民群众身体健康的慢性传染病。结核病由结核杆菌感染引起，细菌可侵入人体全身各个器官，但主要侵犯人的肺脏，因此被称为肺结核。肺结核的传播途径是人与人之间呼吸道传播。肺结核是可以预防的，日常生活中，我们要养成良好的个人卫生习惯，如不随地吐痰等；定期体检，及时发现病症并及时报告和诊治；注意提高自身抵御疾病的能力，如保证充足的睡眠，合理膳食，加强体育锻炼。

> **体育之窗**
>
> 坚持规律的体育锻炼对人体有许多好处。例如，（1）促进人体新陈代谢加快，改善血液循环，增强骨骼的抗折、抗变形、抗压缩和抗扭转等方面的性能，有利于促进骨骼的生长；（2）增大肌肉的横断面，使之粗壮、结实和发达，使体形更加健美；（3）完善大脑的传导功能，提高反应速度，使动作准确协调；（4）改善人的情绪状态，给人带来愉悦的感觉，并获得运动快感，从而改善心理健康水平，让人变得活泼、开朗、坚强、自信、充满活力；（5）培养良好的意志品质，形成良好的心理素质。在运动中付出的努力越多，从主观和客观方面需要克服的困难也就越大，心理素质锤炼程度就越高。

（三）慢性非传染性疾病及其预防

慢性非传染性疾病主要有心脑血管疾病，如高血压、冠心病、脑卒中等；营养代谢性疾病，如糖尿病、痛风、肥胖等；恶性肿瘤，如胃癌、肝癌等。这类疾病一般无传染性，但会严重影响身心健康、劳动能力和生活质量。

慢性非传染性疾病的发生与长期吸烟、酗酒，不规律作息，不合理饮食，缺乏运动，精神压力大以及职业、环境、生活方式息息相关。我们应主动规避这些危险因素，养成健康生活方式，预防慢性非传染性疾病。

1. 高血压

高血压是一种以动脉血压持续升高为特征的进行性心血管损害性疾病。当收缩压≥140 mmHg和（或）舒张压≥90 mmHg则被诊断为高血压。但不能以单次血压测量结果作为判断依据，一般采用非同日3次测量血压的结果进行综合判断。

高血压会影响人的健康，严重的高血压还会导致人死于心脏病和脑卒中。这种疾病的发生与生活方式密切相关，所以，我们要养成健康的生活方式，如每日少盐低糖饮食，摄入食物多样化，多吃新鲜蔬菜水果，拒绝烟酒，保持良好心情。还要积极加强体育锻炼，减少久坐时间，每周应进行有规律的中等强度身体活动。

2. 糖尿病

糖尿病是一种以慢性血糖水平增高为特征的代谢性疾病，可分为Ⅰ型糖尿病、Ⅱ型糖尿病等。糖尿病的典型症状表现为"三多一少"，即多食、多饮、多尿和体重明显减轻。糖尿病会损害肾脏、心脑等器官，还会带来多种并发症，导致脑卒中、失明、肾衰竭等严重疾病。糖尿病发病原因与营养过剩、饮食失调、食物过于精细、缺乏运动等相关。日常生活中，你要注意多选择低热量、高膳食纤维的食物，达到和保持健康的体重，坚持参加体育运动，经常进行强度适中的活动，如慢跑、游泳、骑自行车、打球等，以预防糖尿病的发生。

评一评

对肥胖的判断标准主要采用体质指数法（简称BMI，单位kg/m²），是国际上常用的衡量人体胖瘦程度及是否健康的标准，计算公式为BMI＝体重（kg）÷身高（m）²。我们可以计算自己的BMI，对照表2-1-1判断体重是否符合标准。

表2-1-1 中国学龄儿童、青少年BMI超重/肥胖筛查标准

年龄（岁）	男超重	男肥胖	女超重	女肥胖
7	17.4	19.2	17.2	18.9
8	18.1	20.3	18.1	19.9
9	18.9	21.4	19.0	21.0
10	19.6	22.5	20.0	22.1
11	20.3	23.6	21.1	23.3
12	21.0	24.7	21.9	24.5
13	21.9	25.7	22.6	25.6
14	22.6	26.4	23.0	26.3
15	23.1	26.9	23.4	26.9
16	23.5	27.4	23.7	27.4
17	23.8	27.8	23.8	27.7
18	24.0	28.0	24.0	28.0

体育之窗

肿瘤分为良性肿瘤与恶性肿瘤，良性肿瘤是组织细胞的良性增殖，一般所说的"癌症"指的是恶性肿瘤。恶性肿瘤会影响身体健康，严重者甚至危及生命。国际抗癌联盟将每年的2月4日定为世界癌症日，倡导人们预防癌症和提高癌症患者生活质量。40%以上的恶性肿瘤是可以预防的。在日常生活中，我们要了解致癌因素，并尽量远离这些因素，养成良好的生活习惯和运动习惯，坚持多运动少久坐，保持健康的体重和愉悦的心情。

启思导学

健康的生活方式有哪些？如何利用体育运动提高健康水平，达到预防疾病的目的？

第二节 心理健康与社会适应

健康中国

心理健康和精神卫生既是全球性的公共卫生问题，也是社会较为关注的重大问题。我国于2013年5月1日起施行《中华人民共和国精神卫生法》。该法发展了我国精神卫生事业，规范了精神卫生服务，为维护精神障碍患者的合法权益提供了法律依据。该法中也明确规定了学校、教师、家庭应有的责任和义务，例如，各级各类学校应当对学生进行精神卫生知识教育；配备或者聘请心理健康教育教师、辅导人员，并可以设立心理健康辅导室，对学生进行心理健康教育；家庭成员之间应当相互关爱，创造良好、和睦的家庭环境，提高精神障碍预防意识；等等。这为每一位学生在校、在家的心理健康起到了保驾护航的作用。作为中职学生，应重视心理健康和精神卫生，应该关注和学习心理健康知识，建立和谐的人际关系，努力为自己的生活、学习营造良好的环境。

学习目标

1. 了解心理健康与社会适应的基本知识，了解健康心理和良好的社会适应能力对生活的意义。
2. 学会正确地认识自我，并通过体育运动等手段调控情绪，正确处理好人际关系。
3. 培养良好的心理素质，提升人际交往能力和社会适应能力。

一、心理健康

心理健康的理想状态是性格良好、智力正常、认知正确、情感适当、意志合理、态度积极、行为恰当、适应力强。青少年阶段是由少年期转向成年期的过渡阶段，是生理、心理发生巨变和自我意识、性意识与认知迅速发展的时期。在这个独立性和依赖性、自觉性和幼稚性错综复杂的时期，我们的心理发展和社会适应性方面表现出很多特殊性。要想拥有健康的心理，我们就需要在日常生活中掌握心理健康基本知识，正确认识自我，学会管理自己的情绪，通过积极有效的方法提升心理素质，提高适应社会的能力。

（一）情绪管理

在我们成长的过程中，积极的情绪有利于学习、生活、工作和人际交往。但难免也会出现各种各样的不良情绪，其中最常见的不良情绪是自卑和焦虑。

自卑是因个人对自己的品质、能力没有正确评价，或对自身的能力产生怀疑所引发的心理感受。焦虑是一种以担心、紧张、忧虑为主要表现的，复杂而持续的情绪状态。自卑会让人变得敏感多疑、意志消沉、失去勇气和自信。过度焦虑会让人注意力难以集中，记忆力下降。这两种不良情绪都会严重阻碍人的发展，对学习和未来工作产生不利影响。

对中职学生而言，引发自卑和焦虑的最常见原因是学习压力、人际关系和未来就业选择。正确对待情绪，主动学习相关心理健康知识，积极参与体育运动是调控情绪非常好的途径。通过参加自己感兴趣、擅长的体育运动，可以释放学习压力，转移注意力，可以忘却不愉快的事情，从而缓解不良情绪。在体育运动过程中，人们可以体验掌控感和成功感，对于树立自信心和拥有积极的情绪体验具有极大帮助。大多数体育运动都可以多人参与，如足球、篮球、羽毛球等，在集体性运动或比赛中，可以扩大交友范围，增进友谊，拓宽视野，对获取更多知识和资源、帮助健康成长有很大影响。

体育之窗

抑郁症是一种心理精神疾病。有别于青春期的正常情绪波动，有抑郁倾向的青少年在生活中会频繁出现情绪低落、无助、身体不适、兴趣和愉悦感丧失、易怒等情况，而且可能会出现异常行为。日常生活中，应积极参与体育运动、户外活动，放松心情，开拓视野，丰富兴趣，体会生命的美好；可以建立良好、可靠的朋友圈，及时得到周围人的关心和帮助，让自己变得更加勇敢和充满热情。

（二）提升心理素质

在学会管理自己情绪的基础上，我们需要正确认识自己，了解自己的优缺点，通过多种方式增强自尊心和自信心，提升心理素质，更好地学习和生活。

1. 正确认识自己

认识自己,即通过自我观察,经常反省自己的表现,既要看到优点和长处,又要看到缺点和不足。我们要从外在形象如外貌、衣着、举止、谈吐等方面认识自己,也要从内在素质如知识、心理、道德、能力等方面认识自己。同时,还要通过周围人的态度和评价认识自己、了解自己。

认识自己,发现优势。每个人的天赋和才能不同,在生活实践、专业技能、体育运动等不同领域发现自己的优势,利用这些优势认真完成各种学习任务,参与各项活动,可以获取成功的体验,树立自信心。

认识自己,接受考验。在认识自己的过程中,既要客观认识别人的赞赏,也要冷静应对遇到的消极评价。赞赏会使人积极、乐观,而消极的评价可能使人感到沮丧,要学会尊重他人的态度与评价,冷静地分析自己,提高承受压力的能力。

2. 树立自尊和自信

自尊是指尊重自己、爱护自己,维护自己作为一个人的尊严。自信是建立在对自己正确认识的基础上,相信自己有能力实现目标。在树立自尊的过程中,要不断完善自己,赢得他人的尊重,更要学会尊重他人。在树立自信的过程中,要学会发挥自己的优势,从自己擅长的事情入手,树立自信心;要善于接受别人的评价和建议,积极改正缺点;要敏锐地抓住机会,迎接挑战,通过不断积累经验提高自信心。

日常生活中,还有很多方法可以帮助我们树立自尊和自信,其中,体育运动是行之有效的方法之一。投入自己喜爱或擅长的运动项目中,可以发挥自身优势,为自己或为同伴、团队赢得荣誉,获得成功感;可以建立广泛的交际网,结识更多志趣相投的朋友,感受与人合作、交流、交往过程中的默契配合、团队关怀、合作精神。

体育之窗

在中国古代,人们非常重视情感对身体健康的影响,即七种情绪因素(喜、怒、忧、思、悲、恐、惊)。古人尝试用各种方式调节情绪,如明朝医药学家李时珍著有药学专著《本草纲目》,发展丰富了药食调养;东汉末年医学家华佗根据人的生理特点和动作习惯,效仿五种动物的动作,编成了世界上最早的医疗体操——五禽戏。这些发明都传达出古人的生命智慧,是中国宝贵的优秀传统文化遗产,值得我们传承和发扬。

虎戏　鹿戏　熊戏　猿戏　鸟戏

二、社会适应

任何人进入一个陌生环境时，都会有一个适应的过程。大家刚刚进入中职学校，面临学习环境、学习同伴、成长道路等的变化，未来还要面临从学生到职场人的角色转变，这就要求我们在心理上及行为上进行各种适应性的改变，以积极的方式与人交往，保持良好的状态，从而融入社会，适应社会生活。

（一）适应新环境

适应新环境包括了解新环境和新环境对人的要求，从而在生活方式、思维方式、为人处世方式等方面做出相应调整。例如，入学第一天，可以用真诚的微笑给人留下好印象，树立良好的自我形象；学会与教师、同学、室友沟通和协商，接受和遵守新环境的社会规范和准则；发挥特长和优点，学会独立处理生活、学习、交友等方面的问题，增强个人的自理能力和独立生活的能力，培养坚强、坚韧的性格；可以通过参加体育活动尽快结识新的朋友，逐步融入新环境。

（二）协调人际关系

在校期间，无论是适应环境，还是培养、提高自己的能力，都需要良好的人际关系作为支撑。要想获得良好的人际关系，必须要有宽阔的心胸，要具有相互理解、求同存异、谦让互助、团结友爱的精神，掌握必要的社交礼仪，学会赞扬他人、尊重他人，善于合作。良好的人际关系主要包括同伴关系、异性关系、师生关系以及家庭关系。

1. 同伴关系

同伴关系，即自己与同学、与朋友之间的关系。良好的同伴关系对行为、认知、情绪等有重要影响。在社会交往中，可以向同学、朋友诉说心事、交流思想、分享快乐，从而消除孤独感，有助于形成互惠互动的社会行为。

建立良好的同伴关系有多种途径，如与同伴发生矛盾时，应尝试运用正确的表达方式化解矛盾，学会宽容谅解别人的缺点。参与体育运动有助于迅速建立起良好的同伴关系，可以广泛结交兴趣相投的朋友，一起参与、观赏体育比赛，沟通学习经验，还能与同伴享受体育的乐趣和体育比赛带来的成功感、责任感，学会处理好竞争与合作的关系，也能为将来走上社会处理各种复杂的人际关系做好准备。但是，也会有一些不良的同伴关系发生在身边，如"校园欺凌"等，这些不良的同伴关系会严重影响身心健康和校园、社会秩序，应坚决杜绝。

2. 异性关系

随着青春期的到来，我们必然会与异性产生交往，但有时难以区别和把握友情与爱情的界限，易出现懵懂的感情困惑。其实，异性之间彼此倾慕是青春期心理发展的正常表现，我们应正视异性关系，并在交往中把握原则、掌握尺度，既不可过于亲密，也要勇敢交往。异性交往应注意说话和举止的文明、得体、有分寸；面对异性示好，要尊重对方的感情，但不能盲目投入恋爱，要学会控制自己的情感和行为，避免出现越轨的举动，更不能把感情当作游戏，给别人带来身心伤害。体育运动对于促进良好的异性关系有很大帮助，尤其是参与集体性体育运动和比赛，在参与活动的过程中，我们可以学会互相尊重、男女平等、彼此信任，同时，能更充分地了解对方，培养共同的兴趣爱好，转移注意力，让彼此在学习中、运动中共同进步。

3. 师生关系

中职学生的学习、生活都与教师密切相关，建立良好的师生关系，有助于提高学习兴趣，提升学习动力，获得优异的学习成绩，对未来职业选择也有很大的帮助。维护好师生关系，需要在相互尊重的前提下，双方共同付出努力。作为学生，要尊师重道，遵守班规校纪，理性对待问题，有分歧时应与教师积极沟通；课堂上与教师多进行学习交流、专业交流，寻求对未来职业的指导和帮助；课余时间，不要忽略与教师的交往，可以邀请教师参与各项体育运动、体育比赛，建立起默契、信任、关心和互助的关系。

4. 家庭关系

进入中职阶段，我们开始学会独立地思考问题，用自己的眼光审视世界，这时我们会发现自己与父母的关系有了某种微妙的变化，在看待事物、处理问题上与父母存在差异。要想处理好家庭关系，需要做到多沟通、多理解、多关心、多倾诉，如和父母一起参与户外运动、家庭体育比赛等，在这个过程中表现出自己独立思考、处理问题的能力，并充分表达自己的想法，让父母了解自己，对自己放心，从而建立、维护良好温馨的家庭氛围。

> **评一评**
>
> 以小组为单位，在一次体育课后，或参与一次体育比赛后，每个人对自己做出评价，并虚心听取他人的评价，同时要客观、冷静地分析他人。

体育之窗

社交恐惧症是一种常见的心理精神疾病，多发生在青春期前后。有些青少年在社交中缺乏自信，从而产生孤独、封闭等不良心理，出现害怕和回避社交的现象。如果出现这类问题，可以尝试做一些自己擅长的事情，以增强自信；也可以多参加体育活动，特别是集体性体育活动，加强与他人的交流，培养社交技巧，促进人际关系改善。

启思导学

我们每天都在处理各种人际关系，如何才能在众多关系中与他人形成良性的互动呢？请结合体育课上学习的内容谈一谈你有什么好的方法。

第三节 青春期卫生保健

健康中国

少年强则国强，我国历来高度重视青少年的健康成长，不断完善相关政策制度、规范标准等，不断加强建设有利于青少年健康成长的环境。2007年，党中央、国务院印发了《关于加强青少年体育 增强青少年体质的意见》。2011年，"保证中小学生每天一小时校园体育活动"被写入了政府工作报告。2018年9月10日，习近平总书记在全国教育大会上指出："要树立健康第一的教育理念，开齐开足体育课，帮助学生在体育锻炼中享受乐趣、增强体质、健全人格、锤炼意志。"2023年，党的二十大报告中要求："广泛开展全民健身活动，加强青少年体育工作，促进群众体育和竞技体育全面发展，加快建设体育强国。"可以看出，"健康第一"的教育理念是开展教育的根本遵循，每个人也都应当是自己健康的第一责任人。

学习目标

1. 了解青春期生理特点和心理特点，掌握青春期保健的方法。
2. 能够正确对待青春期，学会用青春期知识处理身心问题。
3. 学会建立良好的青春期人际关系，培养稳定、良好、积极向上的情绪。

一、青春期的生理特点和心理特点

青春期是个体从童年走向成年的过渡时期，是人体发育的重要阶段，此时，身心虽然逐渐走向成熟，但因为缺乏对青春期的足够了解和认识，在面对问题时仍感到束手无策和焦虑。了解青春期的生理特点和心理特点及相应的卫生保健知识，拥有健康的心态，树立远大的理想，不断强健体魄，能够帮助我们安全、健康地度过青春期。

（一）生理特点

世卫组织专家建议：女性的青春期为10—18岁，男性的青春期为12—20岁。青春期阶段，各内脏器官功能日益完善，生长发育相关激素分泌明显增加，生殖系统发育迅速走向成熟，体格生长迅速，运动能力明显提高，这个时期是人体成长发育的最佳时期。在发育上，男性和女性有较大差异，比较明显的是男性和女性在第二性征和体态上出现显著的性别差异，出现青春期标志性变化，如女性开始出现月经，男性声音变粗、开始长出胡须和腋毛等。

经历青春期的青少年对出现的一些正常生理变化，如青春痘、月经初潮、遗精等现象，可能会产生困惑，要及时关注这些身体的变化，更要科学对待这些变化，必要时可寻求专业人士的帮助。

> **体育之窗**
>
> 青春期人体生长速度加快，明显的增长之一是身高增长，一般每年增长7~12 cm。男性平均增长28 cm，女性平均增长25 cm。女性在17—18岁，男性在19—20岁身高停止增长，青春期结束代表着身高基本达到最终身高。通过合理膳食、科学运动等，可以充分发挥青春期生长潜能。因此要注意饮食合理，保障充足的睡眠，避免熬夜。运动是促进身高增长最有效、最直接的方法，每天适量地运动，可以促进身高增长，使身体发育得更好。

（二）心理特点

我们在青春期的心理呈现出迅速走向成熟而又尚未完全成熟的特征。独立性和创造性思维有了明显发展，情感丰富易变，自我意识增强，性格上也逐渐变得成熟、稳重和自信，性意识萌发。但思想情绪常不稳定，易出现忧虑、暴躁、易怒等情况。这些是青春期发育过程中伴随着生理发育所产生的心理变化，属于正常现象。

青春期心理的变化，可能会带来一些心理健康问题。我们应学会保持乐观而稳定的情绪，学会控制自己的感情；通过发挥特长、培养兴趣，丰富课余生活，如参加集体性体育运动；多与父母沟通，更专注于自己的学业，使自己平稳度过青春期。

二、青春期保健方法

（一）饮食保健

青春期是人生第二个生长发育的高峰期，要及时了解发育的生理规律，了解食物在维护健康、预防疾病中的作用，学会选择食物和合理搭配食物的技能。在这一阶段，身体对能量和营养素的需求非常大，因此要均衡摄入营养，多补充能促进身体生长发育的谷类、蛋白质等。合理选择零食，少喝或不喝含糖饮料。少吃油炸食品和高脂肪食品。切忌通过暴饮暴食发泄情绪。女生在经期要注意少吃生冷刺激的食物，注意增强身体的抵抗力。有青春痘困扰的男生和女生，要注意少吃辣椒、葱、蒜等辛辣刺激的食物。

及时关注自己的体型和体重，如果出现超重等问题，不要为了减肥而采取饥饿或药物减肥等方式降低体重，这样会影响青春期身体正常发育，甚至发生青春期厌食症。应该及时调整饮食成分，将热量控制在略低于正常摄取量水平，如适当减少主食，少吃奶油、精致糕点等，多吃新鲜蔬菜、水果、瘦肉、鸡蛋、豆制品等。

（二）运动保健

青春期期间，多参加体育运动可以促进骨骼生长，还可以有效预防近视、肥胖、脊柱侧弯等健康问题。在运动中，要持之以恒，丰富方式方法，适当增加有氧运动、力量训练，注意适度运动。运动过程中要注意防止运动损伤，科学选用运动护具。对青春期的男生来说，外生殖器发育迅速，要注意穿着宽大、透气的运动服，在运动中避免剧烈的撞击和踢打。对青春期的女生来说，月经期间进行适当的运动是有益的，如做广播操、打太极拳、散步等，这些运动可使人精神愉悦，帮助缓解烦躁情绪和不适感；但应避免参加过于激烈、运动量过大的运动，如仰卧起坐、耐力跑、跳跃等练习；运动中还要穿着合适的内衣，避免撞击和挤压胸部，平时也要多加强胸部肌肉的锻炼。

体育之窗

脊柱侧弯是最常见的脊柱畸形疾病，往往在进入青春期以后出现。长期姿势不正确、单肩背包、缺乏运动、营养不良、缺乏钙质等原因都是诱发脊柱侧弯的因素。脊柱侧弯会引起心肺功能障碍，还会因形体外观畸形给青少年带来身体上和心理上的障碍，危害身心健康。因此，平时要注意改变不良身体姿势，加强体育锻炼，通过学练广播操、韵律操等，锻炼身体各部位的关节、肌肉和韧带，让脊柱健康生长。

（三）心理保健

1. 调整情绪，接受变化

我们处在青春期，心理上会出现许多变化，如情绪易波动、爱慕异性等，这是由不成熟向成熟转变过程的正常表现。我们要保持心情愉快，与他人友好相处，养成乐观的性格。要正确认识和接纳自己，纠正自我评价的偏差，勇于克服挫折。培养多种体育运动爱好，努力充实自己的精神生活，扩大人际交往的范围，分散消极情绪的影响，提高社会适应能力。

2. 理性看待性意识

进入青春期后，随着性意识的发展，青少年对异性的言行举止十分敏感，会把异性对自己的好感当作对自己的"倾心"，而把自己对异性的好感当作"爱情"。此时，青少年生理发育、心智水平、人格发育还不够成熟，对人际关系的处理方法和生殖健康知识掌握不多，可能会发生早恋、婚前性行为等问题。不安全的性行为可能带来艾滋病、梅毒、淋病等性传播疾病的感染，不利于身心健康，影响未来发展，严重者可能走上犯罪道路。我们应理智客观地认识自己和他人，树立正确恋爱观，认识到恋爱、婚姻与身心成长成熟密切相关，避免过早发生性行为，拒绝性骚扰、性诱惑和性暴力。

3. 抵制网络成瘾

网络成瘾是指在无成瘾物质作用下对网络使用冲动的失控行为，表现为过度使用网络后导致明显的学业质量下降、工作效率低下和社会关系受损等。其中，青少年容易发生网络游戏成瘾问题，会严重危害身心健康，且对家庭和社会也会造成危害。我们应正确认识网络，抵制网络游戏和不良网站的诱惑。日常生活中，我们可加入体育社团，积极参与自己感兴趣的户外体育活动，转移对网络的注意力，融入现实人际交往中。

> **评一评**
> 以小组为单位，讲一讲自己在青春期发生了哪些变化，自己是如何应对这些变化的，并谈谈体育运动对自己的帮助。组内互相评价并给出更好的建议。

🔬 启思导学

你知道哪些食物能促进身高增长？哪些运动项目有助于身高增长？

第四节 安全运动

健康中国

自动体外除颤器（AED）是一种便携式的医疗设备，它可以诊断特定的心律失常，并且在必要时给予电击除颤，让人的心跳恢复正常，具有心肺复苏无法替代的功能，是可被非专业人员使用的用于抢救心脏骤停的医疗设备。如果在公共场所发生心脏骤停危及生命事件时，在救命的"黄金四分钟"内，正确使用自动体外除颤器和实施心肺复苏，可极大提高心脏骤停患者的存活率，达到减轻伤害、挽救生命的目的。目前，我国已逐渐在各大城市轨道交通设施、楼宇大厦等公共场所安置这一"生命重启键"。同时，《中华人民共和国民法典》第一百八十四条规定："因自愿实施紧急救助行为造成受助人损害的，救助人不承担民事责任。"通过法律保障免除善意救助者的民事责任，让事发现场的目击者实施紧急救助行为时无后顾之忧，解决普通市民"会不会用、敢不敢用"的问题。

学习目标

1. 了解安全运动的基本知识和安全运动的意义。
2. 掌握和运用安全运动的防护技能，养成安全运动的习惯。
3. 培养自护与他护的意识，提高救护能力。

安全运动包括环境对运动的影响和运动技术安全两方面，即运动环境与健康、运动损伤的预防与处理。在参加体育运动时，如果运动环境不适宜、方法不恰当、运动负荷超量等，都有可能导致运动损伤或出现运动性疾病，影响身心健康，严重者甚至造成伤残。因此，要有意识地预防运动损伤和降低运动危险，科学进行体育锻炼，从而享受体育运动的乐趣。

一、运动环境与健康

环境对于运动是非常重要的，在空气清新、阳光明媚、温度适宜的地方运动对健康有促进作用，相反，在受到污染的环境中运动，或在极端天气中运动，会对身体造成一定的伤害。

（一）空气污染

人类在生活、生产过程中排出的污染物扩散到空气中，污染物数量超过空气净化能力的时候，便造成了空气污染。空气污染包括室外污染，如雾霾、沙尘暴等；室内污染，如烹饪油烟、吸烟烟雾等，这些污染直接或间接地影响着人类健康。

长期在污染环境中进行体育运动，会出现胸腔发闷、咳嗽、头痛、眩晕等情况，严重的还会导致支气管哮喘。应避免在空气污染的环境中进行体育运动，如避免在车流量大的马路边散步或跑步；避免在高浓度臭氧污染环境中运动；出现严重空气污染时，应减少中等强度的运动或停止户外体育运动等。

（二）高温天气与寒冷天气

1. 高温天气

中国气象学把日最高气温达到或超过35 ℃时称为高温。高温通常有两种情况，一种是气温高、湿度小的干热性高温；另一种是气温高、湿度大的闷热性高温，俗称"桑拿天"。

人在运动时，体内产生的热量会大幅度增加，剧烈运动时产生的热量比平时增加100倍以上。人如果在高温环境下运动，很难在短时间内向外散发身体的热量，容易发生中暑。中暑是一种热应激疾病，通常表现为排汗停止，皮肤干燥而发烫，体温升高至41.5 ℃以上，出现虚脱、意识丧失，严重时会导致死亡。如果出现中暑先兆，应设法降低患者体温，并及时送医院治疗。

在炎热的夏天进行体育运动时要注意运动安全，如避免在中午12点至下午2点运动；运动后及时补充水分、盐分与矿物质；增加排汗量，促进体内热量的散发；控制运动的强度和时间；注意防晒、降温、穿舒适、透气的服装，既要保护皮肤不被紫外线灼伤，又要保证身体热量的散发。

2. 寒冷天气

我国气象部门规定，凡是当地24小时降温10 ℃以上或48小时降温12 ℃以上，且最低气温降至5 ℃以下的强冷空气均称为寒潮，也就是人们常说的寒冷天气。冬季、春季气温低，尤其是冬季，多发寒冷天气，此时人体的抵抗力下降，运动时和运动后易发生感冒，出现头疼、发热、鼻塞流涕等症状。出现感冒症状后要注意休息，多喝水，不要再进行剧烈运动，严重者要及时就医。

在寒冷天气下进行体育运动时要注意做好准备活动，充分活动身体的各个关节，让身体升温；运动时不要张大嘴呼吸，避免冷空气直接刺激喉咙而引起呼吸道感染和咳嗽；注意耳、手、足的保暖，防止冻伤；运动后及时更换衣服，注意保暖，以防受凉而诱发感冒；运动中要注意防滑，防止摔伤。

体育之窗

热痉挛通常发生在人进行剧烈运动且大量出汗时，表现为肌肉疼痛或抽搐，常发生在腹部、手臂或腿部。出现热痉挛后，要停止一切运动，在凉爽的地方休息，饮用稀释、清爽的果汁或运动饮料。

冻伤通常发生在寒冷环境中运动时。常发生冻伤的部位有鼻子、耳朵、脸颊、下巴、手指和脚趾，表现为冻伤部位的皮肤发红和疼痛，皮肤变白或呈现灰黄色，皮肤感觉发硬或苍白，出现麻木感。出现冻伤时，应尽快移至暖和的房间，换上干燥衣服和鞋袜，将冻伤部位浸泡在温水中，也可用体温温暖冻伤部位，并及时就医。

（三）运动场所

无论是在室外还是在室内运动，运动场所都与锻炼效果、运动安全息息相关。运动场所安全包括运动环境安全和运动场所中的运动器械安全。运动前，要确保环境干净整洁，地面平整，尽量在宽敞区域内运动，以免发生碰撞等伤害事故；应对场地和器械进行检查，排除危险因素，不要擅自移动健身器材；在不明情况和危险的水域、冰域内禁止游泳、滑冰。

二、运动损伤的预防与处理

运动损伤是人体在运动过程中发生的损伤。导致运动损伤的因素包括运动场所不安全、锻炼的负荷强度不合理、个人的技术不熟练以及运动着装不合理、准备不充分等。青少年是运动损伤的高发人群，容易发生肌肉拉伤、扭伤等。运动损伤要以预防为主，掌握正确的技术动作和安全防护知识，消除不安全因素，还要学会处理运动损伤的基本方法。

（一）运动损伤的预防原则

预防运动损伤应遵循以下原则：树立损伤预防观念，加强安全意识和自我保护意识；了解自己的身体条件，不勉强参加体育运动或盲目增加运动负荷；身着合适的服装、运动鞋，正确佩戴护具；选择安全的场地进行运动；运动前充分做好准备活动，运动后认真拉伸放松；平时加强易伤部位力量训练；掌握正确的动作要领、保护技能和运动损伤应急技能；注意力集中，遵守规则，杜绝运动中的不文明行为；避免在无保护或保护措施不当的情况下学练高难度动作。

（二）常见运动损伤的处理原则

当发生运动损伤时，需要立刻进行临场处置，避免损伤加重，为损伤的修复打好基础。目前，常规的做法是遵循RICE原则，"R"（Rest）意为休息，即受伤后应立即停止运动，防止重复损伤和加重损伤；"I"（Ice）意为立即冰敷；"C"（Compression）意为加压包扎，减少出血和渗出；"E"（Elevasion）意为抬高患肢，减少出血和渗出。

（三）常见运动损伤的处理办法

运动损伤按体表结构的完整性是否受到破坏可分为开放性损伤（擦伤、刺伤等）和闭合性损伤（肌肉拉伤、扭伤等）；按伤后病程的阶段可分为急性损伤和慢性损伤；按受伤的组织结构可分为皮肤损伤、肌肉损伤等。常见的运动损伤主要包括擦伤、扭伤、肌肉拉伤、运动性骨膜炎、运动性晕厥、运动性腹痛、肌肉痉挛、骨折等。此外，运动中可能会出现突然心跳、呼吸暂停的情况，应及时进行急救。

1. 擦伤

擦伤是皮肤浅表损伤。通常仅受伤皮肤表面有擦痕、少数点状出血或渗血、渗液。若擦伤发生在关节附近，经消毒处理后，宜涂抹消炎软膏或抗生素软膏，并用无菌敷料包扎。若擦伤不在关节处且创面较浅，经消毒处理即可。

2. 扭伤

扭伤是关节部位一侧受到过大的牵张力，相关的韧带超过正常活动范围而造成的损伤。扭伤后，关节可能会出现半脱位和韧带纤维部分撕裂，并有内出血、局部肿胀、皮肤青紫和活动障碍。运动中的扭伤常见于踝关节、膝关节、腕关节等处。扭伤发生后，应立即停止运动，进行冷敷并抬高患肢，有条件的情况下还可以加压包扎。冷敷24小时以后，可进行热敷，同时配合按摩、理疗等康复方法。

3. 肌肉拉伤

肌肉拉伤是肌肉过度发力或在不正常状态下被动过度牵拉造成的损伤，

会出现局部疼痛、压痛、肿胀、紧张、发硬、痉挛以及功能障碍。肌肉拉伤后，轻者即刻冷敷，局部加压包扎，并抬高伤肢，24小时以后可施行按摩。严重者肌肉完全撕裂，须经加压包扎后立即送医院治疗。

4. 运动性骨膜炎

运动性骨膜炎是因运动不当造成的局部组织损伤，表现为小腿骨膜疼痛，血管扩张、充血，小腿水肿，休息后症状可稍减轻。轻者，可用弹力绷带包扎伤肢，减少下肢的活动，两周左右可自愈。重者，要停止运动，可用绷带固定并抬高伤肢，随后可以进行局部封闭理疗、针灸和按摩等治疗。

5. 运动性晕厥

运动性晕厥是在运动中或运动后由于脑部一时性血供不足或血液中化学物质的变化引起突发性、短暂性意识丧失及肌张力消失并伴跌倒的现象。当发现运动性晕厥患者后，应让患者平躺，保持安静和身体保暖。如患者出现呕吐，应将其头部偏向一侧，防止呕吐物造成窒息。如患者心跳呼吸暂停，应立刻进行心肺复苏，并送医院治疗。

6. 运动性腹痛

运动性腹痛是由激烈运动引起的一时性的机能紊乱。大多数安静时不痛，运动时痛，疼痛程度与运动量大小及运动强度成正比，随着运动停止，症状可逐渐缓解。出现运动性腹痛时，应减慢运动速度，降低运动强度，调整呼吸节奏，用手按压疼痛部位，一般情况下，疼痛会减轻或消失。若无效则要停止运动，尽快送医院治疗。

7. 肌肉痉挛

肌肉痉挛俗称"抽筋"，是肌肉自发的强直性收缩现象。小腿和脚趾的肌肉痉挛最常见，发作时疼痛难忍，可持续几秒至数十秒。发生肌肉痉挛时，要向相反的方向牵引痉挛的肌肉，配合按摩，促使肌肉放松，可缓解疼痛。同时，要注意保暖，牵引用力要均匀、缓慢，切忌动作粗暴，以免引起更严重的损伤。

8. 骨折

骨折是骨组织受到强暴力作用造成部分或全部断裂。发生骨折后，要及时到医院就诊，不要自己随意活动。骨折后如有出血，可使用干净的毛巾对伤口进行压迫止血包扎处理。如果是上肢骨折，用健康的手臂托住受伤手臂进行固定；如果是下肢骨折，可将受伤的下肢与健康下肢绑在一起，固定好患肢后再进行搬运。对于脊椎、腰椎受伤以及有明显畸形的骨折患者，应由专业人员进行移动，避免伤到神经。

> **评一评**
>
> 以小组为单位，说说常见运动损伤的处理方法，并演示心肺复苏的方法。组内评选出技术掌握最熟练、最正确的组员。

体育之窗

心肺复苏术是人在心跳、呼吸突然暂停时，周围人在医生到来之前所能做的简单高效的急救方法，是必备的救护技能之一。

第1步：判断患者有无意识和呼吸。若患者无意识、无呼吸或无颈脉搏动，则判断为意识丧失，应立即进行心肺复苏。

判断要点：颈动脉位置为喉结旁1~2 cm处；判断患者状态不超过10 s。

第2步：胸外按压。将患者平放于平整地面上，解开其衣物，按压患者两乳头连线中点处。两手叠扣，两臂伸直，肘关节不弯曲，利用身体重力，垂直向下用力按压。按压时，使胸骨下陷至少5 cm，每次按压后要让胸廓充分回弹，但手掌始终不离开按压部位。每分钟按压100~120次。按压比例为30次胸外按压、2次人工呼吸。

判断要点：胸外按压有效的标志是患者瞳孔缩小，恢复自主呼吸，颈部大动脉出现搏动。

第3步：气道开放。进行胸外按压后，患者可能会出现呕吐的情况，这时需将其头部偏向一侧，清除其口鼻腔内的分泌物，有假牙的患者要注意取下其假牙。若无颈部损伤，用仰头抬下颌的方法打开气道；若有颈部损伤，采用双手托颌法。

第4步：人工呼吸。施救者一手托患者下颌使头后仰，另一手捏其鼻孔并用手掌边缘压住额头。吸气后对患者口内用力吹气，然后放开鼻孔，待胸廓回缩。连续吹气2次，每次吹气要见胸廓有明显起伏才表示有效。如此重复5次以后，判断患者状态，若复苏无效，则继续按压。

判断意识、检查呼吸　　　　　　高声呼救

胸外按压

气道开放　　　　　　人工呼吸

启思导学

我们应该掌握更多的运动损伤的预防方法，如循序渐进地加大运动量，及时纠正错误动作，运动前检查身体健康状况等。你还知道有哪些预防运动损伤的方法？请和同学们分享。

第五节 应急避险

健康中国

我国每年都会开展"安全生产月"活动。该活动是经国务院批准,每年6月由国务院安全生产委员会办公室主办、全国各行各业参与的一项全国性安全生产宣传教育活动,其主要活动内容是深入宣传和落实党和国家关于加强安全生产工作重大决策部署和法律法规,普及安全知识、强化安全意识、弘扬安全文化、提升安全素质、营造安全氛围,充分体现了党和国家对劳动者的关爱。中职学生毕业后,将走向各行各业,不论从事什么岗位工作,都要具有高度的安全意识。在校学习期间,既要掌握丰富、全面的安全生产知识,又要掌握确保自身安全和他人安全的技术技能且不断提升身体素质,为成为国家的高素质技术技能人才、能工巧匠、大国工匠打下坚实基础。

学习目标

1. 了解自然灾害和人为因素灾害知识,知道应急避险的方法。
2. 能够识别常见灾害,掌握应急避险的技能进行自救和互救。
3. 培养应急避险意识,提高应急避险能力。

灾害是指自然或人为原因造成的事故，会给人们的生命、财产安全造成损失。人类在漫长的进化过程中不断积累与各种灾害作斗争的经验，随着科学技术的发展和对自然界的深入认识，人类逐步认识到一些灾害的成因，并掌握了一定的预防方法，这成为改善人类自身生存环境、谋求未来更大发展的重要基础，学习和掌握这些宝贵的经验和技能对所有人都有重要意义。

一、自然灾害与避险

大自然是人类赖以生存和发展的基本条件。每个人都应该尊重自然、顺应自然、保护自然。尤其是要认识到大自然在带给人类新鲜的空气、丰富的物种资源、美丽的山川河流的同时，也会带来一些灾害。自然灾害是指给人类生存带来危害或损害人类生活环境的自然现象，包括洪涝、干旱灾害；台风、冰雹、暴风雪、沙尘暴等气象灾害；地震海啸、火山爆发、山体崩塌、山体滑坡、泥石流等地质灾害；风暴潮等海洋灾害；森林草原火灾和重大生物灾害等。

（一）洪涝灾害

1. 洪涝的危害

潮汐活动、暴雨、海平面上升等可诱发洪涝灾害，加之建筑设施材料不透水、地势低洼、堤坝等水利设施溃决等，都可能加剧洪涝灾害。洪涝灾害会导致洪水淹没房屋、冲毁道路，造成大量人员伤亡；破坏基础设施、改变生态环境，导致人口大量迁移；导致人们出现溺水、受伤或创伤等危险情况；发生经水传播的疾病，如伤寒、霍乱等；发生经媒介传播的疾病，如疟疾、登革热等。

2. 避险方法

我们平时要关注天气预报和洪涝预警信息，尽量避免前往山区等容易发生洪涝灾害的地区；居住在洪涝灾害高发区的，家中要配备紧急救生装备，洪水来临时应迅速往高处转移；被洪水围困时要及时求救，使用色彩鲜艳的衣服、镜子、哨子等发出求救信号；不要冒险涉水逃离，如果落入水中要尽可能抓住固定物品或者漂浮物。

（二）地震灾害

1. 地震的危害

地震具有突发、难预见等特点，而且容易引发次生灾害，如有毒化学品或放射源泄漏、火灾、泥石流、山体滑坡等。地震可导致生态环境被破坏、人员伤亡和心理创伤严重，还可导致水源和食品污染、病媒生物滋生和传染病流行。

2. 避险方法

地震往往发生突然，必须采取正确有效的措施才能真正保护生命。发生地震时，应本着"震时就近躲避，震后迅速撤离"的原则，在短时间内根据所处环境迅速做出保障安全的抉择。

如果居家时遇到地震，可暂避到洗手间等空间跨度小的地方，或是桌子、床铺等下面，蹲或坐下，尽量蜷曲身体，用双臂保护头部、眼睛，尽可能掩住口鼻。震后迅速撤离，以防强余震。如果在学校、商店、影剧院等人群聚集的场所遇到地震，应立即躲在课桌或坚固物体下面，避开玻璃门窗等易碎物品，逃离时不要乘坐电梯，以安全、快速的方式有序地撤离。在户外遇到地震，应避开高大的建筑物、广告牌、高压线柱、玻璃墙、化工厂等危险处，选择开阔地蹲下或趴下。在山区遇到地震，不要在山崖下、岩石下、水体旁躲避，防止滚石、滑坡、涨水等意外情况发生带来伤害。

如果受伤，要尽快寻找医疗救助。如果震后不幸被废墟埋压，要尽量保持冷静，设法自救。无法脱险时，要保存体力，尽力寻找水和食物，创造生存条件，耐心等待救援。

体育之窗

人与自然的关系是人类社会最基本的关系，保护自然就是保护人类，建设生态文明就是造福人类。每年10月的第二个星期三为"国际减轻自然灾害日"，旨在唤起人们对防灾减灾工作的重视。2008年5月12日，四川省汶川县发生8.0级特大地震，我国将5月12日设定为全国防灾减灾日。

二、人为因素灾害事故与避险

人为因素灾害事故主要指人为因素引发的灾害和事故，如火灾、环境污染灾害、交通事故、性骚扰和性侵害、拥挤踩踏事故等，药品安全等公共卫生事件，恐怖袭击等社会安全事件。这些会对社会秩序、社会功能、环境与资源等造成破坏，对个人的健康和心理造成负面影响。

（一）火灾

1. 火灾的危害

引起火灾的原因有自然原因，如雷击、自燃等；也有人为原因，如使用明火不慎、使用燃气不当、用电不当等。在日常生活中，引起火灾的主要原因是人为原因，无论是自然原因还是人为原因引起的火灾，其所造成的生命和财产损失都是巨大的。近年来，发生了很多室内健身场所火灾事件和户外运动场所火灾事件，引起了人们对运动中遭遇火灾避险的注意。

2. 避险方法

如果居住在楼房，居家运动时遭遇火灾，需要注意：若着火位置高于居住层，可从楼梯及时撤离；若着火位置低于居住层，退路被切断时，可向高层移动求助；若被大火围困在高层楼房，应密闭门窗，阻断烟雾，用水浇湿屋内的用品及四壁，以降低温度，在临街的窗户或阳台处及时呼救，等待救援；若被大火围困在低层楼房，可借助绳索从阳台、窗户等安全处逃生。但是，在此过程中，尽量冷静、不慌张，不贸然跳楼，不乘坐电梯，学会预防烟雾、毒气中毒。

如果在健身房等室内公共场所健身时遭遇火灾，需要注意：在工作人员的指挥下，寻找标有"安全通道""安全出口"或"EXIT"的地方迅速有序地撤离。在人多拥挤的情况下，不要逆人流行动，不要弯腰捡拾任何物品，防止被踩踏。

如果在登山、野营时遭遇火灾，需要注意：可选择河流、山涧、峡谷或林中空地等处避险。在山火靠近时，可逆风选择向火势较弱或已经燃烧过的方向突围。

（二）性骚扰和性侵害

1. 性骚扰和性侵害对青少年的危害

性骚扰是来自异性或同性的非礼行为，包括挑逗性的语言和不礼貌的动作等。若违背他人意愿，强行发生性关系造成性侵害的属于犯罪行为。

性骚扰和性侵害事件实施者多为男性、熟人，青少年往往是受害者。直接的性骚扰易发生在人员拥挤的公共场合，如公共汽车上、地铁上、火车上或电影院等地；性侵害则易发生在人烟稀少的户外或私密独处的环境中。在上述情况下，无论男生还是女生，都应该时刻保持戒备，注意观察周围人的异常举动，遇到险情应保持冷静，审时度势，随机应变，理智应对。

2. 预防措施

我们应时刻提高警觉，要有防范坏人侵犯的意识。要保护关爱自己的身体、自尊和隐私，不向陌生人透露自己的个人信息。杜绝不良场所和物品，不因好奇去尝试各种来源不明的东西。避免单独行动，学会拒绝有不良企图的异性或同性提出的过分要求或发出违法乱纪行为的邀约。在遭遇歹徒暴力胁迫时，冷静对待、伺机脱险，不论发生什么程度的骚扰或侵害行为，都要立即报警。

体育之窗

目前，网络诈骗、校园贷、网络色情、虚假信息等使青少年蒙受伤害的案件时有发生，已影响到青少年的身心健康。网络空间是虚拟的，但运用网络空间的主体是现实的，大家都应该遵守法律。作为青少年，要正确看待、使用互联网，学会识别网络陷阱，不随意泄露个人隐私，维护国家网络安全，不从事、纵容或支持危害国家安全的网络活动。

（三）拥挤和踩踏事故

踩踏事故是指在集会中，有人意外跌倒后，后面的人群因为拥挤对跌倒的人产生踩踏，并产生恶性循环的群体性伤害意外事件。在空间有限、人群又相对集中的场所，如球场、商场、狭窄的街道、室内通道或楼梯、影院等容易发生拥挤和踩踏事故，当身处这样的环境中时，一定要提高安全防范意识。

1. 出现拥挤和踩踏事故的处理方法

在发生踩踏时，要保持镇静，立即向"120"急救中心报告并向政府应急部门报告，不要乱喊乱叫或推搡他人，要听从事故现场管理人员的指挥。抱住坚固物体，等待时机脱险。如果身不由己被裹入拥挤的人群，要伸出力量较大的那只手臂，用手掌撑前面那个人的后背，另一只手握住支撑手的手腕，双臂用力为自己撑开胸前的空间，稳定重心用小步随人流移动，不要试图超越别人，不捡掉落的物品，不穿被踩掉的鞋。

若摔倒后没有办法站立起来，不能仰面朝天躺倒，应立即用一只手捂住太阳穴，另一只手从后方护住颈椎，两个手肘向前夹紧护住面部，同时弯曲身体呈"婴儿状"，以起到一定的缓冲作用，这也是保护头部和其他部位的姿势。

2. 预防措施

树立自我安全意识，提前学会必要的防护自救方法，随时观察周围环境，留心湿滑地面、陡坡、照明差的地方。在运动场、健身房等室内场所遇到停电、突发火灾情况时，要时刻保持警惕，有序顺着人流走，不拥挤，不喊叫，避免摔倒。

启思导学

我们需要学会各种应急避险的方法以应对灾害。你能具体说说常见灾害的特点和危害，以及如何针对不同的灾害进行自救和互救吗？

评一评

以小组为单位，选择一种灾害，通过收集图片、文字和视频，制作电子科普宣传海报，注意说明体育运动在应急避险中可发挥的作用。评选出最有价值的宣传海报。

第六节　职业健康

健康中国

我国是全球劳动力人口最多的国家之一，党中央、国务院历来高度重视职业病防治工作，习近平总书记把维护劳动者职业健康放在突出位置，多次对职业病防治工作做出重要指示，充分体现了对广大劳动者的深切关怀。近年来，在党和国家的领导下，《职业病防治法》先后4次修订，每年均组织开展《职业病防治法》宣传周活动，着力营造全社会关注职业病防治的浓厚氛围。

学习目标

1. 了解职业健康的相关知识，懂得职业健康的意义。
2. 了解影响职业健康的因素，掌握职业健康问题的预防方法。
3. 养成健康的职业行为习惯，树立终身职业健康意识。

一、认识职业健康

了解职业健康相关知识可以让我们的生理、心理及社交处在较好的状态，防止健康受到工作环境的影响和伤害。预防职业病，找到适合自己生理和心理的工作环境，可以保护我们的健康及相关权益。

（一）职业健康的概念

国际劳工组织和世界卫生组织的联合职业委员会指出：职业健康应以促进并维持各行业职工的生理、心理及社交处在最好状态为目的，防止职工的健康受工作环境影响，保护职工不受健康危害因素伤害，并将职工安排在适合他们生理和心理健康的工作环境中。

健康的职业行为主要包括树立健康防护意识，遵守安全生产规范，保证个人卫生，按需佩戴职业防护用具，拒绝违章作业，定期体检，合理休息，注意身体活动，劳逸结合等。

职业病是指职业危害因素作用于人体的强度与时间超过一定限度，人体不能代谢其所造成的功能性或器质性病理改变，从而出现相应的临床征象，影响劳动能力。职业病有广义和狭义之分，广义的职业病泛指劳动者在生产劳动及其他职业活动中，由于职业性有害因素的影响而引起的疾病。狭义的职业病，即法定职业病，是指职工因受职业性有害因素的影响引起的，由国家以法规形式规定并经国家指定的医疗机构确诊的疾病。广义地说，职业病属于工作有关疾病，但一般所称工作有关疾病，与法定职业病有所区别。

（二）影响职业健康的因素

影响职业健康的主要因素有外界有害因素、工作环境、工作条件、不合适的工作状态等，如各种有害的化学、物理、生物因素以及在作业过程中产生的其他职业病危害因素。面对这样的危害因素，劳动者应当提高职业病防护意识，遵守操作规程，正确佩戴和使用个体防护用品。长时间工作、长时间站、长时间坐、高空作业等因素，会导致诸多身体问题，若身体出现亚健康状态，更需要注意防护。

二、维护职业健康

（一）静脉曲张的预防

静脉曲张多是由于久站或久坐引起血液回流不畅，长久滞留于下肢导致的，常发生于下肢，常见表现为青紫、弯曲的血管隐现在表皮附近或凸起于表皮，可伴随瘙痒、疼痛、色素沉着、皮肤硬化等。

教师、交通警察、医生、护士、厨师等以站姿作业为主的职业人群，以及经常久坐的人，腿部肌肉长期处于紧张状态，容易使下肢血液回流受到影响，导致下肢肿胀、疼痛，甚至静脉曲张。在工作中应尽可能避免久站和久坐，站立时，建议两腿重心交替，每隔半小时通过活动膝关节或直立前后踢腿、适当走动等方式保持腰部、膝关节放松，促进血液循环。若已患静脉曲张，建议尽早就医，不建议用热水袋暖脚或热水泡脚，也不能洗桑拿浴，洗澡水的温度不宜超过40 ℃。

平时注意不要过度劳累，适度加强体育锻炼，尤其是要多进行心肺功能和下肢力量的练习，如开展健走、骑自行车、游泳等运动。同时，肥胖的人可以通过运动进行减重，避免肥胖导致静脉曲张发生。

（二）颈椎病的预防

颈椎病又称颈椎综合征，一般表现为颈椎间盘产生的退行性病变。常见症状有颈部酸胀、疼痛、僵硬，颈部活动受限，肩部沉重，肌肉变硬，上肢无力，手指麻木等。

长时间伏案低头工作的职业人群容易发生颈椎病。在伏案工作时，需注意保持正确坐姿，上身挺直，调整椅子的高度，使双脚刚好合适地平踩在地面上。长时间使用电脑工作时，电脑的仰角应与使用者的视线相对，不宜过分低头或抬头，每隔1~2小时休息一段时间，向远处眺望，活动腰部和颈部。工作中做好工间操，通过伸展活动等方式缓解肌肉紧张，避免颈椎病的发生。

平时要加强颈肩部肌肉的锻炼，如做头部"米字操""肩周十字毛巾操"和"扩胸飞鸟操"等练习，进行双臂的前屈、后伸及旋转运动，既可缓解疲劳，又能锻炼肌肉，增强柔韧性，从而有利于增强颈椎的稳定性。

（三）腰肌劳损的预防

腰肌劳损是腰部肌肉及其附着筋膜的慢性损伤性炎症，多因长期工作姿势不正确、腰椎先天或后天畸形、腰背肌长时间疲劳、体质虚弱等造成，表现为腰部疼痛，肌肉僵硬，不能久坐、久站，弯腰困难等。

伏案工作人群、驾驶员等长时间固定体位职业人群，因长期保持一个固定姿势或者长期频繁过度使用腰部，容易发生腰肌劳损。工作中要合理安排工作时间，保持正确的工作姿势，如保持正确使用电脑的姿势（图2-6-1），将座椅调整至适当的位置，经常变换体位，确保腰椎受力适度，注意间歇性休息，严禁疲劳工作。

▲ 图2-6-1　正确使用电脑的姿势

平时应加强腰背肌的锻炼，如游泳、跳健美操、做瑜伽等。要注意在体育运动或搬抬重物前做好准备活动，防止突然用力扭伤腰部。

体育之窗

强壮的腰背部肌肉有助于维持及增强脊柱的稳定性，可以有效预防腰肌劳损和腰痛的发生。"小燕飞"是一种简单有效的锻炼腰背部肌肉的动作。锻炼者俯卧在床上或者垫子上，双手置于身体两侧，缓慢用力挺胸抬头，使头部、胸部离开床或者垫子，保持膝关节伸直，双臂和双腿用力向上离开地面，持续5~10 s，然后休息3~5 s，每组练习20~30次，每天坚持练习1~2组。练习时应当循序渐进，不要突然用力过猛。

（四）过度疲劳的预防

在职场工作会因为工作压力造成过度疲劳。过度疲劳的症状包括眼睛发酸、干涩，脱发，无病因的头晕头疼，食量大增，记忆力下降，反应迟钝，易怒、烦躁、悲观，难以控制情绪，心跳加快、气喘无力，出现高血压、脂肪肝、冠心病等。疲劳积少成多，由量变到质变，最终演变成慢性病，甚至猝死。因此，要及时将疲劳消灭在"萌芽"阶段。

休息与运动是消除疲劳的关键。我们每天都要有充足的睡眠，经常参加体育运动，可以学练体操、太极拳等，让僵硬的部位获得伸展，恢复正常血流。出现不良情绪切不可滥用药物，可通过找朋友聊天、参加团体活动等方式调节。

（五）职业紧张的预防

职业紧张是个体所在工作岗位的要求与个人能力和拥有资源不平衡时出现的心理反应与生理反应，也被称作"职业应激"或"工作压力"，主要受工作环境、社会支持、人际关系等因素影响，表现为出现安全事故、暴饮暴食、疲劳、免疫力下降，出现睡眠障碍、易怒、抑郁等。出现职业紧张时，可以通过尝试让工作、生活的节奏慢下来，坚持参加体育运动，保障充足睡眠，保持积极心态，多与他人交流等方法进行缓解。如果紧张状态（如焦虑、睡眠障碍）持续存在，应寻求专业人员帮助。

> **评一评**
>
> 以小组为单位，讨论本专业可能出现的职业性疾病，并有针对性地提出3~5条体育运动锻炼建议。评一评哪组建议最合理、最适用。

体育之窗

噪声性耳聋是在长期处于噪声环境中，听觉发生疲劳的基础上，语言听力出现障碍，表现出耳聋的现象。在噪声环境中工作，应提高预防意识，如佩戴有效的耳塞或耳罩，定期进行听力检查，合理安排休息，注意劳逸结合。

重金属中毒多与长时间接触重金属有关。常见并发症有癫痫、中毒性脑病等。在这种环境中工作时应穿工作服，戴防毒面具；饭前饭后、便前便后要用肥皂洗手；工作后淋浴更衣，不将工作服同其他衣物放在一起清洗。

一氧化碳中毒是含碳物质燃烧不完全时的产物经呼吸道吸入引起中毒。可出现头痛眩晕、心悸、恶心、呕吐，甚至虚脱、昏迷现象。工作中，要注意自然通风，严格遵守操作规程；工作后，注意场所检查。当发现有人一氧化碳中毒时，应立即开门、开窗通风，并及时将中毒者搬离至空气流通的地方，解松其衣领，保持呼吸道通畅，注意保暖并立即送医院治疗。

启思导学

　　人类的工作种类多种多样，有的工作需要久坐，有的工作需要久站。你知道如何利用体育运动预防和改善久坐、久站带来的危害吗？

本章小结

　　本章学习了有关健康生活与疾病预防、心理健康与社会适应、青春期卫生保健、安全运动、应急避险和职业健康方面的相关知识和技能，帮助我们牢固树立了"健康第一"的理念。希望大家在日后的学习和生活中，注意利用所学知识，不断提升个人健康素养，养成健康行为，解决实际生活中遇到的健康问题，主动维护自己和他人的健康，为实现"健康中国"贡献自己的一份力量。

第三章
体能发展

发展体育运动
增强人民体质
毛泽东

随着社会、经济的发展和生活质量的日益提高，人们对身体素质的认识逐步加深。学习体能训练相关知识，尤其是学习与未来工作相关的职业体能知识，能让我们拥有健康的体魄和良好的精神状态，为日后提高工作效率、发挥自身优势打下良好基础。同时，掌握了科学的体能训练方法，还有助于我们提高体能，在参与各项体育运动时，避免运动损伤的发生，从而更好地发挥技战术。本章将介绍什么是体能和职业体能，并介绍日常可以学练的训练方式和方法。

大事记摘要

1. 1964年，国际体能测试标准化委员会成立，并制订了标准体能测试的6大内容。

2. 2007年5月，《中共中央国务院关于加强青少年体育增强青少年体质的意见》（中发〔2007〕7号）颁布。

3. 2014年，教育部印发《国家学生体质健康标准（2014年修订）》，要求各学校每学年开展覆盖本校各年级学生的《标准》测试工作。

4. 2019年，《体育强国建设纲要》印发，充分发挥体育在建设社会主义现代化强国新征程中的重要作用。

5. 2020年8月，体育总局、教育部印发《关于深化体教融合 促进青少年健康发展的意见》，推动青少年文化学习和体育锻炼协调发展。

第一节 一般体能

运动中国

1952年6月10日，毛泽东题写了"发展体育运动，增强人民体质"，这句话为中国人明确了中国体育发展的根本方针和任务，推动了我国体育运动发展，影响带动了一代又一代中国人参与体育运动，增强身体素质。发展体育运动的目标在于增强人民体质，"十三五"期间，我国人均预期寿命从2015年的76.3岁提高到2019年的77.3岁，这一改变离不开社会经济、医疗卫生的发展，体育事业也在其中发挥了极大的作用。今天，在国家的大力支持、引导下，群众体育活动越来越丰富，学校体育构建了崭新的"四位一体"目标，即帮助学生在体育锻炼中享受乐趣、增强体质、健全人格、锤炼意志，这让全社会，让所有家长，让每一个学生都能切实地从中获益。作为中职学生，要始终坚持"健康第一"的理念，认识到体能训练的重要作用，积极参与训练，避免体质下降，增强机体适应不同生活和工作场景的能力，为未来职业岗位服务奠定良好的基础。

学习目标

1. 了解什么是体能、体能训练的作用和基本原则，掌握一般体能训练的基本方法，提高训练的科学性，能够独立完成训练动作。
2. 了解正确、规范的体能训练安全知识，懂得强健体魄和强化各项身体素质的重要性，培养有规律地进行体能训练的习惯。
3. 培养敢于挑战自我和勇攀高峰的意志品质。

一、认识体能

体能是人体通过力量、速度、耐力、灵敏、柔韧等运动素质表现出来的基本运动能力，是人体适应外界环境的能力。一般人群的体能表现在日常生活中，称为一般体能，而运动员的体能则主要体现在日常训练和体育竞赛中，称为专项体能。中职学生要适应未来职业需求，还应该有针对性地训练与发展职业体能。因此，可以把体能理解为人体各器官系统机能在日常生活、工作和体育运动中所表现出来的身体能力。

（一）体能训练的作用

坚持体能训练，能够帮助我们塑造良好的站姿、坐姿及行走姿态，改善自身气质，强健体魄，保持良好的心态，增强抗挫折能力，预防疾病，延长运动寿命，为将来的工作和生活打下坚实的基础。

（二）体能训练的基本原则

体能训练的基本原则是人们对体能训练客观规律的认识与反映，是体能训练实践普遍规律和基本经验的概括与总结，是进行体能训练必须遵循的准则。在进行体能训练时要坚持的基本原则有：系统性原则，即开始训练到提高身体机能的长期过程中，都应按照体能发展的内在规律做出合理的规划，以保持持续不断的训练；全面性原则，即全面安排和充分发展各项运动素质，特别是在青少年时期，要注重提高一般体能水平；结合需要原则，即在发展一般体能的基础上，必须根据具体职业或训练特点充分发展所需的运动素质，进行促进身体机能发展的体能训练；从实际出发原则，即体能训练的安排需因人而异，应考虑个人特点、职业要求、训练条件等实际情况。

二、一般体能训练

一般体能训练的内容大致包括身体形态、身体机能和身体素质三个方面。符合职业需要的身体形态和良好的身体机能、身体素质，是完成好工作和劳动的先决条件。

（一）身体形态

身体形态是指人体外部与内部的多项形态特征。外部形态特征的常用指标有高度（身高和坐高）、长度（腿长、臂长、手长、足长等）、围度（胸围、腰围、臀围等）、宽度（肩宽、髋宽等）和厚度（皮下脂肪厚度等）等。内部形态特征包括肌肉的形状及横断面等。

1. 训练方法

掌握科学合理的训练方法对身体形态的发展有显著作用，其中一般体能训练是进行身体形态训练的主要途径。此外，一些特定的形体训练方法，如舞蹈、健身操、持轻器械体操等，都可以有效地训练身体形态。

2. 训练要求

训练计划要有持续性，注重训练素质类别的全面性、均衡性，保持身体各部位协调发展。

（二）身体机能

身体机能是指人体各器官系统的功能，是人体活动能力的基础。身体机能包括神经系统、心血管循环系统、呼吸系统、消化系统、生殖系统、内分泌系统、物质和能量代谢、感觉器官等。身体机能的许多指标虽然具有很强的遗传特征，但是采用科学的训练方法，可以提高身体机能，并为满足生活和职业的需求奠定基础。

1. 训练方法

日常训练中，提高身体机能主要包括提高心血管系统机能和呼吸系统机能，一般可以采用跑步、游泳、骑自行车等方式。

2. 训练要求

身体机能训练时，需要考虑身体多个器官和系统的协调发展，应该通过不同的训练方式来满足身体机能不同的需要。

（三）身体素质

身体素质是指人体在活动中所表现出来的力量、速度、耐力、柔韧、灵敏等素质。身体素质是一个人体质强弱的外在表现。

1. 力量素质

力量是身体某部分肌肉收缩和舒张时克服阻力的能力。

（1）训练方法

发展力量素质的本质在于发展肌肉力量。肌肉力量的训练方法多种多样，应结合实际条件及个体差异有针对性地练习。

1）肩部力量训练

① 哑铃侧平举

动作要点：自然站立，两手持哑铃，两臂侧平举，稍高于肩部，然后还原（图3-1-1）。

② 引体向上

动作要点：双手正握单杠，运用手臂和肩背部力量将身体缓慢拉起，下颌过杠后稍停顿，之后慢慢放下（图3-1-2）。

◀ 图3-1-1 哑铃侧平举

图3-1-2 引体向上

2）胸部力量训练——哑铃卧推

动作要点：仰卧于练习凳上（也可用多层垫子或跳箱盖代替），手持哑铃，上臂与躯干夹角为45°，将哑铃推起至两臂完全伸直，然后还原。注意向上推举时腕部保持正直。

3）背部力量训练——背伸练习

动作要点：俯卧于垫子上，两手略微张开，肘部外展，躯干/脊柱慢慢后伸，使身体成反屈曲状态，然后还原（图3-1-3）。

4）前臂力量训练——哑铃弯举

动作要点：身体直立，手心向前，双臂做弯举动作（图3-1-4）。

5）腿部力量训练——弓箭步走

动作要点：预备姿势，一腿向前成弓箭步，交替向前走（图3-1-5）。

▲ 图3-1-3 背伸练习

▲ 图3-1-4 哑铃弯举

▲ 图3-1-5 弓箭步走

（2）注意事项

在训练中，要掌握正确的呼吸方法，当最大用力时尽量不要憋气，保持发力时呼气，蓄力时吸气；要系统安排力量训练，保持训练持续性；力量训练不宜在疲劳的状态下进行，否则容易造成运动损伤。

体育之窗

核心力量是由附着在腰椎、髋部和骨盆联合周围的肌肉和韧带产生的力量，它在人体运动时起着重要的作用，不仅能够维持身体平衡，保证专项技术动作的稳定发挥，而且是人体发力的主要环节，是上下肢协同用力的枢纽，在力量传递的过程中起到承上启下的作用。

2. 速度素质

速度是指人体或人体某部位快速运动的能力，也就是快速做出运动反应、快速完成动作、快速移动的能力。速度素质主要包括反应速度、动作速度及周期性运动项目中的移动速度。

（1）训练方法

发展速度素质的本质在于发展神经活动和肌肉活动的能力。在运动训练实践中，有多种发展速度素质的方法，如反应速度训练、动作速度训练和移动速度训练等。

1）反应速度训练

① 变向起跑接加速跑

动作要点：背向蹲立，听到信号后迅速转体起跑，接加速跑20~30 m。

② 高抬腿跳绳

动作要点：站立姿势，两手持绳，听到信号后快速原地高抬腿跳绳（图3-1-6）。

③ 小步跑变加速跑

动作要点：站立姿势，听信号做快频率行进间小步跑，再听信号做变加速跑。

▲ 图3-1-6 高抬腿跳绳

2）动作速度训练

① 纵跳转体

动作要点：纵跳转体180°，落地后迅速起跳，换方向转体180°（图3-1-7）。

② 脚传沙袋

动作要点：两人相对站立，一人双脚夹紧沙袋，原地跳起将沙袋传给对方。要求动作协调，摆腿速度越快越好。

▲ 图3-1-7 纵跳转体

③ 快速俯卧撑接原地摆臂

动作要点：听到信号后开始做快速俯卧撑10次，然后迅速起立，两臂前后摆臂50次。

3）移动速度训练

① 快速小步跑接加速跑

动作要点：快速小步跑10 m后接加速跑20 m。

② 负重高抬腿

动作要点：两腿分别捆沙袋慢跑，听到信号后做原地快速高抬腿20 s。

③ 原地快节奏跑接加速跑接跨步跳

动作要点：原地快节奏跑15 s，听到信号后立即加速并以最快速度跑到规定的标志线，然后做快节奏跨步跳15次。

（2）注意事项

速度训练时，全身肌肉、关节都会投入运动，所以准备活动要充分，在精力充沛的状态下训练；要结合运动专项或职业需要进行训练；训练应兼顾全面性，有效促进各种速度素质间的良好转移。

启思导练

人体动作速度的快慢与各器官系统的准备状态有关，如快速力量与速度耐力水平及动作熟练程度有关。你知道有哪些提高反应速度的方法吗？请和同学一起进行听信号做迅速抓手指练习，或者快速反应打手背练习来训练自己的反应速度。

3. 耐力素质

耐力是人对体力活动的耐久能力，是人体在长时间工作中，克服工作过程所产生疲劳的能力，即对抗疲劳的能力。体育运动项目不同，对耐力素质发展水平的要求也不同。日常体育锻炼中，对人体最有意义的是有氧耐力训练和无氧耐力训练。

（1）训练方法

1）有氧耐力训练

① 游泳30 min

动作要点：保持匀速，不间断。

② 5 000 m走跑交替

动作要点：400 m跑+100 m走，交替进行。

③ 200 m间歇跑

动作要点：根据自身能力，全速跑200 m，间歇2~3 min。练习不少于4组。

④ 2 min跳绳

动作要点：并脚单摇跳，每分钟不低于140个，间歇2 min。练习不少于5组。

2）无氧耐力训练

① 30 m间歇跑

动作要点：全速跑，间歇30 s。练习不少于10组。

② 原地高抬腿

动作要点：一组30 s，间歇20 s。练习不少于10组。

③ 100 m跑

动作要点：全速跑，间歇1 min。练习不少于5组。

（2）注意事项

耐力训练应循序渐进，逐步加长时间和距离；应注意训练用鼻呼吸和以加深呼吸来进行深度供氧的能力；应学会监测运动负荷的大小，学会用脉搏来控制运动负荷量。

体育之窗

磷酸原供能、糖酵解供能、有氧氧化供能是人体三大供能系统。当人体运动时，先由磷酸原供能系统对人体进行供能，当磷酸原系统供能能力已不能及时供应人体内高能化合物三磷酸腺苷的补充时，糖酵解供能系统开始发挥作用。这一系统供能不需氧，但产生乳酸堆积，故也可称乳酸供能。

4. 柔韧素质

柔韧素质是指人体各个关节的活动幅度，以及肌肉、肌腱和韧带等软组织的伸展能力。柔韧素质的好坏影响着力量、速度、协调能力的发挥，往往还关系着运动安全。拉伸可分为主动拉伸和被动拉伸。主动拉伸是依靠收缩肌肉的力量训练柔韧素质。被动拉伸是利用自身的体重或在他人帮助下使肢体保持一定的伸展位置。

（1）训练方法

1）主动拉伸练习

动作要点：平躺于地上，双手握住一侧小腿，直腿下压，保持30 s（图3-1-8）。

▲ 图3-1-8 仰卧单腿直膝拉伸（主动拉伸）

2）被动拉伸练习

动作要点：被拉伸者平躺于地上，帮助者双手扶其膝关节，将被拉伸者腿部向胸部下压，保持30 s（图3-1-9）。

▲ 图3-1-9 仰卧单腿直膝拉伸（被动拉伸）

（2）注意事项

柔韧训练应循序渐进，持之以恒，要因项目、因人而异；应注意兼顾相互关联的身体各个部位，在训练中应同时练习与发展；应注意外界的温度与练习时间，在练习之后还要结合放松练习。

5. 灵敏素质

灵敏素质是指人体在各种突然变换的条件下，能够快速、协调、准确地完成动作的能力。这一素质是协调发挥各种身体素质的基础，是提高技术动作质量和创造优异运动成绩的重要条件，是人的各种运动技能和身体素质在运动中的综合表现。

（1）训练方法

1）徒手练习法

① 听指令折返跑

动作要点：听哨音或看手势往返快速跑。

② 躲闪摸肩

动作要点：两人站在直径为2.5 m的圆圈内，在移动中做摸对方左肩练习。

2）器械练习法

动作要点：各种形式的运球、传球、顶球、颠球、托球、接球练习，以及钻栏架等练习。

3）组合练习法

① 两个动作组合练习

动作要点：交叉步接后退跑、后踢腿跑接跑圆圈等。

② 三个动作组合练习

动作要点：立卧撑接高频跑和跑圆圈，交叉步、侧跨步接滑步和障碍跑等。

③ 双人跳绳练习

动作要点：两人左右站立，交叉持绳，两人两绳同时摇跳绳练习（图3-1-10）。

（2）注意事项

发展灵敏素质的练习方法应丰富多样，须从反应能力和平衡能力的培养入手；练习时应身心放松，而当身体感到疲劳时，则不宜安排灵敏素质训练。

▲ 图3-1-10 双人跳绳练习

评一评

学练教材中的动作，看看自己是否都能完成，动作是否标准。

体育之窗

评价灵敏素质的水平主要从以下三点出发：一是是否具有快速的反应、判断、躲闪、转身、翻转、维持平衡和随机应变的能力；二是在完成动作时，是否能自如地控制自己的身体，在任何不同的条件下都能准确熟练地完成动作；三是能否把力量、速度、耐力、柔韧、协调性、节奏感等素质和技能，通过熟练的动作表现出来。

启思导练

玩游戏是提高身体素质的一项有趣、有效的方法，如各种应答性游戏、追逐性游戏、集体游戏等。

你和同学们玩过"贴烧饼"游戏吗？队员围成圆圈，两人一组前后站立，分成若干组。设两人一追一逃，逃者若背贴其中一名队员，则另一名队员便成为逃者，如逃者被抓住则变为追者。你还知道有哪些游戏能发展身体灵敏素质呢？请和同学们一起探索吧！

运动安全

体能训练时，不能佩戴任何饰品。身上不能装有坚硬、锋利的物品。戴眼镜的同学尽量不要戴眼镜，或者选择运动型保护眼镜。剧烈运动后，不要马上大量饮水、进食、食用冷饮，也不要立即洗凉水澡。

第二节 职业体能

运动中国

良好的体能是决定体育成绩和运动表现的重要因素，也是健康身心的重要组成部分。我国高度重视竞技体育运动员的体能训练，同时，也将体能训练作为青少年体育工作的重要组成部分抓起来，为建设体育强国打下良好基础。职业体能是与职业有关的身体素质，是经过特定的工作能力分析后确定的所需具备的身体活动能力。作为中职学生，我们更应该重视自己的职业体能，以解决身体适应不同工作环境为导向，重视自己未来工作岗位所需要的职业体能。

学习目标

1. 了解站姿类、坐姿类和综合类职业岗位的特点，掌握针对这些职业的体能训练方法，学会为自己制订体能训练计划。
2. 了解职业性疾病相关知识，掌握预防和治疗职业性疾病的运动疗法。
3. 在学练职业体能的过程中，培养坚定不移、持之以恒、专注集中的意志品质。

职业体能是与职业（劳动）有关的身体素质及在不同劳动环境条件下的耐受力和适应能力，是指人体肌肉群能达到不同工作姿势和工作环境要求的能力。职业体能按工作或劳动时身体的姿态一般可分为坐姿类职业体能、站姿类职业体能和综合类职业体能三类。

一、坐姿类职业体能训练

现代社会分工日趋精细，很多人在工作时会长时间地保持坐姿，如财务工作人员、文秘，以及需要久坐进行手工劳作的技术工人。坐姿是一种相对静态的姿势，长时间保持该姿势，极易引起身体相应部位的不适，例如，由于颈、背、腰部持续受力，这些部位的肌肉易产生酸痛感；胸廓扩张不充分，影响肺通气，严重者可能导致胸廓变形；血液循环速度减慢，心功能日益减退，为心血管疾病埋下隐患。

从事坐姿类职业的人，除积极参与体育锻炼外，还应有意识地增强颈、背、腰部的力量，提高颈椎、胸椎和腰椎各关节及腕关节的灵活度。除经常进行有氧训练，如爬山、跳绳，以增强心肺功能外，还应结合生理学特征，掌握一些简单易练的训练方法。

（一）肌肉力量训练

1. 颈部静力练习

动作要点：背靠墙站姿，头后部和双肩紧贴墙壁，双眼平视前方，收下颌，保持30 s（图3-2-1）。

2. 肩胛推练习

动作要点：俯卧直臂撑姿势，双手位于肩下，躯干缓慢下沉至双侧肩胛骨靠拢位；含胸向上方顶起躯干至无法向上移动。动作缓慢，收紧腹部和臀部（图3-2-2）。

3. 超人练习

动作要点：身体呈四点支撑位，躯干与头部保持在一条直线上，同时抬起左臂和右腿，放下后，抬起对侧手臂和腿。收紧腹部和臀部，手臂和大腿伸直（图3-2-3）。

▲ 图3-2-1 颈部静力练习

▲ 图3-2-2 肩胛推练习

▲ 图3-2-3 超人练习

4. 站姿滑墙练习

动作要点：靠墙站姿，肩部、肘部和手背紧贴墙壁向上举起，然后缓慢回到起始位置。注意收紧腹部，并保持肘部、手部和背部紧贴墙壁（图3-2-4）。

▶ 图3-2-4
站姿滑墙练习

5. 坐姿提踵练习

动作要点：标准坐姿，手放在膝关节上方给予一定的压力，双脚平放于地面，然后尽可能踮起脚尖，还原后重复该动作，可负重进行练习（图3-2-5）。

▶ 图3-2-5
坐姿提踵练习

体育之窗

坐姿类岗位从业人员常见的职业性疾病有两种：颈椎病和腰痛。可以有规律地打排球或羽毛球预防颈椎病，打太极拳或游泳预防腰痛。

启思导练

我们每天都要在学校进行至少6小时的学习，或者在校外进行实习，那么在有限的时间和空间里，你该如何利用身边的工具，及时放松身心，调整自己的状态呢？

（二）拉伸训练

1. 颈部拉伸

动作要点：颈部主动和被动地进行侧屈、后屈和前屈（图3-2-6）。

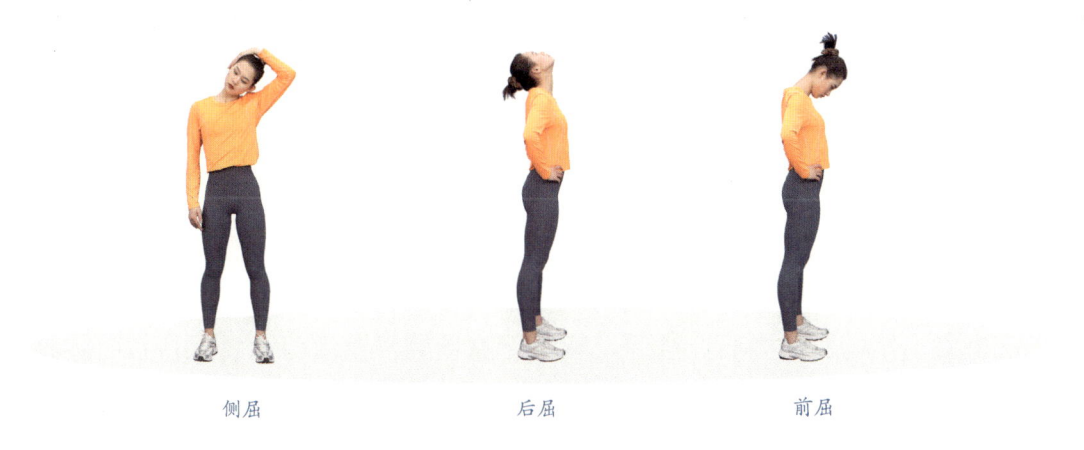

侧屈　　　　　　　后屈　　　　　　　前屈

◀ 图3-2-6 颈部拉伸

2. 麻花拉伸

动作要点：向左侧卧于训练垫上，右腿屈膝屈髋90°，左手下压右膝关节，左腿屈膝，右手抓握住左脚脚踝，牵拉左腿，保持30 s后换另一侧（图3-2-7）。

◀ 图3-2-7 麻花拉伸

3. 肩部拉伸

动作要点：站立姿势躯干屈曲90°，双手扶椅背，伸展手臂后尽量下压身体，收紧腹部，伸直膝关节（图3-2-8）。

4. 体侧拉伸

动作要点：右侧拉伸，双腿交叉，左腿在前，右手抓住左手手腕，向右侧伸展；左侧拉伸动作相反。练习中保持自然呼吸（图3-2-9）。

▲ 图3-2-8　肩部拉伸　　　　▲ 图3-2-9　体侧拉伸

第二节　职业体能　071

▲ 图 3-2-10 胸部拉伸

5. 胸部拉伸

动作要点：右侧胸部拉伸，右腿弓步，左手置于腰部，右侧前臂与手掌侧面贴紧墙壁，上臂平行于地面，上体向前且向左扭转，感受右侧胸部拉伸感；左侧胸部拉伸动作相反（图3-2-10）。

二、站姿类职业体能训练

站姿类职业包括迎宾员、厨师、餐厅服务员、教师、售货员等，这些岗位的主要工作场所为酒店、餐厅、教室、商场等，要求劳动者保持长时间站立姿势，包括立正式站姿和任意式站姿，其中以任意式站姿居多。长时间站姿工作会导致下肢压力增大，影响血液回流，导致腰背部和下肢疲劳，出现下肢肿胀和静脉曲张，严重者会导致脑部供血不足，出现头痛、头晕等症状。

从事站姿类职业的人，可以通过学练形体操、健美操，养成正确的站立姿势和良好的身体形态，同时，要注重提高腰腹部和下肢肌肉的力量与耐力，注意拉伸相应部位的肌肉，以快速缓解疲劳。

（一）肌肉力量训练

1. 靠墙静蹲

动作要点：屈髋屈膝90°，背部靠墙静蹲，双脚与肩同宽，膝关节和脚尖平行向前，可手持重物来提高难度（图3-2-11）。

2. 单腿扶椅提踵

动作要点：站姿，单手扶椅背，收紧腹部和臀部，做提踵运动（图3-2-12）。

3. 腹肌静力练习

动作要点：仰卧屈膝位，双手抱胸或放在腿上，收下颌，收腹扩胸，使肩胛骨离开地面，保持30 s以上。不要含胸伸头（图3-2-13）。

> **评一评**
>
> 约上几名同学到操场上，依次完成力量练习：1 min俯卧撑+1 min仰卧起坐+1 min蹲起，看看谁的综合力量水平最高。讨论肌肉力量将对你未来的职业产生什么影响。

▲ 图3-2-11 靠墙静蹲　　▲ 图3-2-12 单腿扶椅提踵　　▲ 图3-2-13 腹肌静力练习

4. 负重转体练习

动作要点：两脚分开，身体正直，双手握杠置于肩上，挺胸直腰向左右转体（图3-2-14）。

◀ 图3-2-14 负重转体练习

（二）身体姿态训练

1. 站姿训练

动作要点：靠墙站立，双臂伸直位于体侧，双脚并拢脚尖对齐，脚跟、小腿、臀部、双肩、后脑部紧贴墙壁，下颌微收，站立10~15 min（图3-2-15）。

2. 蹲姿训练

动作要点：屈膝下蹲，大腿与地面平行，膝关节与地面的垂直线尽量靠近脚尖；肩胛骨后缩，躯干在保持稳定的前提下，左右脚交替进行踮脚尖练习（图3-2-16）。

3. 走姿训练

动作要点：双目平视，身体直立，收腹直腰，双臂放松在身体两侧自然、有节奏地摆动，双肩保持平稳，提踵，足尖走，步伐要均匀（图3-2-17）。

▲ 图3-2-15 站姿训练　　▲ 图3-2-16 蹲姿训练　　▲ 图3-2-17 走姿训练

体育之窗

下肢静脉曲张是站姿类职业从业人员常见的职业性疾病，指下肢浅静脉系统处于伸长、蜿蜒而曲张的状态。在运动时，应该避免从事举重、跳远、短跑、投掷等易引起下肢压力增大的项目，可以有规律地参加游泳、慢跑、骑自行车、跳绳等运动。

（三）拉伸训练

1. 股四头肌拉伸

动作要点：站姿，单手或双手从后方握住一侧脚踝，收紧臀部，让足跟尽可能靠近臀部，应有较强烈的牵拉感，保持20 s（图3-2-18）。

2. 股后肌群拉伸

动作要点：屈曲一侧膝关节，另一侧腿伸直，上体前屈，胸部尽量靠近大腿，双手抱住小腿保持不动，尽量保持直腿拉伸，保持20 s（图3-2-19）。

▲ 图3-2-18 股四头肌拉伸

▲ 图3-2-19 股后肌群拉伸

3. 小腿三头肌拉伸

动作要点：直臂俯卧，一脚前脚掌支撑，另一脚压支撑脚脚后跟上，并向脚掌施压，应有较强烈的牵拉感，保持20 s（图3-2-20）。

▶ 图3-2-20 小腿三头肌拉伸

4. 综合拉伸一

动作要点：右腿伸直，左腿屈，同时脚掌抵住右大腿，上体前屈尽量贴近大腿，双臂可向前或向右腿两侧拉伸背部，两腿交替进行；之后双腿并拢，双臂前伸，完成坐位体前屈，应有较强烈的牵拉感，每个姿势保持20 s（图3-2-21）。

5. 综合拉伸二

动作要点：左腿向前迈一大步，右脚前脚掌着地，髋部前移下沉，双臂经身体两侧向上抬起至头顶合掌，脊柱充分后展，保持20 s（图3-2-22）。

▲ 图3-2-21 综合拉伸一

▲ 图3-2-22 综合拉伸二

三、综合类职业体能训练

综合类职业劳动者的工作状态是脑力劳动与体力劳动交替进行，工作时间和地点不固定，如营销员、导游、记者等，也包括特殊环境、特殊职业的人群，如邮轮乘务、焊接工人、保安等。这些劳动者还可能要随时应对突发或紧急事件，这就要求从业人员具备较好的耐力素质、反应能力和高度集中的注意力，同时还要具备一定的抗眩晕能力、攀爬能力、平衡能力等。

日常参与体育运动，可以多选择健美操、游泳、健身走、健身跑、爬山、跳绳、越野跑、障碍跑等项目，发展腿部力量和耐力素质。同时，要结合自己所学专业和未来职业岗位要求，掌握一些有针对性的体能训练方法。

（一）手指手腕柔韧性练习

动作要点：两手五指相触用力内压，使指根与手掌背向成直角或小直角；两手五指交叉直臂头上翻腕，掌心朝上；左手伸直，指尖朝下，右手按压左手（图3-2-23）。

▲ 图3-2-23　手指手腕柔韧性练习

体育之窗

综合类职业从业人员可能会出现"网球肘"和膝关节疼痛等症状。网球肘又称肱骨外上髁炎，是一种慢性肌筋膜炎性疾病，家装工人、厨师、砖瓦工、木工、按摩医师等长期反复使用肘部的劳动者易患此病。一般应按医嘱进行加强尺侧腕伸肌力量的训练。

膝关节是人体主要的负重关节之一，很多综合类职业从业人员日常工作时下肢活动较多，容易出现关节炎、韧带损伤、半月板损伤等情况，同时伴有膝关节疼痛。可以有规律地参加太极拳、长跑、啦啦操等运动预防膝关节损伤。

（二）垫上侧滚练习

动作要点：身体下蹲，双脚适度开立，一只脚在前，进行侧滚练习（图3-2-24）。

▲ 图3-2-24　垫上侧滚练习

第二节　职业体能

（三）注意力练习

动作要点：双脚开立，重心降低，双手屈臂于胸前，注意力高度集中在同伴手里的两个网球上，同伴随机扔下网球，在球落地之前将球接住，然后还原准备姿势（图3-2-25）。

▶ 图3-2-25 注意力练习

（四）攀爬练习

动作要点：手脚协调配合，攀爬、翻越肋木（图3-2-26）。

▶ 图3-2-26 攀爬练习

（五）平衡练习

动作要点：选择地面平坦、开阔的场地。身体自然站立，闭眼原地旋转5圈后，按目标路线行走（图3-2-27）。

▶ 图3-2-27 平衡练习

四、职业体能训练计划安排

为了不断提升体能，更好地满足未来职业需要，我们应该学会制订合理的、持续的训练计划。在制订训练计划时，要注意目标设置的科学性和针对性，要学会设置短期目标和长期目标，要与未来职业相结合。本教材以久坐的会计人员和久站的商场售货员为例，设计两份体能训练计划供学习借鉴。

（一）针对久坐从业人员的训练计划

会计从业人员经常久坐，表3-2-1中的体能训练计划有助于缓解颈部酸痛和因长期不活动导致的不适症状，提高工作效率，预防相关疾病的发生。

表3-2-1　会计从业人员体能训练计划示例

训练部位	训练方式	作用	训练量 次数或持续时间	训练量 组数
颈部	颈部拉伸	缓解颈部肌肉紧张	30~60 s	3~4
背部	站姿滑墙	提高背部肌肉力量，改善坐姿，避免颈部疼痛加剧	10~12次	3~4
胸部	胸部拉伸	改善胸椎前后灵活度	每侧10~12次	3
腰部	负重转体	加强腰部肌群力量	10~15次	3~4
全身	综合拉伸	缓解多部位肌肉疲劳	15~20 s	2~3
全身	体侧拉伸	改善胸椎左右侧的灵活度	每侧10~12次	3
全身	麻花拉伸	改善腰椎灵活度，拉伸屈髋肌群，缓解腰部紧张感	每侧30~60 s	3

注：根据自身体能状况，选择2~3个练习内容自行锻炼。

启思导练

职业体能训练期间，在训练力量、耐力等素质时，更要注重训练身体的灵敏性。良好的灵敏性有助于更快、更准确、更协调地完成体能训练，还可以防止运动损伤的发生。我们可以通过突然起动，迅速改变方向的各种跑、躲闪练习，或者"之"字跑、躲闪跑、穿梭跑和立卧撑四项动作组成的综合性练习，用各种变换方向的追逐性游戏来训练灵敏性。除这些方法外，你还知道哪些提高灵敏性的训练方法？请和同学们一起探讨、练习。

（二）针对久站从业人员的训练计划

售货员是一项久站的职业，表3-2-2中的体能训练计划有助于缓解下肢和腰背部疲劳，改善下肢血液循环，增强脑部供血。

表3-2-2 售货员体能训练计划示例

训练部位	训练方式	作用	次数或持续时间或距离	组数
臀腿部	股四头肌拉伸	缓解股四头肌的肌肉紧张感	每侧30~60 s	3~4
	股后肌群拉伸	缓解腘绳肌等大腿后侧肌群的肌肉紧张感	每侧30~60 s	3~4
	小腿三头肌拉伸	缓解腓肠肌和比目鱼肌的肌肉紧张感	每侧30~60 s	3~4
	靠墙静蹲	提高股四头肌、臀部肌群力量	30~180 s	3~4
	走姿训练	加强小腿肌肉力量，促进静脉血液回流	沿直线走10 m	3~5
	单腿扶椅子提踵	加强臀肌和其他后部肌肉群的力量	15 s	3~4
全身	麻花拉伸	改善腰椎灵活度，拉伸屈髋肌群，缓解腰部紧张感	每侧30~60 s	3
	综合拉伸	注意牵拉背部韧带和肌群，缓解腰背部紧张感	3~4 s	2~3
	负重转体	加强腰部肌肉群的力量	10~15次	2~3

注：根据自身体能状况，选择2~3个练习内容自行锻炼。

本章小结

本章介绍了有关体能的基础知识，让大家对体能训练的作用、基本原则和职业体能的训练方法有了更多的认识，初步掌握了体能训练中一些简单易练的训练方法。希望大家日后将运动与职业特点相结合进行深入学习，不断提高自己的体能，养成良好的锻炼习惯，增强体质，预防职业性疾病。

第四章 田径运动

拓展篇

　　田径运动被称为"运动之母",包括竞走、跑、跳跃、投掷等项目。经常通过田径项目开展锻炼活动,能促进机体新陈代谢,提高心肺等内脏器官机能,有效地提升力量、耐力、速度、灵敏、柔韧等身体素质,培养果断、坚韧、顽强的意志品质,为学习其他运动项目打下坚实的基础。本章将介绍短跑、接力跑、中长跑、挺身式跳远、背越式跳高、推铅球的基本知识和基本技术。

第一节　跑

运动中国

2021年3月，北京国际长跑节——北京半程马拉松赛事被评为世界田联标牌赛事。2022年，该赛事再度获评世界田联标牌赛事。该赛事起源于1956年举办的北京市"胜利杯"环城赛跑，是国内历史悠久的群众性传统体育活动之一，记录了中华人民共和国成立以来北京的长跑历史。放眼全中国，从2008年北京奥运会之后，中国走上从体育大国向体育强国的转变之路，中国马拉松也逐渐从一项"小众运动"发展到如今的"大众项目"，山地马拉松、森林马拉松、亲子马拉松……不断涌现，参与马拉松成为人民群众追求高质量生活的一种方式，中国人民也正在跑进全新的田径运动新时代，跑出快乐，跑出健康，为个人追求美好的生活筑牢健康基石，为建设体育强国凝聚群众力量。

学习目标

1. 了解跑的基本知识和锻炼价值，掌握跑的基本技术，增强体能，提高跑的能力。
2. 了解跑对促进身体健康的作用，掌握科学的锻炼方法和运动安全知识，避免运动损伤，将跑融入生活和学习中，形成良好的体育锻炼意识与习惯。
3. 树立正确的竞争意识，培养对待胜负的良好心态，培养坚忍、顽强、果断和勇于克服困难的意志品质。

大事记摘要

1 1896年，在希腊举行了第1届现代奥运会。在这届奥运会上，田径的跑、跳跃、投掷等项目，被列为大会的主要竞技项目。

2 1912年7月17日，国际田径联合会在瑞典首都斯德哥尔摩成立。

3 1954年，中国田径协会在北京成立。

4 1983年，第1届世界田径锦标赛在芬兰首都赫尔辛基举行。

5 1992年，第25届巴塞罗那奥运会，陈跃玲获得女子竞走比赛冠军，为中国田径赢得第一枚奥运会金牌。

6 2006年7月12日，在瑞士洛桑田径超级大奖赛中，刘翔以12.88 s的成绩打破了保持13年的110 m栏世界纪录并夺得冠军。

7 2017年，国际田联钻石联赛摩纳哥站比赛，中国队获得男子4×100 m接力比赛冠军。

8 2021年，第32届东京奥运会，苏炳添跑出个人历史最好成绩9.83 s，打破亚洲纪录，成为89年来首位进入奥运会百米决赛的亚洲选手。

一、认识跑

跑是人的基本运动能力之一，分为短跑、接力跑、中长跑、跨栏跑、越野跑等项目。跑是单脚支撑和腾空相交替、蹬与摆相配合的动作协调的周期性运动。

经常跑步能提高人体的无氧、有氧代谢能力，提升速度、耐力、力量、柔韧、协调等身体素质，以及快速运动和跨越障碍的能力。同时，在锻炼过程中，还能培养勇敢、果断、自信、坚忍不拔的体育精神。

二、跑的技术

（一）短跑

短跑是指人用最短的时间发挥最高速度，完成一定距离的运动。短跑包括60 m、100 m、200 m和400 m。短跑的基本技术包括起跑、起跑后的加速跑、途中跑和终点跑四个部分。

1. 起跑

在正式比赛中，短跑必须采用蹲踞式起跑，并使用起跑器。起跑包括"各就位""预备""跑（鸣枪）"三个过程（图4-1-1）。

各就位 　　　　　　　　　　预备 　　　　　　　　　　跑（鸣枪）

▲ 图4-1-1　起跑

> **评一评**
> 两人一组，一人发令，一人做蹲踞式起跑练习，互评起跑动作是否正确。

2. 起跑后的加速跑

动作要点：起跑后，上体前倾，步频、步幅逐渐加快加长，逐渐抬起上体转入途中跑（图4-1-2）。

3. 途中跑

动作要点：途中跑是全程跑中距离最长、速度最快的跑段，需保持自己的最快速度（图4-1-3）。

4. 终点跑

动作要点：上体加速前倾，用胸部或肩部领先冲过终点线（图4-1-4）。

▲ 图4-1-2　起跑后的加速跑 　　　▲ 图4-1-3　途中跑 　　　▲ 图4-1-4　终点跑

学练赛方法

（1）原地高抬腿听信号加速跑30 m练习。

（2）后蹬跑20 m接加速跑20 m练习。

（3）听信号快速起动追逐跑练习。

（4）与同伴合作，采用各种姿势的突发信号的起跑练习。

（5）两人一组，前后相距4~5 m，进行50~100 m让距跑比赛。

体育之窗

安装起跑器时，前起跑器距起跑线约一脚半（约45 cm）距离，后起跑器距前起跑器约一脚半（或一小腿）距离，两个起跑器中轴线间隔约15 cm。前起跑器抵足板与地面夹角约45°，后起跑器与地面夹角约75°。起跑器的安装因人而异，以预备动作时身体感到舒适、放松，蹬离起跑器时能充分发挥腿部力量，起跑后身体能保持较大前倾为宜。

启思导练

人类的运动潜力一直被不断开发，田径运动纪录被不断地刷新，科学家也一直在探索人类的运动极限到底在哪里。请你选择一项田径赛事，回顾人类在突破极限的努力中走过的道路，看看能得到什么启发。是不是坚持主动锻炼，我们的运动成绩就会不断提高呢？请根据自己的运动能力和水平，制订一个适合自己的跑步锻炼计划。

（二）接力跑

接力跑是多人互相配合，密切协作，分别跑完各自规定距离的集体项目。这项运动既能提高速度素质、增强协调性和培养快速奔跑能力，又能培养团队协作和集体主义精神。正式比赛的接力跑项目主要包括4×100 m、4×400 m。接力跑的基本技术包括起跑和传接棒配合。

1. 起跑

动作要点：第一棒队员采用蹲踞式起跑，在弯道持棒起跑，基本技术与短跑起跑相同（图4-1-5）。

◀ 图4-1-5 起跑

2. 传接棒配合

传接棒技术与配合默契程度是影响接力跑成绩的关键。接棒人一般多采用半蹲踞式或站立式起跑。经常使用的传接棒方法有上挑式和下压式两种。

动作要点：上挑式，接棒人手臂自然向后伸出，四指并拢，掌心向后，虎口张开向下；传棒人将棒从下向前方"挑"送到接棒人手中。下压式，接棒人将接棒的手臂向后伸直，四指并拢，虎口张开，掌心向上；传棒人将棒的前端由上向前下"压"送到接棒人手中（图4-1-6）。

图 4-1-6
传接棒配合

上挑式

下压式

传接棒瞬间

> **体育之窗**
>
> 步频指走路或者跑步时，每分钟脚落地的次数。步幅指相邻两步间的距离。速度是由步频和步幅共同决定的。那么是"步幅越大越好"，还是"步频越快越好"？在平时训练中，既要尝试加快步频，可采用小步跑、高抬腿跑进行练习；又要试着增大步幅，可通过弓箭步走和后蹬跑进行练习。

评一评

自由组合，每组4人，根据每个人的特点确定棒次，进行 4×100 m 接力比赛，看看哪一组配合最默契。

接棒人看到传棒人跑至自己起跑的标志区时，迅速跑出，传棒人距接棒人 1.5 m 左右时，传棒人可发出信号，接棒人迅速伸手接棒。

学练赛方法

（1）走、跑中前后两人距离 1.5 m 左右，听信号传接棒。

（2）圆圈接力跑。在半径为 20 m 左右的圆圈上，分两组进行追赶接力跑。

（3）迎面接力跑赛。分两组，每人以最快速度跑完规定距离，看哪组先跑完。

> **体育之窗**
>
> 接力比赛中，传接棒人的顺序安排关系着比赛的结果。从队员安排上可以看出一支队伍配合的默契程度和比赛战术。确定传接棒人顺序，要充分发挥队员的技术特点，合理分配四个棒次。第一棒队员应具有较好的起跑、加速跑和弯道跑技术；第二棒队员应具有良好的速度，灵敏性、协调性好且跑的技术熟练；第三棒队员应具有良好的弯道技术；第四棒队员应具有最好的短跑成绩和最强的冲刺能力。

（三）中长跑

中长跑是发展持久奔跑能力的项目，由中距离跑和长距离跑组成，中距离跑包括 800 m、1 500 m、3 000 m，长距离跑包括 5 000 m、10 000 m。中长跑的基本技术包括起跑、起跑后的加速跑、途中跑和终点跑。

动作要点：中长跑采用站立式起跑（图4-1-7）。途中跑时，步幅适中，要控制跑速，保持节奏（图4-1-8）。

▲ 图4-1-7　站立式起跑

▲ 图4-1-8　途中跑

学练赛方法

（1）400 m、800 m、1 000 m限时跑。

（2）变速跑，如弯道慢跑+直线快跑、足球场端线慢跑+边线快跑等。

（3）梯形跑，如600 m+400 m+200 m跑等。

（4）1 000 m跟随跑或节奏跑。

（5）"25 000 m长征"班级接力赛。每班分别派出25名同学参加比赛（男生15人、女生10人），每组5人，共分5组，每人跑1 000 m，计算团体成绩。

启思导练

中长跑时，在跑一段距离后，经常感到肌肉酸痛、两腿发软、呼吸困难、动作迟缓，有一种跑不动的感觉，即出现了"极点"。这时需要主动调整跑速，加强呼吸的深度，"极点"现象会逐渐缓和，迎来"第二次呼吸"。你是否也有过同样的体验？你知道这是为什么吗？请想一想，还有什么方法可以帮助自己克服"极点"？

运动安全

1. 患有心脏病、肾炎、哮喘等疾病的人不适合参加剧烈的跑步运动。

评一评

根据下表，评一评自己的跑步成绩是否达到了《国家学生体质健康标准（2014年修订）》的要求。

表4-1-1　男生50 m跑单项评分表（单位：s）

等级	单项得分	高一	高二	高三
优秀	100	7.1	7.0	6.8
	95	7.2	7.1	6.9
	90	7.3	7.2	7.0
良好	85	7.4	7.3	7.1
	80	7.5	7.4	7.2

表4-1-2　女生50 m跑单项评分表（单位：s）

等级	单项得分	高一	高二	高三
优秀	100	7.8	7.7	7.6
	95	7.9	7.8	7.7
	90	8.0	7.9	7.8
良好	85	8.3	8.2	8.1
	80	8.6	8.5	8.4

表4-1-3　男生耐力跑单项评分表（单位：min·s）

等级	单项得分	高一	高二	高三
优秀	100	3'30"	3'25"	3'20"
	95	3'35"	3'30"	3'25"
	90	3'40"	3'35"	3'30"
良好	85	3'47"	3'42"	3'37"
	80	3'55"	3'50"	3'45"

表4-1-4　女生耐力跑单项评分表（单位：min·s）

等级	单项得分	高一	高二	高三
优秀	100	3'24"	3'22"	3'20"
	95	3'30"	3'28"	3'26"
	90	3'36"	3'34"	3'32"
良好	85	3'43"	3'41"	3'39"
	80	3'50"	3'48"	3'46"

第一节　跑

2. 不分道跑项目在超越前面的人时，要从其右侧超越。

3. 开展户外跑步活动前要熟悉、了解环境和天气，做好食物、水等的补给。

走进运动场

标准田径场跑道全长为400 m，由两个直道和两个弯道组成。每条分道标准宽度 1.22 ± 0.01 m。400 m及400 m以下各项径赛须分道比赛，每位运动员占1条分道。800 m比赛时，运动员应在自己的分道内跑过第一个弯道末端，跑过抢道线后沿之后，即可离开各自的分道。800 m以上的各项径赛为不分道比赛。

正式比赛中，单项比赛为"零抢跑"，起跑时犯规即取消比赛资格；全能比赛允许第1次抢跑。到达终点的名次顺序以运动员躯干的任何部位抵达终点线内沿垂直面的顺序为准，以时间计取成绩。接力比赛中，起跑时，运动员手中的接力棒不得触及起跑线和起跑线前的地面。在接力赛中，运动员必须在接力区内完成交接棒，以棒的位置为准。

体育礼仪

1. 升国旗、奏国歌时要起立、肃静。运动员入场时应鼓掌欢迎。比赛时不要用闪光灯拍照。

2. 要尊重所有参与比赛者，观众服装仪容应整洁，进场时应将手机关机或设置在振动、静音状态。

3. 裁判员发出"各就位"的口令后，观众应立刻保持安静。

4. 长跑比赛中，观众应以热烈的掌声鼓励所有的运动员。

5. 观看马拉松和竞走比赛时，要服从现场工作人员的指挥，严禁横穿比赛路线，严禁擅自给运动员递送物品，严禁翻越护栏等道路安全设施。

第二节 跳跃

运动中国

跳高是田径比赛中具有较高欣赏性和精彩度的项目，也是中国田径优势项目。1957年11月17日，郑凤荣在跳高场地上跳过1.77 m的高度，成为我国首位打破世界纪录的女运动员。1959年，郑凤荣获得国家体委（今国家体育总局）首次颁发的国家体育运动荣誉奖章。随后，20世纪70年代，倪志钦打破男子跳高世界纪录；20世纪80年代，邹振先、朱建华再次创造亚洲纪录和世界纪录……如今，中国跳高持续涌现出一批批新星，他们在运动场上挥洒汗水，为国争光。中国力量、中国速度、中国信念、中国志气……一代代中国体育健儿创造体育新纪录、传承中国体育精神，向世界展示了新时代的中国形象，助推中国迈向体育强国。

学习目标

1. 了解跳跃运动的基本知识和锻炼价值，掌握跳跃运动技能的学练方法，增强体能，提高跳跃能力。
2. 在运动过程中，能合理地调节情绪，掌握与跳跃相关的运动安全知识，运用所学知识，制订学练计划，积极参与课外体育锻炼，并将跳跃技术运用到生活中。
3. 培养自信、勇敢、果断、超越自我的优秀品质。

大事记摘要

1. 1896年,第1届雅典奥运会,男子跳高被列入正式比赛项目。

2. 1928年,第9届阿姆斯特丹奥运会,女子跳高被列入正式比赛项目。

3. 1957年11月,郑凤荣以1.77 m的优异成绩成为我国第一个打破女子跳高世界纪录的选手。

4. 1960年,倪志钦以2.05 m的成绩首次打破男子跳高全国纪录。1970年,他以2.29 m的成绩打破男子跳高世界纪录。

5. 1981年,第3届意大利世界杯田径赛,邹振先在三级跳远比赛中创下17.34 m的成绩,打破当时的亚洲纪录。

6. 1984年6月10日,朱建华在德国的"世界跳高精英赛"中,创造了2.39 m的世界跳高纪录。

7. 2022年,第18届世界田径锦标赛,王嘉男在男子跳远决赛中跳出8.36 m的成绩,获得金牌,这是中国选手在该项目中首次获得世锦赛冠军。

一、认识跳跃运动

跳跃运动是人通过自身的能力或借助特定的器材,通过一定的运动形式,跳得尽可能高或尽可能远的运动形式。跳跃运动主要包括跳远、三级跳远、跳高、撑竿跳高等项目。经常学练跳跃运动,有助于骨骼健康,提升肌肉力量,改善关节韧带的柔韧性,提高弹跳能力。同时,在锻炼过程中能够增强自信心,培养自信、勇敢、果断、超越自我的意志品质。

二、跳跃运动技术

(一)挺身式跳远

跳远是人体腾跃尽可能远的距离的项目。跳远由助跑、起跳、腾空和落地四个部分组成。跳远技术发展过程中,空中动作包括蹲踞式、挺身式、走步式三种。可以根据自身的能力和优势进行选择。本教材主要介绍挺身式跳远。

动作要点:助跑时,重心较高,身体平稳,有节奏,最后四步要加快节奏为起跳做准备。起跳时，上板快，摆臂摆腿快，蹬伸起跳快。起跳腾空后，下放摆动腿，大小腿后摆，展髋挺胸，两腿自然伸展并靠拢。落地时，向前伸举小腿，落地前两脚并拢，屈髋、屈膝，用前倒或侧倒的方法落地（图4-2-1）。

◀ 图4-2-1 挺身式跳远

学练赛方法

（1）上一步起跳练习。

（2）5～7步助跑，上板起跳后成腾空步姿势，摆动腿单脚落入沙坑后继续跑进。

（3）5～7步助跑，上板起跳，积极下放摆动腿，体会空中"挺身"的动作，双脚落地。

（4）7～9步助跑，上板起跳，挺身式跳远完整动作练习。

评一评

记录自己的跳远成绩，每过一段时间进行总结对比，看看自己是否有进步。

启思导练

跳远的助跑过程很重要，每个人的助跑距离不同，需要自己丈量步点。可以通过走步法确定助跑步数（所走的步数是助跑步数的2倍减去2），或者用反跑法找出助跑的步数和距离。你是否出现过助跑步数不准确、踩不准踏板的情况呢？可按上述方法丈量步点并练习助跑起跳。

（二）背越式跳高

跳高是采用合理的过杆姿势使身体腾越垂直障碍的项目。在跳高技术发展的过程中，依次出现过跨越式、剪式、滚式、俯卧式、背越式等姿势。目前，剪式、滚式、俯卧式因技术落后已被淘汰。背越式跳高技术由助跑、起跳、腾空过杆和落垫四个部分组成。

动作要点：直线助跑和弧线助跑每段各跑4～5步，节奏鲜明，起跳点距横杆垂直面70～100 cm。起跳时，起跳脚脚跟先着地，迅速过渡到前脚掌，摆动腿快速向上摆起，同时向上摆臂，起跳腿的异侧臂上伸，躯干充分伸展。离地后，身体转动背对横杆，当头和肩越过横杆后，迅速沉肩，两臂

评一评

为自己设定目标，勇于挑战自我，向自己的最高高度冲刺，记录自己的最佳跳高成绩。

第二节 跳跃

置于体侧，髋关节向上挺起，形成"背弓"。过杆后以肩和背部先落海绵包缓冲（图4-2-2）。

▶ 图4-2-2 背越式跳高

助跑　　　　　起跳　　　　　腾空过杆

学练赛方法

（1）利用弯道，做弧线助跑4~5步，接起跳练习。

（2）仰卧垫上，做杆上挺髋"背弓"模仿练习。

（3）背对海绵包，双脚跳起，做原地过杆练习，强调"背弓"姿势。

（4）8~10步直线接弧线助跑，起跳后过杆（皮筋）练习。

（5）根据自身的能力，选择不同的高度进行挑战。

体育之窗

背越式跳高丈量步点时，运动员一般采用走步丈量法（以左脚起跳为例）。由起跳点沿横杆的平行方向向前走5步，向右转直角，再向前自然走6步做一标记点，继续向前走7步后画起跑点。

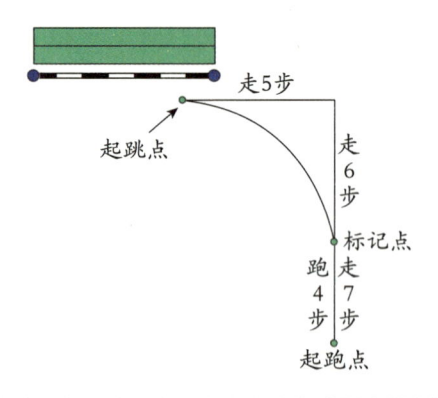

启思导练

起跳前的助跑节奏、助跑速度、摆动腿技术和起跳技术是影响背越式跳高高度的关键环节。请以小组为单位，结合学练实践，探讨采取哪些练习方法有助于提高这些技能。

运动安全

1. 学练跳远时，要把沙坑挖松软，工具使用完毕要放置在规定地点。如起跳后落在垫子上，垫子间不能有接缝，防止崴脚。
2. 学练跳高时，确定好起跳点，防止过杆后飞出海绵包。
3. 前面的同学离开场地后，后面的同学才能开始助跑试跳。

走进运动场

跳远的助跑道从起点至起跳线的长度至少为40 m，沙坑长7~9 m，宽至少2.75 m，起跳板长1.22 m，其前沿至沙坑近端的距离为2 m。

跳高场地由起跳区、跳高架、横杆和落地区组成。起跳区为扇形助跑道，长15~25 m，跳高架置于起跳区与落地区之间的中央地段，立柱离海绵包至少有10 cm的间隙，两立柱相距4~4.04 m。

跳远比赛中，应抽签决定运动员的试跳顺序。应以每名运动员最好的1次试跳成绩，包括因第1名成绩相等而进行的决名次赛的试跳成绩，作为其最后的决定成绩。测量成绩时，应从运动员身体任何部位（任何附着于身体上的物品）在落地区内的最近触地点量至起跳线或起跳线的延长线。

跳高比赛时，运动员必须用单脚起跳。运动员可在横杆升高计划中任何一个高度开始试跳。在任何高度上，运动员连续3次试跳均失败，即失去比赛资格。

体育礼仪

1. 当运动员开始助跑时，观众可以根据运动员的助跑节奏鼓掌，最好与运动员的步点相吻合。
2. 当运动员成功越过某一高度时，观众应鼓掌向运动员表示祝贺。当运动员试跳失败时，观众也应该报以热烈的掌声，给予运动员鼓励。

第三节 投掷

运动中国

我国进入"十四五"后,田径运动将面临众多新机遇。"十四五"期间,我国将举办多项重大国际赛事,为展现我国田径新形象提供更多舞台。全球新一轮科技革命加速发展,将为我国田径高质量发展提供新的平台。国家新的发展格局将给田径运动发展提供新动能。国家提倡的体教融合、体医融合、体旅融合将深入开展,为田径运动进一步发挥基础作用提供新机遇。到2035年,我国将建立与基本实现社会主义现代化和体育强国要求相匹配的田径项目高质量发展格局。

学习目标

1. 了解投掷项目的基本知识和锻炼价值,掌握运动技术及发展技能的练习方法,增强体能,提高投掷水平。
2. 掌握投掷运动安全知识,避免在运动中受伤,掌握科学的锻炼方法,形成良好的体育锻炼意识与习惯。
3. 培养勇于克服困难、顽强拼搏、超越自我的体育精神。

大事记摘要

1 | 1896年，第1届雅典奥运会，男子铅球、男子铁饼被列为正式比赛项目。

2 | 1896年，第1届雅典奥运会，世界上第一个男子铁饼的正式成绩被创造——29.13 m（铁饼重量不详）。

3 | 1928年，第9届阿姆斯特丹奥运会，女子铁饼被列为正式比赛项目。

4 | 1948年，第14届伦敦奥运会，意大利运动员首次采用背向旋转掷铁饼技术，此后，该技术在世界范围得到推广。

5 | 1948年，第14届伦敦奥运会，女子铅球被列为正式比赛项目。

6 | 1988年，李梅素获得第24届汉城（今首尔）奥运会女子铅球铜牌，实现了中国投掷项目奥运奖牌零的突破。

7 | 2012年，第30届伦敦奥运会，李艳凤在女子铁饼决赛上，掷出67.22 m的成绩，获得亚军，成为中国首位夺得奥运会女子铁饼奖牌的选手。

8 | 2021年，第32届东京奥运会，巩立姣在女子铅球决赛中投出20.58 m的成绩，获得金牌。

一、认识投掷运动

投掷以力量为基础，以速度为核心，是人体运用自身的能力，将手持的规定器械投掷出去，以远度决定胜负的运动项目，主要有铅球、铁饼、链球、标枪等项目。经常学练投掷项目可以增强肌肉力量，提高神经系统的灵活性，提高身体用力感受的精确度，培养吃苦耐劳、坚毅勇敢的意志品质。

二、投掷运动技术

铅球是校园体育常见项目。铅球技术主要有侧向滑步推铅球、背向滑步推铅球和旋转式推铅球技术。本教材重点介绍侧向滑步推铅球技术。

1. 握球与持球

动作要点：握球时，五指自然分开，将球放在食指、中指、无名指指根

握球　　　持球

▲ 图4-3-1　握球与持球

处，拇指和小指支撑在球的两侧，手腕背屈。持球时，将球放在锁骨窝处，并贴近颈部，下颌向右转，掌心向内，肘关节稍低于肩部（图4-3-1）。

2. 侧向滑步推铅球

动作要点：预摆，右手持球，身体侧对投掷方向，左腿向投掷方向摆出。侧向滑步，左腿向左侧摆出，同时右腿用力侧蹬，"摆""蹬"同时进行，右腿低滑，左腿前脚掌内侧着地，形成最后用力前的正确姿势。最后用力，右腿用力蹬转，髋部边转边送，左肩固定，身体左侧形成支撑轴，右肩前送，挺胸抬头，以胸带肩，右臂推球，最后手指拨球。铅球离手后，两腿前后交换，上体左转，重心下降，减少向前的冲力，维持身体平衡（图4-3-2）。

> **评一评**
>
> 以小组为单位，每人连续推铅球3次，看看是否达成了自己设定的目标，或超越了同组同学的投掷远度。

▲ 图4-3-2　侧向滑步推铅球

学练赛方法

（1）徒手模仿侧向推铅球练习。

（2）持轻物进行侧向推铅球练习。

（3）右手拉住弹力带，做摆左腿、蹬右腿的滑步动作练习。

（4）侧向滑步推铅球完整动作练习。

（5）在教师的指导下，组织小组间推铅球比赛，比一比谁推得远。

体育之窗

影响投掷速度的主要因素是器械出手速度、角度和出手高度。投掷项目的最佳出手角度不是45°，而是要小于45°。除掷链球的出手角度略大于40°外，其他投掷项目的出手角度宜在30°～40°，这样有利于获得更远的投掷距离。

运动安全

1. 推铅球时，要听从教师指挥，所有同学同时推球、捡球。
2. 学练时，两人不能对推铅球。
3. 观看比赛或练习的同学必须站在投掷者的后方。

启思导练

提高自身力量是提升投掷能力的关键。16—17岁是人体最大力量增长的高峰期，也是发展力量素质的重要时期。请结合自己所学专业，灵活利用身边的物品或工具，坚持进行发展力量的练习。

专项体能

1. 设置不同距离的标志物，做加大或缩小步幅跑的练习，训练跑的步幅或步频。
2. 高强度间歇练习，如开合跳＋提膝跳＋钟摆跳＋前后左右跳。
3. 跳绳，每组至少3 min，心率保持在130～160次/min。
4. 弧线助跑起跳摸高练习。
5. 实心球投掷练习，如前抛实心球、后抛实心球、跪姿双手头上前掷实心球。

走进运动场

铅球的投掷区内沿直径为2.135±0.005 m，落地有效区为34.92°。比赛时，运动员只能用单手从肩部将铅球推出，不能将铅球置于肩轴线后方。铅球必须完全落在落地区角度线内沿以内，试掷有效。运动员在铅球落地后方可离开投掷圈，离开投掷圈时，最先接触到的投掷圈上沿或圈外地面必须完全在圈外白线的后面。测量成绩时，应从铅球落地痕迹的最近点取直线量至投掷圈内沿，测量线应通过投掷圈的圆心。

体育礼仪

1. 当运动员开始投掷时，观众应保持安静。
2. 运动员投掷结束，观众应报以热烈的掌声和欢呼声表示鼓励。

励志人物

1932年7月30日，23岁的东北大学学生刘长春作为中国唯一的运动员参加了第10届奥运会的田径比赛。他在100 m、200 m预赛中分别位列小组第五、第六名。他是我国第一位参加奥运会的选手，开创了中国参加奥运会田径比赛的历史，从此留名中国奥运史，对中国田径运动的发展影响深远。

本章小结

本章学习了跑、跳跃、投掷运动中主要项目的基本知识和基本技术。这些田径项目技术不是单独存在的，我们在从事其他运动时或生活中经常会用到。例如，在跑动中跳跃沟坎，在球类运动中有跑、跳跃和投掷等动作。参与田径运动，可以让我们感受到人体速度和力量之美，并培养坚毅、顽强的意志品质，培育自我挑战和拼搏竞争的精神，为学习其他运动技术和未来的职业生涯打下坚实的基础。希望同学们勤学勤练，不断提高田径运动技能水平，并积极参与户外运动、比赛，参加各类田径社团，体验田径运动的乐趣。

第五章
球类运动

　　球类运动是指以球作为基础工具的运动或游戏，其中，既有挑战自我、勇于拼搏的个人项目，又有团队合作、勇于担当的集体项目，能够帮助我们提高运动技能和体能，增进健康，促进交流，建立良好人际关系。在学校里，教师教授的多是大家日常喜爱的项目，例如，足球、篮球、排球、乒乓球、羽毛球和网球，本章也将为你详细介绍相关技术知识。希望你积极参与其中，感受球类运动的魅力和乐趣，培养团结协作、勇敢拼搏的精神。

第一节 足球

运动中国

2004年7月15日，国际足球联合会宣布：足球起源于中国，发源地是山东省淄博市临淄区。中国古代的蹴鞠就是足球的雏形。蹴鞠是中国的一项古老的体育活动。蹴鞠也就是踢球的意思。据史料记载，早在战国时期，齐国的都城临淄就十分流行蹴鞠。到了汉唐两代，这项运动兴盛起来。到了宋代，随着商品经济的发展和市民阶层的扩大，蹴鞠得到了极大发展。蹴鞠是我国古代人民文化娱乐活动重要内容之一，不仅蕴含着中国古代的体育文化，而且彰显了千百年来中华民族的生活乐趣、生存智慧、道德理想和价值准则。2006年2月，蹴鞠成为国家级非物质文化遗产。

学习目标

1. 了解足球运动的基本知识和锻炼价值，掌握运、接、踢等基本技术、个人与团队配合的基本战术和基本规则，提高体能与技战术运用水平，能够参与足球比赛，学会欣赏足球比赛。
2. 了解足球运动的安全知识，提高自我保护意识与能力，养成良好的锻炼习惯，促进身心健康。
3. 培养勇敢拼搏的精神、遵守规则的意识，以及互信互助的团队合作意识和责任意识。

大事记摘要

1 1863年10月26日，英国成立了世界上第一个足球运动组织——英格兰足球协会。国际上把这一天视为现代足球运动的诞生日。

2 1904年5月，国际足球联合会在法国巴黎成立，简称"国际足联"，英文缩写为FIFA，总部设在瑞士苏黎世。

3 1955年1月3日，中国足球协会正式成立，简称"中国足协"，英文缩写为CFA，会址位于中国北京。

4 1956年，李凤楼、方荣富、胡汉文、王南珍和王维屏成为中国首批获国际级称号的足球裁判员。

5 1986年，中国国家女子足球队首次参加亚洲杯并夺冠。

6 1996年，第26届亚特兰大奥运会，中国国家女子足球队获得女足比赛亚军。

7 2002年，中国国家男子足球队入围第17届国际足联世界杯。

8 2022年，中国国家女子足球队时隔16年再夺女足亚洲杯冠军。

一、认识足球运动

足球运动是一项以脚控球为主，双方在同一场地内相互攻守对抗，以将球攻入对方球门多者为胜的集体运动项目。足球被誉为"世界第一运动"，是世界上最受人们喜爱、开展最广泛、影响力最大的体育运动项目。足球运动具有形式多样、比赛时间长、跑动范围大、技战术配合多、运动负荷强、对抗性强等特点。

经常踢足球，可以提高心肺功能，锻炼反应能力，提高判断能力，从而达到强身健体，助力健康成长，锤炼良好心理素质，促进全面发展的目标。在足球运动所营造的拼搏氛围中，可以体验到集体荣誉感和责任感。通过踢足球释放压力，能培养稳定的情绪，磨炼顽强的意志品质。

二、足球运动技术

（一）运球

运球是指在跑动中通过脚的推、拉、拨、扣，使球保持在自己控制范围内的连续触球动作，达到带球前进、过人等目的。

1. 脚背外侧运球

动作要点：支撑脚落在球侧方，踢球脚的脚背外侧正对运球方向，用脚背外侧推拨球前进（图5-1-1）。

▶ 图5-1-1
脚背外侧运球

2. 脚背正面运球

动作要点：脚背正面正对运球方向，用脚背正面推拨球前进（图5-1-2）。

▶ 图5-1-2
脚背正面运球

学练赛方法

（1）直线运球练习。
（2）沿中圈弧线运球练习。
（3）运球过障碍练习。
（4）运球绕杆练习。
（5）运球折返接力比赛。

> **运动安全**
>
> 学练足球或参与足球比赛时，要注意提前熟悉场地和球的软硬度，佩戴好护腿板。

（二）接球

接球是指运用身体的有效部位，将运行中的球接控在目标位置上的技术。

1. 脚内侧接反弹球

动作要点：判断来球方向，身体迅速移动到位后，屈膝上提，脚尖跷起，脚内侧压在球体中上部，将球接住（图5-1-3）。

◀图5-1-3
脚内侧接反弹球

2. 脚内侧接空中球

动作要点：目视来球，调整位置，支撑腿膝关节弯曲，接球腿屈膝抬起外展，脚尖微跷，根据需要采取迎撤或切挡动作将球停住（图5-1-4）。

◀图5-1-4
脚内侧接空中球

学练赛方法

（1）一抛一接的原地接球练习。

（2）一抛一接的前后移动接球练习。

（3）一传一接练习。

（4）不同部位接球练习。

（5）比赛看谁接球接得稳。

（三）踢球

踢球是指用脚的不同部位踢出远度、旋转和方向不同的球，达到传球、射门和组织战术的目的。

1. 脚背内侧踢球

动作要点：斜线助跑，大腿带动小腿快速摆动，以脚背内侧击球的中下部，踢球腿随前摆动（图5-1-5）。

2. 脚背外侧踢球

动作要点：直线助跑，大腿带动小腿快速前摆，脚面绷紧，用脚背外侧击球的中下部，踢球腿随前摆动（图5-1-6）。

第一节 足球　101

▶ 图5-1-5
脚背内侧踢球

▶ 图5-1-6
脚背外侧踢球

学练赛方法

（1）踢球动作模仿练习（无球）。

（2）踢固定球练习。

（3）慢速跑动踢球练习。

（4）踢球与运球、接球技术动作组合练习。

（5）远距离射门比赛。

（四）抢截球

抢截球是指在规则允许的范围内，运用跑动速度或身体的合理部位将对方的控球权夺过来或破坏掉的技术。它是转守为攻的积极手段，主要包括捅球破坏、封堵、头顶球、断球、合理冲撞等。例如，可以运用跑动速度来完成断球，可以利用身体的合理部位完成合理冲撞，以获得球权。

学练赛方法

（1）抢位速度练习。

（2）判断球的落点，追逐抢球练习。

（3）一对一，捅球破坏练习。

（4）四人传球，两人抢截球练习。

（5）围圈站立传球，中间一人或两人抢截球游戏或比赛。

（五）头顶球

头顶球是指用前额将空中的球顶向预定目标，以达到传球、射门和阻截、抢断、破坏对方进攻等目的。

动作要点：准备动作时收下颌，面对来球，上体由后向前快速摆动，重心前移，用前额正面顶球的后中部。注意睁眼顶球（图5-1-7）。

学练赛方法

（1）原地顶球练习。

（2）一抛一顶练习。

（3）跑动或跳起顶球练习。

（4）三人一组，头球摆渡练习。

（5）头球射门比赛。

◀ 图5-1-7
前额正面头顶球

体育之窗

足球比赛中，个人技术是由各种技术动作组合而成的。在运用这些技术动作时，一定要注意观察周围的情况，根据不同的情况做出合理的决策，即在做一个动作之前，就要想好下一个连续动作是什么。这是你成为一名高水平足球运动员的基本素质。

（六）守门员技术

守门员技术是指守门员围绕球门在进行有效防御和组织发动进攻时所采用的接球、扑球、托球、拳击球和传球等动作，以达到守住本方球门，防止对方进球的目的。

1. 接地滚球

动作要点：准备时，双臂自然张开，膝关节弯曲，重心微前倾，保持小碎步移动。当球快到身前时，五指张开，小指相对，双手前伸，贴地主动迎球。接球后将球迅速抱至腹部。右腿膝关节内扣，防止漏球（图5-1-8）。

◀ 图5-1-8
接地滚球

2. 接高空球

动作要点：主动伸手，五指张开，看准球的方向，起跳接球，充分提膝，保持平衡（图5-1-9）。

3. 侧身勾手掷球

动作要点：准备掷球时，手臂充分张开，接近于伸直，勾手持球。掷球时，蹬地转髋，将球控制至头上出手。掷球后，向出手方向随摆（图5-1-10）。

第一节 足球

学练赛方法

（1）掷球固定动作练习。

（2）掷球不固定动作练习。

（3）守门员传球或发球练习。

（4）防守射门练习。

（5）守门成功率比赛。

▲ 图5-1-9　接高空球　　▲ 图5-1-10　侧身勾手掷球

启思导练

想要熟练掌握足球技术，日常熟悉球性和增强球感是十分重要的。你可以用脚的各个部位做推、拉、拨、挑等动作进行增强球感练习。也可以通过腿、躯干、头等部位进行控球练习，从而达到"人球合一"的境界。

三、足球运动战术

足球是一项集体运动，只有通过队员之间的团结协作、相互配合才能充分发挥球队的实力。合理的战术运用是球队取胜的关键。

（一）进攻战术

1. 斜传直插二过一

战术配合要点：❷将球传给❶后，迅速向前直插。❶接球后，将球向防守队员身后方向斜传给❷（图5-1-11）。

2. 直传斜插二过一

战术配合要点：❷将球传给❶后，迅速向防守队员身后斜插。❶接球后，将球向防守队员身后方向直传给❷（图5-1-12）。

3. 边路进攻战术

边路进攻是指在对方半场内，利用场地的宽度，通

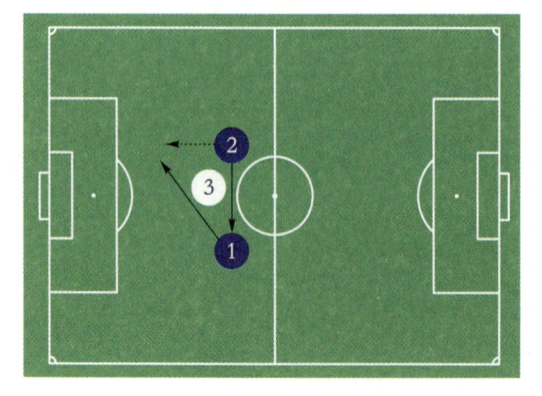

▲ 图5-1-11　斜传直插二过一

过自己的速度突破防守队员，或者通过与队友的传接球配合突破防守等方式，拉开对方的防线，然后创造传中机会，从而为整体战术的形成创造机会。

战术配合要点：边锋或边路队员运用突破、传切、二过一、补位等方式，快速运球到前场，突破到门前创造射门或传球的机会（图5-1-13）。

▲ 图5-1-12　直传斜插二过一　　　▲ 图5-1-13　边路进攻战术

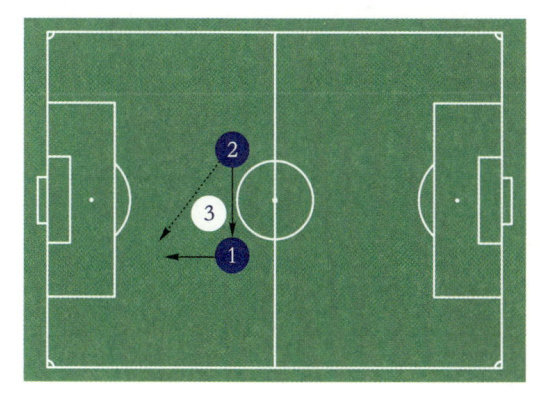

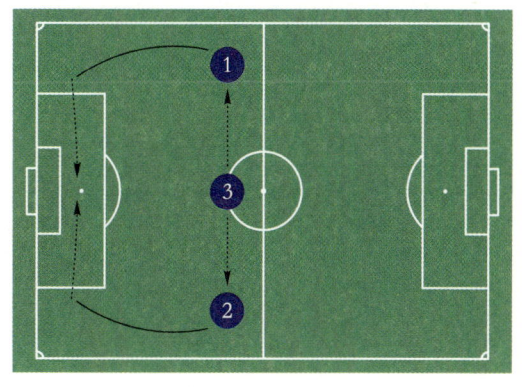

专项体能

1. 各种带球跑的动作练习。
2. 各种姿势的起跑及起跑后运球15 m冲刺跑。
3. 禁区内运球折返跑练习。

启思导练

比赛时，要依据本方球队的情况和对手的情况进行有针对性的战术部署。面对比自己强的对手，可以使用防守反击战术。当在防守中获得球权时，可以通过快速的地面传切配合或是直接长传来完成快速反击战术。可以找几名同伴一起练习，并根据同伴的特点制订有针对性的快速反击战术。

（二）防守战术

1. 补位防守

战术配合要点：当同伴被突破后，保护队员及时补位防守，阻断对手的进攻路线或抢球等。被突破的队员应立即后撤，选择适当位置继续防守或转为其他战术配合（图5-1-14）。

2. 围抢防守

战术配合要点：在边线、角球区、大禁区等区域，两名以上队员突然、快速地夹击防守控球队员，将球抢夺过来或破坏对方进攻（图5-1-15）。

学练赛方法

（1）突然摆脱防守练习。

> **评一评**
>
> 班级内组织一场7对7的对抗赛。比赛结束后，评选出最佳射手、最佳防守队员，并讨论哪支球队的战术运用更合理。

（2）固定点跑位练习。

（3）一传一切配合练习。

（4）斜传直插二过一练习。

（5）组织5~7人一组的边路进攻单一战术比赛。

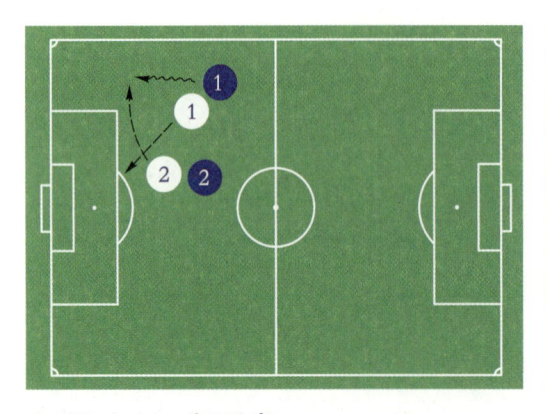

▲ 图5-1-14 补位防守

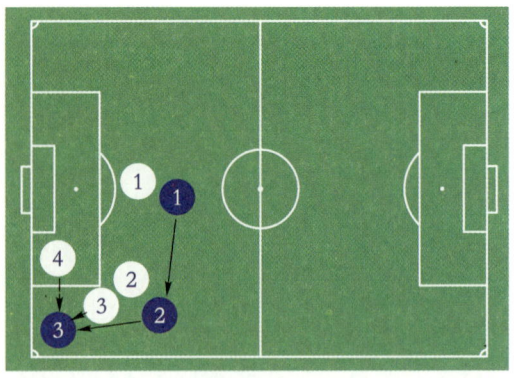

▲ 图5-1-15 围抢防守

体育之窗

足球比赛基本阵型有后发制人的"4-4-2"、力量均衡的"4-3-3"、稳固中场的"4-5-1""3-5-2"以及"5-3-2"和"3-4-3"等。阵型一般按照从后卫向前锋的顺序命名。

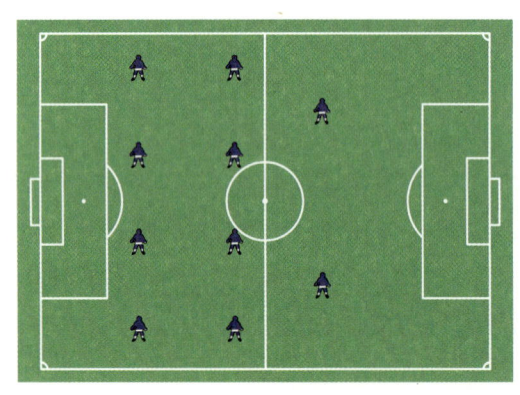

"4-4-2"阵型

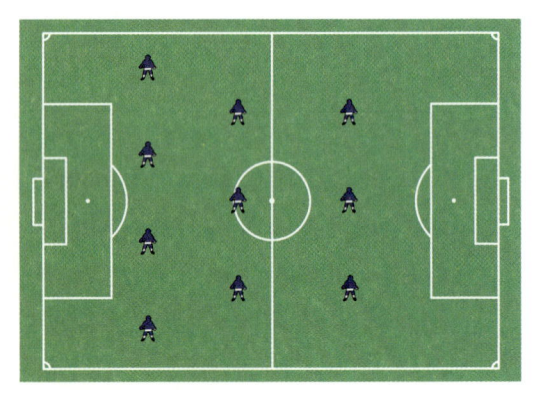

"4-3-3"阵型

"4-5-1"阵型

走进运动场

足球比赛场地必须为长方形，标准场地的长度为90～120 m，宽度为45～90 m。

越位位置是指队员处于对方场地时，比球更接近对方球门线的位置。此时在该队员与对方球门线之间的对方队员不足两个人，则该位置为越位位置。

越位犯规是指处于越位位置的队员在同队队员触球的一瞬间即判越位犯规。处于越位位置的队员直接接到同队队员的球门球、界外球或角球则不是越位犯规。

励志人物

中国国家女子足球队1986年首次参加亚洲杯就获得冠军，自此开创1986年、1989年、1991年、1993年、1995年、1997年、1999年女足亚洲杯七连冠；1990年、1994年和1998年亚运会女足三连冠；5次闯入奥运会，其中在1996年亚特兰大奥运会上获得亚军。2021年，这支承载过无限光荣与梦想的队伍，带着顽强拼搏、永不放弃的精神，成功获得东京奥运会入场券。2022年，中国女足踢出了血性和气势，获得亚洲杯冠军，成为亚洲杯"九冠王"。在中国人的集体记忆里，她们是体育精神的一种诠释，也是中国精神的重要组成部分。中国女足精神之所以能够历久弥新、鼓舞人心，是因为她们既能在创造辉煌中收获荣光，也能在经历"沉寂"时聚集能量、厚积薄发。这种精神品质已成为全社会的一种共同价值取向，影响了足球行业之外的更多人。

第二节 篮球

运动中国

1995年，中国男子职业篮球联赛（CBA）诞生。这是我国最高等级的男子篮球比赛，发展至今已有20支球队。2002年，中国女子篮球甲级联赛（WCBA）诞生。这两项赛事使中国篮球事业发展壮大，构建了可持续发展的中国篮球新生态，内聚共识，外树形象，积极创新，传承篮球文化，普及篮球教育。我国不断推广篮球运动，也影响了众多的人，例如，被广大群众熟知的"村中篮球赛"——"美丽乡村"篮球联赛，是贵州省第一个以农民群众为主体的大型体育赛事，比赛既体现了一定的专业性，也透出浓浓的"乡村原生态"气息，以群众喜闻乐见的方式有效激发了乡土活力，使中国参与篮球运动的人口数量不断增加，将中国篮球事业不断推上新台阶。具有中国特色的中国篮球令世界瞩目，增强了民族自信，为建设体育强国和健康中国贡献了力量。

学习目标

1. 了解篮球运动的基本知识与锻炼价值，能够运用基本技术、简单战术和基本规则进行体育展示或参加比赛，提高体能及与未来职业相适应的身体素质，具有一定欣赏篮球比赛的能力。
2. 了解篮球运动安全知识，提高安全运动及情绪调控能力，养成良好的锻炼习惯，提升身心健康水平。
3. 培养积极进取、公平竞争、团结协作的精神以及胜不骄、败不馁的精神风貌。

大事记摘要

1. 1896年，中国历史上出现第一次篮球表演，篮球运动正式传入中国。

2. 1917年，中国国家男子篮球队成立，于1936年加入国际篮球联合会。

3. 1936年，第11届柏林奥运会，男子篮球被列为正式比赛项目。

4. 1950年，世界男子篮球锦标赛正式举办。从1986年起，男子和女子的篮球比赛都在同一年进行。2012年，国际篮球联合会宣布从2014年开始世界篮球锦标赛更名为篮球世界杯。

5. 1957年，国家体委公布我国第一批篮球国家级裁判员，包括董守义、舒鸿等18人。

6. 1976年，第21届蒙特利尔奥运会，女子篮球被列为奥运会正式比赛项目。

7. 1998年，中国大学生篮球联赛正式举办，简称CUBA，是中国最高水平的高校间篮球联赛，其影响力仅次于中国男子篮球职业联赛。

8. 2017年，国际奥委会宣布三对三篮球从2020年东京奥运会开始成为奥运会正式比赛项目。

一、认识篮球运动

篮球运动是一项通过移动、运球、传接球、投篮实现进攻与防守，以投篮命中为目标，以得分多少为胜负的集体对抗性运动，是一项在群众生活中十分普及的运动项目。篮球运动的技战术配合多变，具有竞技性、对抗性、趣味性及时间和空间争夺较强等特点。

经常打篮球，能够有效提高力量、速度、耐力、灵敏等身体素质，培养勇敢、拼搏、坚毅等意志品质，还能够培养团队意识，并在运动中学会尊重对手、公平竞争和遵守规则。

二、篮球运动技术

（一）运球

运球是指持球队员用单手连续按拍从地面反弹起来的球，为达到进攻目的所采取的合理动作,是可以有效发挥持球队员个人进攻能力的技术动作,也是组织战术配合的重要技术。

1. 运球急停急起

运球急停急起是一种利用运球速度的变化摆脱防守的实用性较强的运球技术。

动作要点:跨步急停,按拍球的前上方,原地快速运球。急起时,身体重心迅速前移,后脚用力蹬地,按拍球的后上方,加速运球前进(图5-2-1)。

▶图5-2-1 运球急停急起

2. 体前变向换手运球

体前变向换手运球是指突然向左或向右改变运球方向来突破防守的运球技术。常用于对手堵截运球前进路线时摆脱防守。

动作要点:降低重心运球,蹬地转体探肩,用力蹬跨,上步放球换手运球,加速超越(图5-2-2)。

▲图5-2-2 体前变向换手运球

3. 体前变向不换手运球

体前变向不换手运球是指不换手向左或向右横向运球,改变球的方向、路线来突破防守的运球技术。常于防守者离得稍远时和运球行进间使用。

动作要点:防守距离稍远时,控制好球,将球拍向中间,上体向左侧虚晃后再将球拉回右侧,左脚蹬地发力,向右侧上步,转体侧肩,右手运球突破(图5-2-3)。

▲ 图5-2-3 体前变向不换手运球

学练赛方法

（1）沿球场线运球练习。

（2）体前做前（推）、后（拉）运球练习。

（3）单手体前做向左、向右运球练习。

（4）原地做三角形或正方形运球练习。

（5）运用规定运球方式，组织进行游戏或接力比赛。

（二）传接球

传接球是比赛中队员之间有目的转移球的技术，为获得良好的进攻时机创造条件，是组织配合的纽带和桥梁，是篮球的重要技术之一。

1. 单手肩上传球

单手肩上传球是最基本、最常用的单手传球技术，特点是传出的球力量大、球速快。常用于中、远距离的传球。

动作要点：左脚迈向传球方向，引球到右肩，肘外展。持球手臂的上臂与地面近似平行，左肩对着传球方向，右脚蹬地转体，展体挥臂传球，身体随重心前移，右脚向前迈出（图5-2-4）。

◀ 图5-2-4 单手肩上传球

2. 单手体侧传球

单手体侧传球是一种隐蔽的传球技术，通常由外围队员传给内线队员。

动作要点：两腿微屈，双手持球经胸前引至体侧，单手在体侧向前做弧线摆动，手腕前屈，用食指、中指力量拨球传出（图5-2-5）。

▲ 图 5-2-5　单手体侧传球

3. 行进间双手胸前传接球

行进间双手胸前传接球是一种最基本、最常用的行进间传球技术，特点是传球迅速有力，可在不同方向、不同距离中使用。常与快速推进组织战术、快攻、突破等结合运用。

动作要点：脚尖与跑动方向一致，上体转向同伴方向，跑动中跨步接球。在该脚再次落地前再将球传出（图 5-2-6）。

▲ 图 5-2-6　行进间双手胸前传接球

体育之窗

传球的力量、速度和落点要根据接球者及对手的位置和意图来决定，力争让同伴接到球，并使对手措手不及。传接球者要隐蔽传球意图，眼睛不要直视接球者，用余光关注周围变化，判断传球时机后迅速传球。接球者要主动迎球，抢占有利位置，以防对方断球，还要观察场上情况，以便流畅衔接下一个动作。

学练赛方法

（1）两人一组，互相传球练习，逐渐加大传球距离。

（2）全场侧身跑动传接球练习。

（3）五人一组，原地五角站位传接球练习。

（4）三人一组，三角形站位单手肩上传接球练习。

（5）半场四角移动传接球挑战赛。

（三）投篮技术

投篮是进攻队员将球投入对方球篮而采用的各种专门动作的总称。投篮是比赛中得分的唯一手段,是所有技战术运用的最终目的。

1. 原地跳起投篮

原地跳起投篮是投篮的基本技术之一,特点是出手点高,便于与其他技术动作结合,可在不同位置和距离应用。

动作要点:两脚左右开立或前后开立,重心落在两脚之间,一手持球于肩的前上方,另一手扶球侧面,前臂与上臂约成90°,肘关节内收。目视瞄准点后蹬地,伸展腰腹,手臂上伸。手臂即将伸直时手腕前屈,手指拨球,球最后自中指和食指的指端投出。球出手后,腿、腰、臂自然伸直(图5-2-7)。

◀ 图5-2-7
原地跳起投篮

2. 运球急停跳起投篮

运球急停跳起投篮是进攻队员在行进间运球时,运用突然急停摆脱防守进行跳起投篮的技术。常与持球突破或运球突破结合运用。

动作要点:运球中突然跨步或跳步急停,两脚快速有力蹬地起跳,持球迅速上举,当身体接近最高点时前臂向前上方伸直,手腕前屈,食指、中指拨球,通过指端将球投出(图5-2-8)。

◀ 图5-2-8
运球急停跳起投篮

3. 行进间单手低手投篮

行进间单手低手投篮是在跑动中接球或运球接近球篮时采用的投篮技术。常用于快攻或切入篮下后投篮。

动作要点：跨一大步拿球或接球，另一脚上一小步起跳，起跳同时提膝，双手向上举球，手臂向前上方伸展，手腕上挑，手指拨球投出（图5-2-9）。

▶ 图5-2-9
行进间单手低手投篮

学练赛方法

（1）原地投篮练习。

（2）站在罚球线前一步，练习投篮，熟练后变换角度练习。

（3）运球至标志物急停投篮练习。

（4）半场运球投篮练习。

（5）1 min跳投篮积分挑战赛。

启思导练

不同的投篮方式，瞄准点是不同的，投篮出手的角度、用力的大小、球的飞行弧线和落点也是不一样的。不碰板（空心）投篮时，瞄准点是篮圈前沿，是距人体最近的一点，有实体目标，在场上任何地方投空心球都适用。碰板投篮时，可根据投篮的位置、距离，球出手的力量、速度，球的飞行弧度和球的旋转等因素选择适宜的瞄准点。一般而言，角度越小，距离越远，弧度越高，碰板点（瞄准点）也就越高。与同学一起练一练，思考投篮命中率与投篮力量、投篮技术的关系。

三、篮球运动战术

篮球运动战术是有组织的、协同作战的配合方法，是贯穿整个比赛的关键。可以根据场上的变化和对手的情况拟定不同的战术配合。

（一）进攻战术

1. 传切配合

传切配合是指持球队员利用传球和切入技术超越防守对方，并接到同伴的回传球进行投篮的一种配合。常于对方采用扩大盯人或扩大联防战术时运用。

一传一切战术配合要点：①传球给②，①摆脱防守切向篮下，②立即传球给①，①接回传球后投篮或做其他进攻（图5-2-10）。

空切战术配合要点：①传球给②，③突然摆脱防守切入篮下，②及时将球传给③，③接球后投篮或做其他进攻（图5-2-11）。

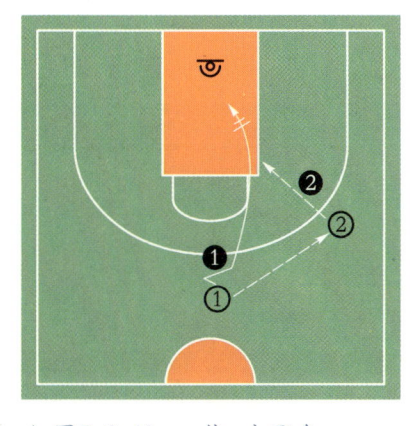

▲ 图5-2-10 一传一切配合　　▲ 图5-2-11 空切配合

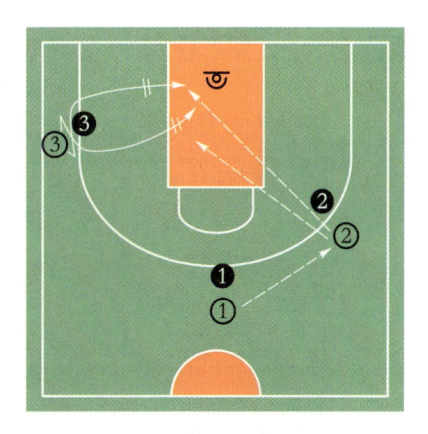

2. 突分配合

突分配合是指持球队员突破防守后，遇到对方补防或协防时，及时将球传给位置更好的同伴进行进攻的一种配合方法。常于对方采用紧逼防守或区域联防时运用。

横向突分战术配合要点：③持球从底线突破，如❷补防，③可把球传给横切到篮下的②，②可根据情况投篮（图5-2-12）。

纵向突分战术配合要点：①持球纵向突破，当❷向内线协防时，①及时传球给②，②投篮或组织进攻（图5-2-13）。

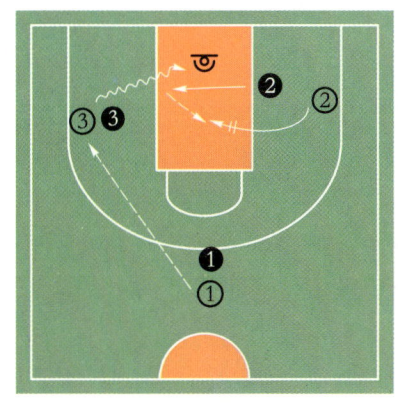

▲ 图5-2-12 横向突分配合　　▲ 图5-2-13 纵向突分配合

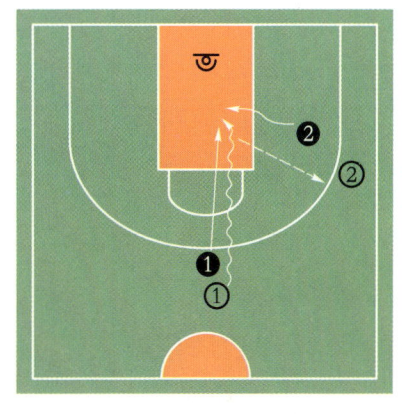

3. 掩护配合

掩护配合是指进攻队员选择正确的位置，利用合理的身体技术动作挡住同伴防守者的移动路线，让同伴摆脱防守，获得投篮或组织进攻的机会。常于对方采用人盯人紧逼防守时运用。

前掩护战术配合要点：②传球给①后先向下压，然后到①身前，①传球给②并帮其做前掩护，②接球后投篮或突破（图5-2-14）。

后掩护战术配合要点：②传球给③，同时①到❷身后准备做后掩护，②切向篮下，①后掩护后转身横切到篮下，③将球传给①或②均可（图5-2-15）。

侧掩护战术配合要点：①传球给②后，跑向②帮其做侧掩护，②接球后运球切入篮下投篮，也可传给掩护后转身的①投篮（图5-2-16）。

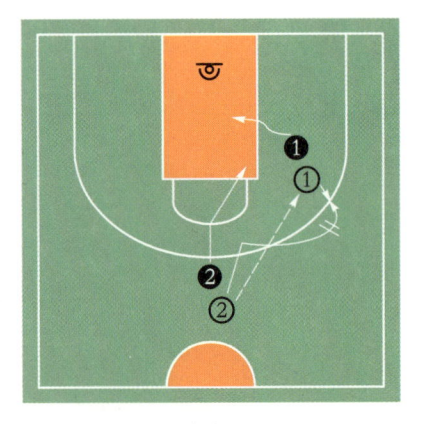

▲ 图5-2-14　前掩护配合

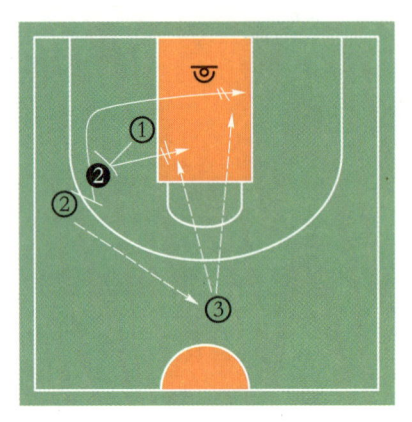

▲ 图5-2-15　后掩护配合

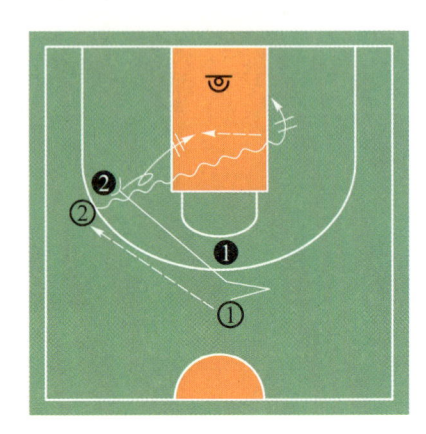

▲ 图5-2-16　侧掩护配合

4. 策应配合

策应配合是指进攻队员背对或侧对篮筐接球后，把球传给外线切入的队员形成里应外合进攻的配合方法。

战术配合要点：③跑到罚球线做策应，①传球给③后马上空切到篮下接③的传球，依据场上情况可投篮，也可与前锋位置上的②配合（图5-2-17）。

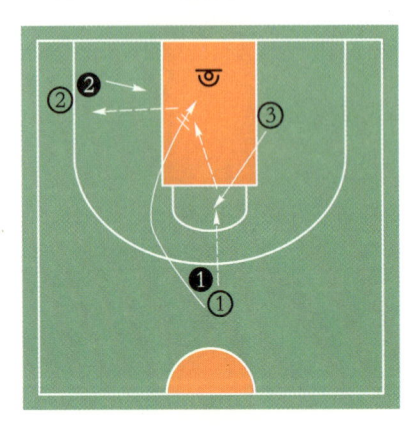

▲ 图5-2-17　策应配合

（二）防守战术

1. 挤过防守

挤过防守是破坏掩护配合的方法之一。当对方掩护接近时，要迅速向前跨出，从两个进攻队员之间挤过，继续防守自己的对手。防守队员之间要及时互相提醒。

战术配合要点：②传球给①后做掩护，②接近❶时，❶抢先横跨一步，从①和②之间侧身挤过继续防守①（图5-2-18）。

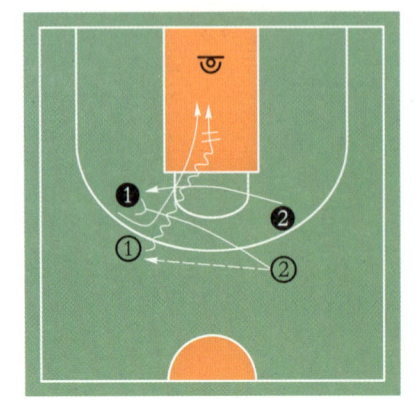

▲ 图5-2-18　挤过防守

> **启思导练**
>
> 快攻的形式有长传快攻、传球与运球结合的快攻和个人突破快攻。发动快攻要注意时机，抢得后场篮板球、断球、打球和跳球以及对方投中后掷端线界外球时，都是发起快攻的好时机。抢断后场球后立刻发动快攻，是最常见且成功率最高的快攻。我们可以找同伴一起练习，也可以思考如何防守快攻。

2. 交换防守

交换防守是指当进攻队员进行掩护时，防守掩护者的队员与防守被掩护者的队员及时主动交换自己所防守对手的战术。

战术配合要点：①将球传给②，①给②做侧掩护，②运球突破，此时❶发出换防信号后立即防守②，❷后撤防守①（图5-2-19）。

3. 补防配合

补防配合是指当防守队员被对手突破或出现漏防时，邻近的同伴果断放弃自己的对手，及时快速补防持球进攻队员的方法。

战术配合要点：②中路突破后将有直接投篮机会，❶果断放弃防守①，快速补防②，❷则去防守①（图5-2-20）。

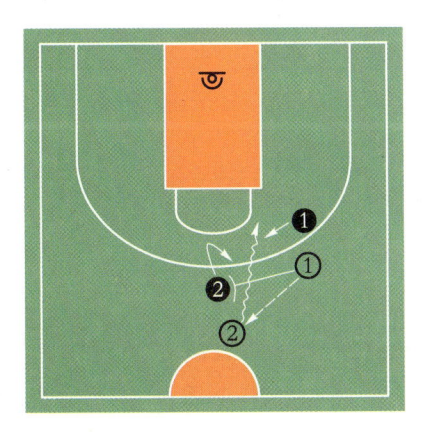

▲ 图5-2-19 交换防守　　　▲ 图5-2-20 补防配合

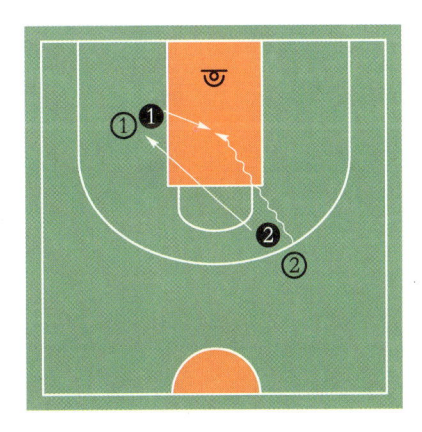

学练赛方法

（1）防守位置和路线练习（无球）。

（2）设置3~4个固定点，做不同姿势防守摆脱练习。

（3）三人一组，两人防守，另一人半场外线或底线挤过练习。

（4）二对二半场交互换防练习。

（5）三打二半场防守挑战赛。

> **评一评**
>
> 在教师的指导下，组织一场3对3挑战赛。在比赛中体验各种角色，如运动员、裁判、啦啦队队员等。结束后，通过教师评价、同学互评、自我评价，看看自己是否胜任了比赛中的角色。

专项体能

1. 自抛球到篮板后，跳起把球推向篮板反弹，保持球不落地，反复练习。
2. 自篮球场地端线运球，到场地横线即折返运球回端线练习。
3. 连续摸篮板（或指定高度）练习。

运动安全

打篮球时，不要佩戴近视眼镜，可以佩戴专用防护镜。在多个相邻的篮球场地打篮球时，同伴间要相互提醒，注意安全。运动中如果出现不严重的扭伤、拉伤等可采用冷水冲凉紧急处理。

走进运动场

篮球比赛标准场地长28 m，宽15 m，篮筐高3.05 m。长边的界线叫边线，短边的界线叫端线，场地的每条线宽均为5 cm。

篮球比赛中，界外发球必须在5 s内发出，否则被判5 s发球违例。发球后必须在8 s内运球过半场，否则被判8 s违例。每位队员最多可以有4次犯规，第5次犯规后需退场，并禁止本场出赛。踢球或故意用腿的任何部分阻挡球为违例动作。队员不应通过伸展手、臂、肘、肩、髋、腿、膝或脚来拉、挡、推、撞、绊以阻止对方队员，不应将身体弯曲成"反常的"姿势，也不应做出任何粗野或猛烈的动作。

励志人物

1994年，中国国家女子篮球队拿到世界杯亚军后，继续坚持扎实练好基本功，夯实力量基础，不断激发心中旺盛的斗志，整个团队充分展现出中国青年阳光自信、昂扬向上的精神风貌。在这二十多年间，世界女子篮球也有了快速发展和进步，但面对更加强大的对手，使命感、责任感、荣誉感，激励着团队中的每一个人，大家齐心协力、踔厉奋发，中国女篮在亚洲一直处于领先水平。时隔28年，在2022年女子篮球世界杯比赛中，中国国家女子篮球队胸怀祖国、团结一心、不畏强手、顽强拼搏，再次夺取世界杯亚军。中国女子篮球队的经历和成绩，不仅为祖国和人民赢得更大的荣誉，为建设体育强国贡献了力量，而且进一步提升了中国篮球的关注度和影响力，成为中国人心中的骄傲。

第三节 排球

运动中国

2019年，在日本举行的第13届女排世界杯比赛中，中国女排取得11连胜的成绩，成功卫冕冠军。回顾中国女排的经历：1981年，以7战全胜的成绩首次夺得世界杯比赛冠军。1986年，中国女排第四次蝉联世界冠军，获得世界排球史上第一个"五连冠"称号。多年来，中国女排为国争光的事迹在中国大地上广为传颂，在国际上也产生了重大的影响。中国女排队员在比赛中展现出的祖国至上、团结协作、顽强拼搏、永不言败的精神，不仅是中国体育精神的代表，更是中华民族精神的象征，激发了中国人的自豪感和自信心，影响了几代人成长，各行各业的人在中国女排精神激励下为共同实现中国梦而努力。

学习目标

1. 了解排球运动的基本知识与锻炼价值，能够利用基本技术、简单战术和比赛规则参加练习活动和教学比赛，发展体能，逐步提高与未来职业相适应的身体素质，并能够欣赏排球比赛。
2. 了解排球运动安全知识，学会自我运动防护，提高安全运动意识，养成良好的锻炼习惯，提高自我健康管理和情绪控制能力，提升身心健康水平。
3. 培养乐于思考、善于思考的学习习惯，学会与他人合作交流，增强团队合作意识和遵守规则意识，培养勇敢顽强、积极进取、永不言败的体育精神。

大事记摘要

1 1947年，国际排球联合会在法国巴黎成立。

2 1953年，中国排球协会成立。

3 1979年，中国男排首次获得亚洲男子排球锦标赛冠军。

4 1981年，第3届世界杯女子排球赛，中国女排以7战全胜的成绩首次夺得世界杯赛冠军。

5 1982年，第9届世界女子排球锦标赛，中国女排首次获得世锦赛冠军。

6 1984年，第23届洛杉矶奥运会，中国女排首次获得奥运金牌。

7 1986年，中国女排第四次蝉联世界冠军，获得世界排球史上第一个"五连冠"称号。

8 2022年，男排亚洲杯，中国男排以全胜成绩夺冠。这是中国男排继2012年后第二次夺得亚洲杯冠军。

一、认识排球运动

排球运动是在一块长方形场地上，双方队员通过传球、垫球、发球、扣球、拦网等技术动作进行进攻和防守，通过得分决定比赛胜负的隔网对抗性集体比赛项目。排球运动融竞技、娱乐于一体，需要参与者集体配合完成。因此，排球运动具有技巧性强、技术全面、协同配合、攻防转换快等特点。

经常打排球，可以提高力量、速度、灵敏、耐力等身体素质，提升默契配合、快速反应和应变能力，培养机智、果断、沉着、冷静的心理素质。

二、排球运动技术

（一）传球

传球是排球运动基本技术之一，主要用于比赛中防守和进攻的衔接，包括正面传球、背传球、跳传球、侧传球技术，具有准确性高、变化灵活等特点。传球技术的好坏直接影响比赛进攻的效果。

1. 传球手形

动作要点：手指自然张开，微屈成半球状，两拇指相对呈"一"字形或"八"字形。触球时，拇指、食指、中指发力，其他手指控制方向（图5-3-1）。

◀ 图5-3-1 传球手形

2. 正面上手传球

正面上手传球是掌握和运用其他传球技术的基础。

动作要点：两脚开立，两膝微屈，两臂抬起屈肘。来球时，降低重心，手臂抬起做出传球手形。球接近额前上方时，手腕稍后仰，手指、手腕发力触球的后下部，用蹬地、伸膝、伸臂的送球连贯动作，全身协调用力将球传出（图5-3-2）。

◀ 图5-3-2 正面上手传球

学练赛方法

（1）徒手模仿上手传球动作练习。

（2）原地连续向上自传球，或在网前沿网移动自传球。

（3）近距离对墙传球练习。

（4）两人一组，相对传球练习。

（5）两人一组，1 min传球计数比赛。

（二）垫球

垫球包括正面双手垫球、体侧垫球、正面低姿势垫球、背垫球、单手垫球、前扑垫球、鱼跃垫球、侧卧垫球、滚翻垫球等。垫球技术在比赛中主要用于接发球、接扣球、接拦回球等，其中，接发球和接扣球是组织进攻的基础。本教材主要介绍正面双手垫球。正面双手垫球是各种垫球技术的基础，适合接弧度平、力量大、落点低的来球，在比赛中运用较多。

1. 正面双手垫球手型

动作要点：叠掌式——两手掌紧靠，手指重叠后合掌互握，两拇指平行。互靠式——两手腕部紧靠，两手自然放松。抱拳式——两手抱拳，拇指

第三节 排球　121

平行放于上面。垫球时手臂伸直，两臂紧靠，手腕下压，使前臂形成一个垫击平面（图5-3-3）。

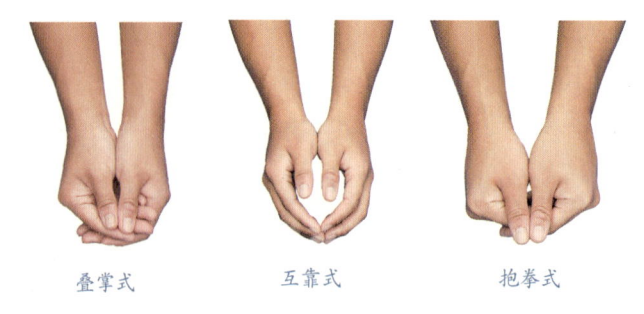

▶ 图5-3-3 正面双手垫球手型

叠掌式　　互靠式　　抱拳式

2. 正面双手垫球

动作要点：两脚开立，屈膝，上体稍前倾，两臂靠拢伸直。球距离腹前一臂距离时，对准来球，双臂前伸插入球下。击球时提肩，两臂夹紧稍外旋压腕，向前上方蹬地抬臂送球（图5-3-4）。

▶ 图5-3-4 正面双手垫球

学练赛方法

（1）徒手模仿正面双手垫球动作练习。

（2）自抛自垫球练习。

（3）两人一组，对垫球练习。

（4）接同伴发球后垫球练习。

（5）两人一组，1 min垫球计数比赛。

（三）发球

发球是比赛的开始，是重要的进攻手段，发球既可以直接得分，也可以破坏对方的进攻和一传。发球技术分为正面下手发球、正面上手发球、上手飘球、侧面下手发球、勾手发球、勾手飘球、跳发球等。发球技术动作包括准备姿势、抛球、挥臂、击球四个环节。

1. 正面下手发球

动作要点：正面下手发球击球手型是用虎口或者手掌击球的后中部（图5-3-5）。面对球网，两脚前后开立，左手持球向体前右侧抛起，同时右臂伸直后摆，右脚蹬地，以肩为轴右臂向前摆，击球的后中下部，重心前移，击球后迅速进场比赛（图5-3-6）。

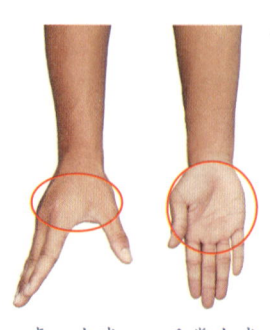

虎口击球　　手掌击球

▲ 图5-3-5 正面下手发球击球手型

图 5-3-6 正面下手发球

2. 正面上手发球

正面上手发球击球手形：初学时，可以半握拳击球的后中下部，待技术提高后可以用手掌击打球的后中下部，手腕推压用力，使球上旋飞行（图 5-3-7）。

半握拳击球　　手掌击球

图 5-3-7 正面上手发球击球手形

动作要点：两脚前后开立，左手抛球至右肩前上方，右臂抬起屈肘后引，利用蹬地收腹的力量，带动手臂做鞭打动作，用全手掌击球的后中下部，手臂充分伸直向前方挥出（图 5-3-8）。

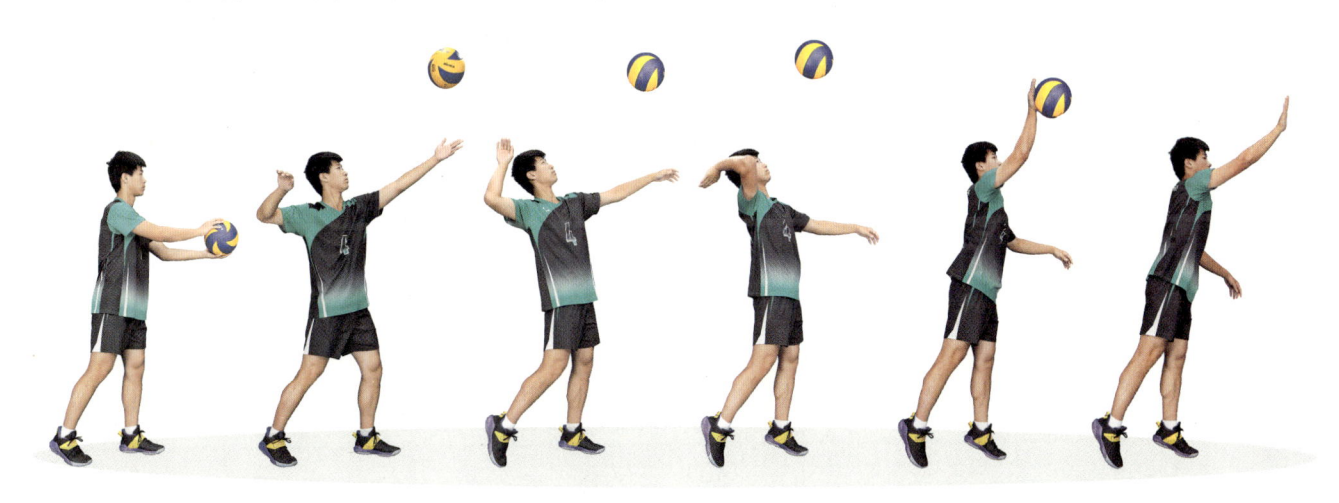

▲ 图 5-3-8 正面上手发球

学练赛方法

（1）徒手模仿发球动作练习。
（2）两人一组，一人持球固定，另一人挥臂击球练习。
（3）两人相距 10 m 左右，互相发球练习。
（4）发球区发球过网练习。
（5）发球过网落在指定区域比赛。

（四）扣球

扣球是将高于球网上沿的球击入对方区域内的一种击球方法，是进攻中有效的得分手段，包括正面扣球、扣快球、后排扣球、调整扣球等。

第三节　排球　123

正面扣球动作包括准备姿势、助跑、起跳、空中击球、落地五个技术环节。扣球的助跑步法有一步、两步、三步、多步等，两步助跑步法是最基本的助跑步法，初学扣球时必须首先掌握。

1. 两步助跑

动作要点：助跑时，左脚向前迈出一步，接着右脚迅速跨出一大步，同时两臂迅速向体侧后方画弧摆动，右脚以脚后跟先着地，迅速过渡到全脚掌落地，左脚迅速并上，落在右脚的侧面，两脚之间距离与肩同宽，两脚尖稍向右转，膝关节弯曲，准备起跳（图5-3-9）。

脚步动作

完整动作

▶ 图5-3-9 两步助跑

2. 正面扣球

动作要点：两步助跑后，双脚蹬地跳起，两臂经体侧向前上摆动，挺胸展腹，右臂屈肘向后上方拉开，身体成反弓，利用转体收腹带动手臂以鞭打动作全手掌击球的后中部，落地时屈膝缓冲（图5-3-10）。

▶ 图5-3-10 正面扣球

学练赛方法

（1）无球助跑起跳扣球练习。

（2）原地对墙扣球练习。

（3）在网前自抛自扣球过网练习。

（4）在3、4号位起跳扣同伴传来球练习。

（5）扣球过网击标志物比赛。

体育之窗

排球比赛中，运动员分前后排站位，靠近球网为前排，分别是4号位、3号位和2号位。其他为后排，分别是5号位、6号位和1号位。比赛发球从1号位开始，换发球时发球队员必须按顺时针方向轮转，但只有换发球时才有位置轮换。这一规则要求每位队员必须全面掌握各项技术，其中二传手是核心，是衔接攻防的枢纽，不仅要把球稳准地调整起来，便于本方队员扣球，还要根据临场情况运用各种隐蔽动作迷惑对方，造成对方失误。

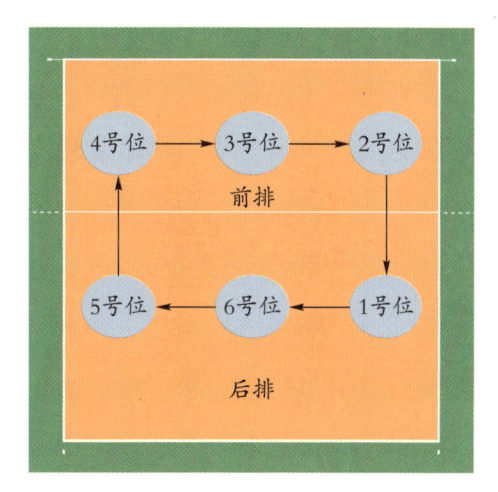

（五）拦网

拦网是防守的第一道防线，是阻挡和削弱对方进攻的有效手段，同时，拦网又带有强烈的攻击性，是由防守转入进攻最快、最直接的技术。拦网分为单人拦网和集体拦网。集体拦网以单人拦网为基础，前排2~3人保持适当距离，形成完整的拦网配合。

动作要点：面对球网，两脚平行开立约与肩宽，两手自然置于胸前。判断来球路线，用力蹬地跳起，两臂经侧向上摆动，两手从额前沿球网向上方伸出，两臂伸直，两手自然张开，手腕下压盖在球的前上方。起跳时注意收腹，身体不要触网（图5-3-11）。

◀ 图5-3-11 拦网

学练赛方法

（1）原地模仿拦网动作练习。

（2）在网前用并步、交叉步向斜侧方快速移动拦网练习。

（3）两人隔网站立，一人抛球，一人近网起跳拦抛球练习。

（4）两人隔网站立，一人扣球，一人拦扣球练习。

（5）4号位单人拦扣球计数比赛。

启思导练

排球比赛中，球的路线、位置都不固定，因此，要灵活运用所学技术，如当同伴把球传到了你的身后，你可以快速后退到合适位置垫球，也可以采用背垫球技术。在比赛中，当你遇到距离自己远、位置低的球时，你该如何完成传球、垫球？当你遇到二传手没有传到位的球时，你又该如何调整扣球呢？

三、排球运动战术

排球战术是在比赛时用来击破对方防守及防守对方进攻的一种手段，队员根据场上情况有意识使用的技术配合，包括进攻战术和防守战术。

（一）阵容配备

阵容配备是组织比赛，并在比赛中进行战术运用的基础。阵容配备是根据对方阵型、本队的优势和本队战术安排等对出场队员、位置分工进行的一种配备，常用的有四二配备（图5-3-12）、五一配备（图5-3-13）。

四二配备采用4名进攻队员（2名主攻队员、2名副攻队员）和2名二传队员的配置，保证每一轮次都有1名二传队员和2名进攻队员，便于组织进攻，是使用较多的配备。

五一配备采用1名二传队员，5名进攻队员的配置，其中1人为接应二传，是在二传队员来不及传球时承担传球任务，适用于水平较高的队伍。

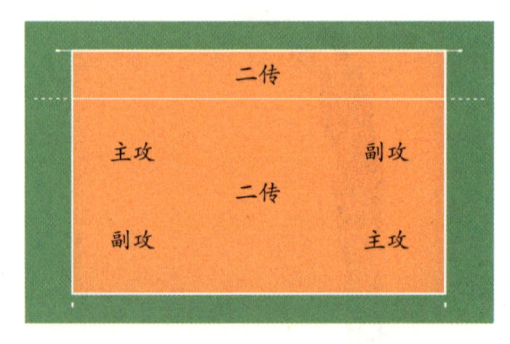

▲ 图5-3-12　四二配备　　　　　　　　▲ 图5-3-13　五一配备

（二）进攻战术

进攻战术是在接起对方发球、扣球、拦网球、传球或垫球后，全队所采取有目的、有组织的进攻配合，包括中一二进攻战术、边一二进攻战术等。

中一二进攻战术是后排队员接球后传给前排3号位的二传队员，再由二传队员传给2号或4号位队员进攻的一种战术。采用该战术时队员间易于接应，便于组织进攻（图5-3-14）。

边一二进攻战术是后排队员把球垫到前排2号位的二传队员，再由2号位队员传球给3号或4号位队员进行进攻的一种战术。该战术适用于具有一定技术配合的队伍（图5-3-15）。

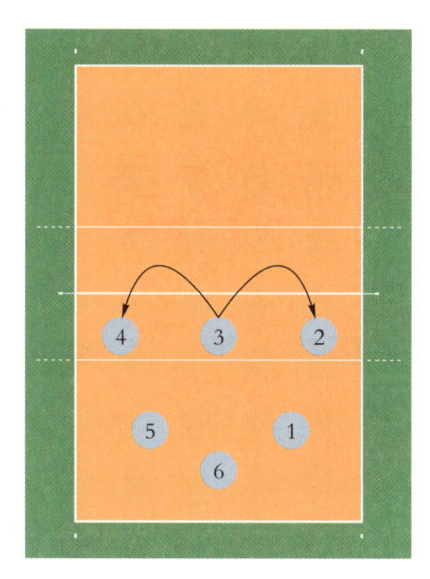

▲ 图5-3-14　中一二进攻战术　　▲ 图5-3-15　边一二进攻战术

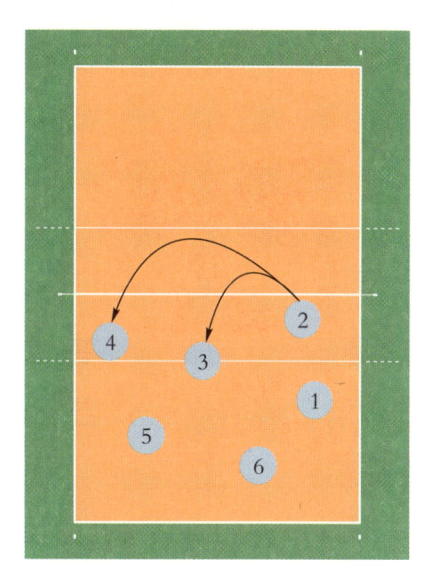

体育之窗

气排球是一项集运动、休闲、娱乐为一体的群众性运动项目。气排球场地长12 m，宽6 m。参赛队员5人，没有自由人。比赛用球比竞技排球大，在空中飘游缓慢，容易控制。气排球易学易懂，其打法和记分方法与竞技排球比赛基本相同，但规则更宽松，如队员身体任何部位都可以触球，可以男女混合进行比赛，气氛较活跃，娱乐性和趣味性强。

（三）防守战术

排球的防守战术是组织进攻或反攻的基础，包括接发球、接扣球、接拦回球、接传垫球的防守战术。本教材重点介绍接发球防守战术和接扣球防守战术。

1. 接发球防守

接发球阵形可以分为5人接发球、4人接发球、3人接发球等，其中采用最多的是5人接发球阵形，指除1名二传队员站在网前3号位或从后排6号位插上准备二传不接发球外，其他5名队员都担任接球任务，组织进攻比较方便（图5-3-16）。

2. 接扣球防守

接扣球防守是前排拦网与后排防守的整体配合，分为无人拦网、单人拦网、双人拦网和3人拦网阵形。对方进攻较弱时采用无人拦网，与5人接发球站位基本相同。单人拦网阵形适用于对方进攻威力不大、路线变化不多时。双人拦网，可以采用"心跟进"等防守阵形。本方2、3号位队员拦网时，为防对方采用打吊结合战术，6号位队员跟进到拦网队员身后进行防守和保护（图5-3-17）。

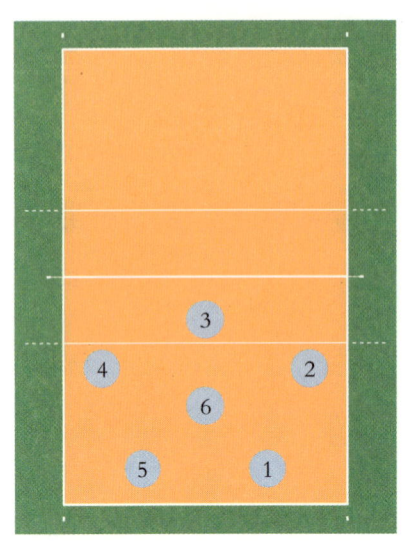

▲ 图5-3-16　5人接发球防守阵形　　　　▲ 图5-3-17　"心跟进"防守阵形

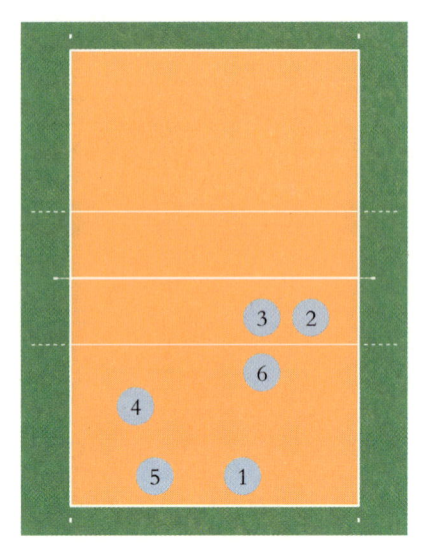

专项体能

1. 半"米"字快速往返移动练习。
2. 十字跳练习。
3. 助跑摸高练习。

评一评

班级内组织一场小组排球对抗赛。比赛结束后总结、反思技战术发挥情况，评选出最佳传球手、最佳扣球手和最佳拦网手。

学练赛方法

（1）中一二进攻战术练习，采用四二配备，2号位或4号位队员接传球进攻。

（2）接扣球防守练习，采用"心跟进"防守阵型，对方4号位扣球，本方双人拦网，其他队员参与防守。

（3）班级内分两组，分别采用一种进攻和一种防守战术进行对抗比赛，统计得分。

启思导练

排球比赛中，进攻和防守是密切联系、相互转换、连续进行的。在进攻与防守的转换中，正在进攻的一方，必须同时注意防守；处于防守的一方，必须随时准备反攻，因此，在阵容部署上要有相应的措施和方法。通过学习，你认为初级水平的球队在比赛中适合安排什么进攻阵型和防守阵型？又该如何快速转换进攻和防守呢？请你在比赛中进行实践。

> **! 运动安全**
>
> 比赛时，应随时观察场上情形，起跳落地时避免踩落在其他同伴脚上导致脚踝损伤。不要勉强救球，避免出现运动损伤。同伴之间要相互照应，避免配合不当造成的撞击伤害。

走进运动场

排球比赛场地包括比赛场区和无障碍区。比赛区是长18 m、宽9 m的长方形场地，分为左右两个场区，中线在网下，距离中线3 m分别有一条进攻线；成年男子比赛网高2.43 m，女子比赛网高2.24 m。

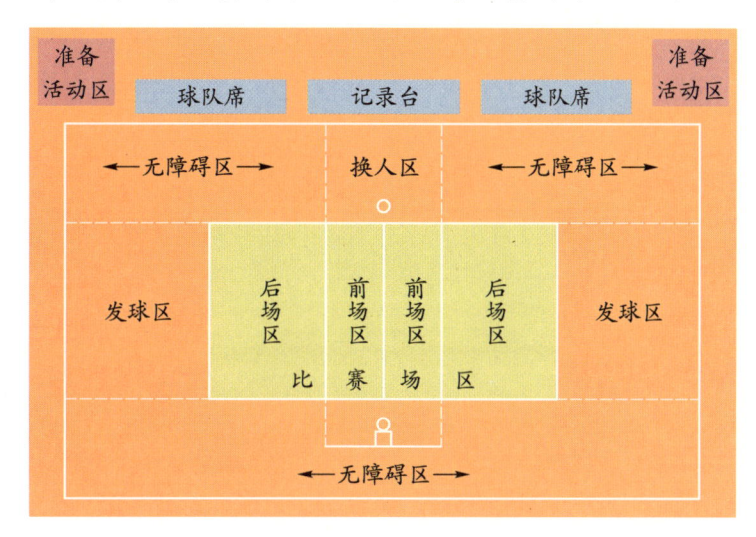

排球比赛采用5局3胜每球得分制。前4局比赛，先获得25分并领先对手2分则为胜一局；第5局比赛，先获得15分并领先对手2分为获胜。每队6名队员，有1名自由人可以在后排进行任意替换。每队击球数不可超过3次。扣球和拦网时要注意身体任何部位都不可触网。

励志人物

说起中国女排，每个人都会想到"铁榔头"郎平。郎平是原中国国家女子排球队主力队员，曾任中国国家女子排球队主教练。作为一名主力队员，她是20世纪80年代世界女排"三大主攻手"之一，凭借强劲而精确的扣杀被称为"铁榔头"，并和其他队员默契配合夺取"五连冠"的优异成绩，塑造了"女排精神"。退役后，她在国家需要她的时候，不畏艰难，挺身而出，两次临危受命，挂帅出征，带领国家队重返世界排球之巅。郎平心中深厚的爱国情怀，让她将自己的一生都奉献给了排球事业，奉献给了她热爱的中国女排。2016年，郎平荣获"感动中国人物"荣誉称号，正如颁奖词所写"因排球而生，为荣誉而战。一把铁榔头，一个大传奇"，不论在赛场内比赛，还是在赛场外指挥，郎平的行动和精神都点燃了几代人的青春，唤醒了人们心中的体育强国梦想。

第三节 排球   129

第四节 乒乓球

运动中国

1958年，我国乒乓球开始向世界乒乓球高峰进军，中国乒乓球队所取得的成绩举世瞩目，截至2022年10月，中国乒乓球队117人成为世界冠军，共获得254枚金牌，其中奥运会金牌32枚，包括8个团体冠军、24个单项冠军；世界乒乓球锦标赛金牌151枚、包括44个团体冠军，107个单项冠军；世界杯乒乓球比赛金牌71枚，包括21个团体冠军、50个单项冠军（含1个女双冠军）。中国已成为世界头号乒乓球强国，乒乓球也被誉为我国的"国球"。乒乓球运动在我国群众中也非常普及，给人民带来了健康和快乐。据统计，全国参与乒乓运动的人口已突破1亿。

学习目标

1. 了解乒乓球运动的基本知识和锻炼价值，掌握基本技术、战术和竞赛规则，能和同伴进行小型比赛，学会欣赏乒乓球比赛。
2. 通过学练乒乓球，增强肌肉力量，提高内脏器官机能，发展协调性和灵敏性。
3. 培养独立思考、机智果断、勇敢顽强的精神。

大事记摘要

1. 19世纪后期，乒乓球运动起源于英国，1904年传入中国。

2. 1926年12月，国际乒乓球联合会在德国柏林正式成立。

3. 1952年，全国乒乓球比赛大会开幕，后将此次大会定为"全国第一届乒乓球比赛大会"，也是全国乒乓球锦标赛前身。

4. 1959年，第25届世界乒乓球锦标赛上，容国团为中国夺得第一个世界冠军。

5. 1961年，北京承办了中国第一个国际赛事——第26届世界乒乓球锦标赛。

6. 1981年，中国队在第36届世界乒乓球锦标赛上囊括了7项冠军、5项亚军、3项季军。

7. 1982年，国际奥委会决定将乒乓球列为奥运会正式比赛项目。

8. 2022年，第56届世界乒乓球团体锦标赛，中国国家男子乒乓球队成功斩获十连冠。

一、认识乒乓球运动

乒乓球属于隔网对抗的技能类项目，比赛时，双方运动员隔着球台，持拍将球击回对方台面，迫使对方回球出界、落网或犯规。这项运动的英文名称直译为"桌上网球"。后来，由于球撞击球拍时发出"乒"的声音，而落台时发出"乓"的声音，得名为"乒乓球"。奥运会乒乓球比赛、世界乒乓球锦标赛、世界杯乒乓球比赛是国际乒坛三大赛事。

乒乓球运动的器材比较简单，运动负荷量适中，每个参与者都可以根据自身的身体状况参加。它可以由两人组成单打比赛，也可以由四人组成双打比赛，还可以男女组成混合双打比赛。经常学练乒乓球有助于集中注意力，提高反应速度，增强中枢神经的调节能力，使肌肉健壮，关节更加灵活稳固。

二、乒乓球运动技术

学打乒乓球首先从球拍的握法开始，掌握了正确的握拍法、准备姿势、基本步法，发球、接发球和攻球等基本技术，就可以进行简单的比赛了。

（一）握拍法

1. 直式握拍法

动作要点：食指第二指节和拇指第一指节在球拍的前面构成一个钳形，两指间距离1~2 cm，拍柄贴住虎口，拍后三指自然弯曲重叠，中指第一指节贴于拍子1/3处的上端（图5-4-1）。

▶ 图5-4-1
直式握拍法

> **体育之窗**
>
> 乒乓球球拍的种类不同、性能不同，对击球的速度、旋转、力量和稳定性都有直接的影响。随着乒乓球技术的发展，球拍也在不断改革。常用的球拍有：正胶短齿胶皮拍，这种球拍弹性均匀，击球稳，不易击出很旋转的球；正胶海绵拍，这种球拍反弹性大，回球快，不易击出很旋转的球；反胶海绵拍，这种球拍胶皮面平整，摩擦力大，易击出旋转球，但回球速度慢。

2. 横式握拍法

动作要点：中指、无名指、小指握住拍柄，虎口贴住拍肩，拇指略弯曲捏拍，在球拍的正面贴在中指旁边，食指斜伸在球拍的另一面（图5-4-2）。

▶ 图5-4-2
横式握拍法

（二）准备姿势

动作要点：两脚平行（或稍前后）站立，比肩稍宽，上体稍前倾、收腹，重心在两腿之间。持拍手臂自然弯曲，球拍置于腹前，两眼注视对手击球一刹那间的动作（图5-4-3）。

▶ 图5-4-3
准备姿势

132　拓展篇　第五章　球类运动

（三）基本步法

1. 并步

动作要点：离球远的脚先向另一脚并一步，然后离球近的脚再向来球方向迈一步（图5-4-4）。

◀ 图5-4-4
并步

2. 交叉步

动作要点：离球远的脚迅速向前跨出一大步，离球近的脚跟着向移动方向再迈一步（图5-4-5）。后交叉步动作相反。

◀ 图5-4-5
交叉步

（四）发球

发球是乒乓球比赛的开始，运动员通过发球可以最大限度地发挥自己的技术水平，是最具主动性的技术动作。按方位，可分为正手发球和反手发球；按发球的性质，可分为速度类、落点类、单一旋转类和混合旋转类发球。

1. 正手平击发球

动作要点：左手掌心托球，置于体前，向上抛起时右臂稍向后引拍，在球降至近于网高时击球，拍面稍前倾触球中上部（图5-4-6）。

◀ 图5-4-6
正手平击发球

> **运动安全**
>
> 练习和比赛时，注意力要高度集中，注意及时调整急躁、焦虑等不良情绪。注意充分做好膝、踝、肩、肘关节准备活动。检查球台等器材是否干净、稳定。

第四节　乒乓球　133

2. 正手发左侧下旋球

动作要点：球下降至与网同高时，手腕快速向左下方转动，使球拍从球的中下部向左下方摩擦击球（图5-4-7）。

▶ 图5-4-7 正手发左侧下旋球

学练赛方法

（1）徒手模仿发球动作练习，体会抛、引、挥等连贯动作。

（2）距离墙2 m，对墙做各种发球练习。

（3）在球台上做直线和斜线的发球练习。

（4）在球台上做速度、旋转、落点不同的发球控制练习。

（5）班级内组织发球比准记分赛。

（五）接发球

接发球常用推、搓、削、拉、攻等技术。本教材以快推和反手慢搓球为例进行介绍。

1. 快推

动作要点：近台站位，前臂向前推出，食指压拍，使拍前倾。在球的上升期击球的中上部，击球后手臂顺势前送（图5-4-8）。

▶ 图5-4-8 快推

2. 反手慢搓球

动作要点：在来球下降期击球，拍面后仰，摩擦球的中下部（图5-4-9）。

▶ 图5-4-9 反手慢搓球

134　拓展篇　第五章　球类运动

（六）正手近台攻球

动作要点：近台站位，当球从台面弹起时，手臂由右侧向左前上方迅速挥动。以前臂发力为主，击球时，食指放松，拇指压拍使拍面前倾，并结合手腕内转动作，在球上升期击球中上部（图5-4-10）。

◀ 图5-4-10 正手近台攻球

学练赛方法

（1）原地徒手或持拍模仿接发球练习。
（2）同伴抛球或自抛球，进行正手攻球练习。
（3）一人抛球、一人击球，定点攻球练习。
（4）正手斜线对攻练习。
（5）班级内组织正手攻球计数赛。

启思导练

乒乓球运动的技术质量和水平高低主要通过准、快、狠、转和落点好五个方面来判定。学练中，你认为自己哪方面比较强，哪方面尚待提高？请结合自身情况，制订练习计划。

专项体能

1. 沿球台边线，在规定时间内以最快的速度完成滑步、跨步、交叉步练习。
2. 单项技术动作计时、计数练习。
3. 在击球准确的前提下，规定时间内全力以最快速度击球练习。

三、乒乓球运动战术

常用的乒乓球运动战术有发球抢攻、搓攻、对攻、拉攻、接发球战术等。本教材以发球抢攻、搓攻战术为例进行介绍。

1. 发球抢攻战术

正手发左侧下旋球到对方底线，配合近网轻球和侧身抢攻。

2. 搓攻战术

搓不同线路，长短结合，伺机反击。

评一评

在班级内组织单打对抗赛，也可以把乒乓球的各项技术单独进行比赛。同学之间相互记录成绩，比一比谁的单项技术最好。

走进运动场

乒乓球器材包括球台、球网、球和球拍。球台长2.74 m，宽1.525 m，离地高0.76 m。网高15.25 cm，网长1.83 m，球网应固定在球台中间。

在单打比赛中，首先由发球队员合法发球，再由接发球队员合法还击。在每2分之后，互换发球和接发球。以此类推，直至该局比赛结束。一局比赛由11分组成，先得11分的一方为胜。10平后，先多得2分的一方为胜。通常采用3局2胜制。

乒乓球比赛的变化很多，在短暂的回合球之中，比赛双方要制订正确战术，随时调整战术，遏制对手的打法，主动寻找机会。

励志人物

1959年，容国团在第25届世界乒乓球锦标赛上，为中国夺得第一个乒乓球男子单打世界冠军。1961年，第26届世界乒乓球锦标赛男子团体决赛中，中国队暂时落后，容国团对队友说："人生难得几回搏，此时不搏更待何时！"最终中国队击败日本队，首获男子团体世界冠军。1964年底，容国团出任国家女乒队教练，带出了一支技术和思想作风都过硬的队伍。1965年，他率队出战第28届世界乒乓球锦标赛，获得了女子团体世界冠军、女子双打和混合双打世界冠军，再次震动世界乒坛。从此，"人生能有几回搏"成为鼓舞一代代人的励志名言。

第五节 羽毛球

运动中国

20世纪八九十年代是我国羽毛球运动的辉煌时期,这期间涌现出大批优秀运动员,不断取得优异的成绩,共获得70多项单项冠军,并多次获得汤姆斯杯、尤伯杯、苏迪曼杯等世界羽毛球团体赛冠军。羽毛球赛场上频频奏起的国歌、升起的鲜艳的五星红旗,极大地鼓舞了中国人民的爱国热情,促进了羽毛球运动的蓬勃发展,吸引众多青少年投入羽毛球运动中。中国羽毛球队的运动员勇于拼搏、永不言败的体育精神激励着各行各业的中国人,在自己的平凡岗位上,为实现强国梦而努力奋斗。

学习目标

1. 了解羽毛球运动基本知识和锻炼价值,掌握基本技术、战术和竞赛规则,能够参与比赛,提升运动能力,学会欣赏羽毛球比赛。
2. 掌握科学的锻炼方法,养成良好的锻炼习惯,通过学练羽毛球,预防颈部、肩部、脊椎疾病。
3. 培养机智果断、勇于克服困难的优秀品质和团结协作的合作意识,提高独立思考的能力。

大事记摘要

1 | 1934年,国际羽毛球联合会成立(2006年更名为世界羽毛球联合会)。

2 | 1956年,第1届世界羽毛球女子团体赛举行。

3 | 1982年,第12届汤姆斯杯羽毛球男子团体锦标赛,中国国家男子羽毛球队首次获得冠军。

4 | 1984年,第10届尤伯杯羽毛球女子团体锦标赛,中国国家女子羽毛球队首次获得冠军。

5 | 1992年,第25届巴塞罗那奥运会,羽毛球被列入正式比赛项目。

6 | 1995年,世界羽毛球混合团体锦标赛(苏迪曼杯),中国队首次获得冠军。

7 | 1996年,第26届亚特兰大奥运会,葛菲、顾俊获得女子羽毛球双打冠军,实现奥运会羽毛球比赛金牌零的突破。

8 | 2004—2012年,中国国家男子羽毛球队获得汤姆斯杯羽毛球男子团体锦标赛五连冠。

一、认识羽毛球运动

羽毛球是一项隔着球网,使用长柄网状球拍击软木和羽毛制成的球的一项运动。因其技巧性强、攻防转换快,并具有竞争性、对抗性和大强度运动等特点,而深受大众喜爱。

经常打羽毛球,不仅能提高速度、耐力、灵敏度和协调性等各项身体素质,提高心肺功能,还能使人思维敏捷。同时,可以培养顽强拼搏、不怕吃苦、勇于进取的品质和精神,强化心理素质和团结协作的意识。

二、羽毛球运动技术

羽毛球的基本技术主要包括手法和步法两大类。手法有握拍法、发球法、接发球法和击球法。步法有基本步法和前后左右衔接步法。

(一)握拍法

动作要点:正手握拍时,虎口对窄面,拇指、食指握宽面,食指、中指稍分开。反手握拍时，拇指、食指将拍柄稍外旋，拇指置于宽面上，掌心留出空隙（图5-5-1）。

窄面　　正手握拍法　　　　宽面　　反手握拍法

◀ 图5-5-1 羽毛球握拍法

（二）发球

发球是羽毛球比赛每一个回合的开始，有正手发球和反手发球两种。根据球在空中飞行的弧线，可分高远球、平高球、平快球、网前球等。一般以正手发高远球和反手发网前球较多。

1. 正手发高远球

动作要点：用拍子的正面击球。击球时，转身蹬地，用上臂带动前臂，手腕发力向前上方击球。球落在对方发球区内后沿附近（图5-5-2）。

2. 反手发网前球

动作要点：两脚前后开立，重心在前脚，拍头朝下，拍面低于腰部。击球时，手臂向前带动手腕由屈到微伸向前摆动，用球拍将球弹击向前推送，球贴网而过，落在对方发球区内前发球线附近（图5-5-3）。

▲ 图5-5-2　正手发高远球　　　　▲ 图5-5-3　反手发网前球

（三）接发球

动作要点：目视来球，重心下降，向来球方向移动，结合身体向前跨步的冲力，向前推送击球（图5-5-4）。

学练赛方法

（1）原地持拍模仿各种发球挥拍动作练习。

（2）连续正反手颠球练习。

（3）两人一组，练习发接不同弧线的球。

（4）多球练习，接各种正手高远球和反手网前球练习。

（5）两人一组，正反手连续发球准度比赛。

正手接发球　　反手接发球

▲ 图5-5-4　接发球

第五节　羽毛球　139

（四）击球

击球有很多种方法，最常用的有击高远球、扣球、吊球、杀球、搓球、推球、扑球、勾球、挑球等。

1. 击高远球

动作要点：预备姿势，目视来球方向，侧对球网，两脚前后开立。右手向后引拍，身体后展。击球时，蹬地顶髋，提肘伸臂，前臂内旋，屈腕鞭打。用正拍面加速向前上方挥动击球托的后下部，击球点选在右肩上方，在最高点将球向前上方击出。球击出后重心前移减速缓冲（图5-5-5、图5-5-6）。

▶ 图5-5-5
击高远球

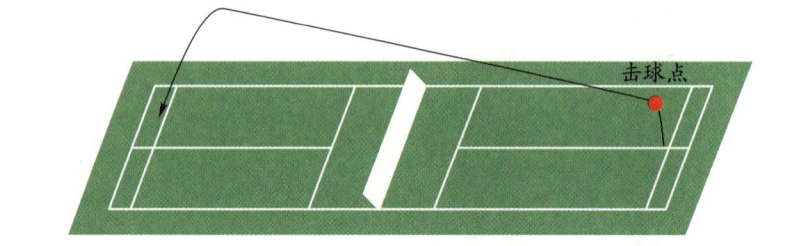

▶ 图5-5-6
击高远球线路图

运动安全

打羽毛球前，要做好肩、腕、膝、踝关节的准备活动。羽毛球场地周边要留有足够的空间。注意清理障碍物体和保持场地干燥。尽量穿羽毛球专用鞋。

启思导练

打羽毛球时，可以根据对手的身体条件和不同的站位，采用灵活多变的发球技术来先发制人。例如，对手身材高大，宜发网前球；对手站位靠前，宜发高远球。你在比赛中运用过哪些发球技术呢？请和同学互相探讨，尝试掌握更多的发球技术。

2. 扣球、吊球

（1）扣球

动作要点：侧对球网，击球点在肩的前上方，尽量在最高点击球的球托后部，拍面与击球方向小于90°，使球快速直线下落在对方场地内（图5-5-7）。

（2）吊球

动作要点：观察判断来球落点，快速移动到位。击球时，手腕由伸到屈发力，用斜拍面切击球托后部，用力较轻，使球贴网下落（图5-5-8）。

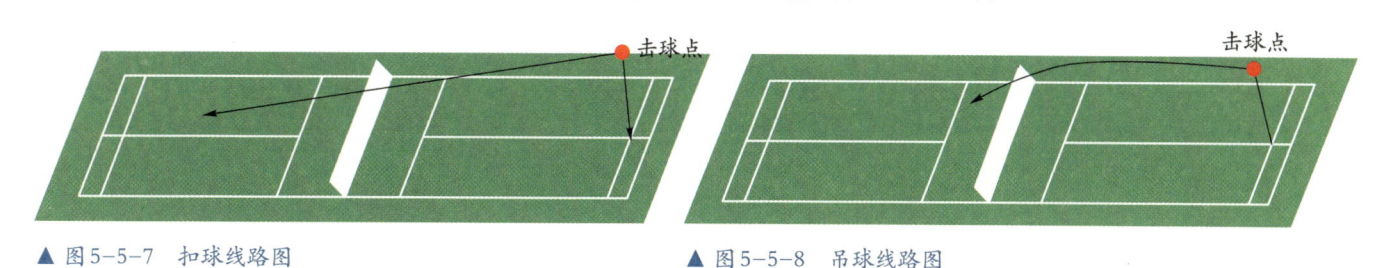

▲ 图5-5-7　扣球线路图　　　　▲ 图5-5-8　吊球线路图

学练赛方法

（1）两人一组，拉高远球练习。

（2）一人发球，一人扣球练习。

（3）一人发球，一人吊球练习。

（4）两人一组，一人扣球或吊球，另一人做挑球、喂球练习。

（5）扣球落固定点比赛。

（五）基本步法

羽毛球的基本步法有跨步（图5-5-9）、并步（图5-5-10）、交叉步（图5-5-11）、垫步等。

▲ 图5-5-9　跨步

◀ 图5-5-10　并步

◀ 图5-5-11　交叉步

第五节　羽毛球　141

体育之窗

汤姆斯杯羽毛球男子团体锦标赛，简称汤姆斯杯，是世界羽坛最高水平的男子羽毛球团体赛。1984年后每两年举办一届，比赛为5局3胜制。

尤伯杯羽毛球女子团体锦标赛，简称尤伯杯，是世界羽坛最高水平的女子羽毛球团体比赛。比赛创办于1956年，1986年起每两年举办一届，比赛为5局3胜制。

苏迪曼杯是世界羽毛球混合团体锦标赛，由男单、女单、男双、女双、混双比赛组成，比赛为5局3胜制。首届比赛于1989年举行，每两年举办一届。

 专项体能

1. 运用弹力带，做模仿挥拍扣杀等重复性动作练习。
2. 用羽毛球做掷远练习。
3. 羽毛球场地四角定点移动练习。

 评一评

以小组为单位进行团体比赛，比赛为5局3胜制，组内1人负责技术统计。比赛结束后，各组统计主动得分和对方失误得分，进行组间分析讨论。

三、羽毛球运动战术

合理的战术运用是比赛获胜的关键，羽毛球运动战术是运动员在比赛前和比赛过程中，发现对方的长处与不足，并根据自己的技术与身体素质特点，在比赛中遏制对方发挥优势，攻其弱点来获得最终胜利的方法。

1. 发球抢攻战术

以多变、高质量的发球，调动对方移动，限制对方的进攻，迫使对方回球质量下降，然后用扣球和吊球进攻对方的空当和弱势一方（图5-5-12）。

2. 攻中路战术

双打比赛中，本方攻球的落点都应集中在对方两人中间处，造成两人同时抢接球或让球，从而导致对方失误（图5-5-13）。

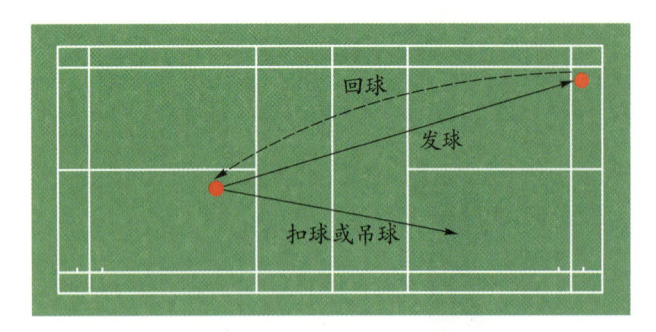

▲ 图5-5-12　发球抢攻战术　　　　　　　　▲ 图5-5-13　攻中路战术

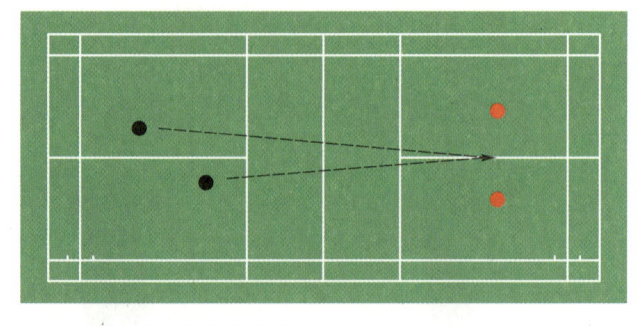

3. 四方球战术

针对移动速度慢、技术不全面的对手，可以利用不同的击球方法，准确控制球的落点，从而控制对方场区的四个角落，迫使对方大范围移动，消耗对方体能，造成回球质量下降或失误，以抓住得分机会（图5-5-14）。

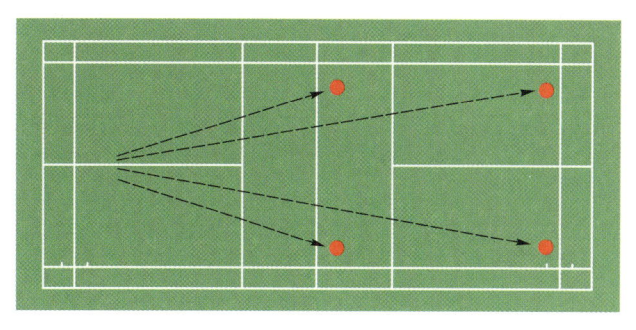

▲ 图5-5-14 四方球战术

体育之窗

在球类运动中，羽毛球的球速最快。优秀运动员扣球的速度可以达到350 km/h以上，可以和高铁的速度媲美。我国羽毛球运动员曾经在比赛中打出过401 km/h的击球速度。随着训练水平和球拍制作工艺的发展，羽毛球球速还会越来越快。

启思导练

羽毛球比赛节奏快，战术运用灵活，要求运动员冷静、仔细观察场上情况，发现对手的特点与弱点，发挥自己的长处以压制对方，获得最后的胜利。如遇到对手力量较弱时，可以采用击高远球的方法，把对方压制到后场。通过学习羽毛球战术，你认为对方移动较慢时，你会运用哪些战术？请你设计一套战术组合。

走进运动场

羽毛球比赛场地为长方形。

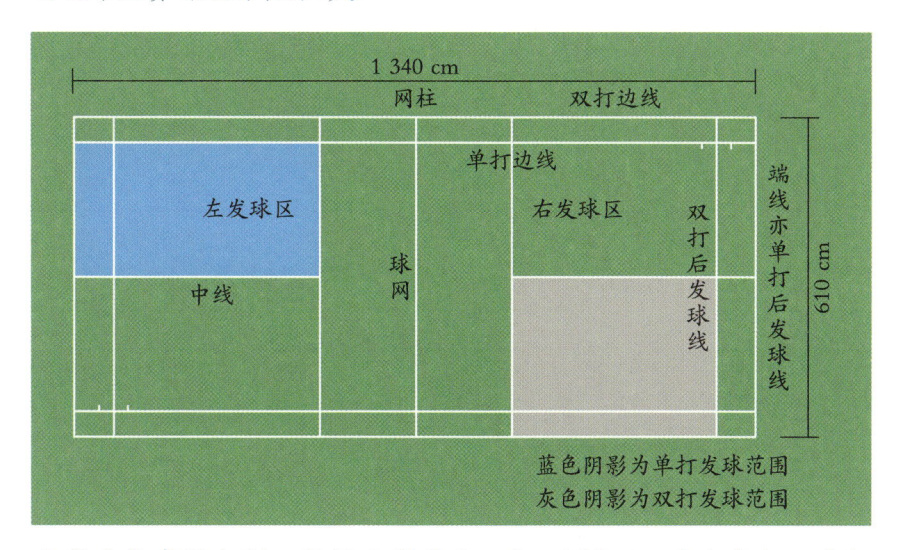

比赛为每球得分制，每场比赛采取3局2胜制。一局比赛由21分组成，率先得到21分的一方赢得当局比赛。如果双方比分打成20比20，获胜一方需超过对手2分才算取胜。如果双方比分打成29比29，则率先得到30分的一方取胜。

第五节 羽毛球

比赛时，出现下列现象为违例：发球时，球的任何部分在击球瞬间高于发球运动员的腰部或击球点1.15 m以上。击球瞬间，球拍顶端未朝下，整个拍框没有明显低于握拍手的整个手部。发球、接发球时站位错误。

励志人物

"人民楷模"，是为了隆重表彰为中华人民共和国建设和发展做出杰出贡献的功勋模范人物而颁授的国家荣誉称号。2019年9月17日，中共中央总书记、国家主席、中央军委主席习近平签署主席令，授予王文教等同志"人民楷模"国家荣誉称号。

"我非常激动，我的一生献给了祖国，这是祖国对我的认可，是我一生的荣幸。"这是原国家羽毛球队总教练王文教先生获得"人民楷模"国家荣誉称号后的感慨。王文教先生在担任国家羽毛球队教练和总教练期间，几十年如一日，克服困难，牺牲小我，培养出众多名将，带领国家羽毛球队共获得56项世界单项冠军和9项世界团体冠军，为中国羽毛球运动的发展做出了重大的贡献。

第六节 网球

运动中国

网球自19世纪后期传入中国后就备受关注，尤其是在中华人民共和国成立后，得到党和国家高度重视和关怀。从1951年中国第一支网球队成立，到1956年中国网球协会成立，再到1994年后，我国女子竞技网球在亚洲及世界重大比赛中取得一系列优异成绩，网球在中国从未停止发展的脚步。21世纪初，我国女子网球异军突起，既拥有李娜、郑洁、晏紫、彭帅、张帅这些大满贯冠军，也不乏李婷、孙甜甜这样的奥运会双打金牌得主。在国内外网球巡回赛中，几乎每周都有中国球员的参赛身影，全国业余网球活动遍地开花，越来越多的体育爱好者拿起球拍，走进网球场，享受网球运动带来的乐趣。

学习目标

1. 了解网球运动的基本知识和锻炼价值，掌握基本技术、战术和竞赛规则，运用所学知识和技能进行锻炼或参加比赛，学会欣赏网球比赛。
2. 通过学练网球，发展快速反应能力，增强心肺功能，锻炼耐力和力量素质，养成良好的锻炼意识与习惯。
3. 培养健康稳定的心理素质和自信坚忍、临危不惧的品质，塑造高雅的气质。

大事记摘要

1. 1873年，英国温菲尔德少校将早期网球打法改良，发明草地网球，奠定了现代网球的基础。

2. 1972年，国际男子职业网球协会（ATP）成立。1973年，国际女子职业网球协会（WTA）成立。

3. 1986年，第10届汉城（今首尔）亚洲运动会，中国队摘得女团和女单两枚金牌。

4. 2004年，李婷、孙甜甜勇夺第28届雅典奥运会女子网球双打桂冠。

5. 2006年，郑洁、晏紫连续拿下澳网和温网"大满贯"双打冠军。

6. 2009年，上海正式成为ATP1000大师赛的永久举办地，至今已成功举办了11届赛事。

7. 2011年，李娜夺得法网单打冠军；2014年，李娜夺得澳网单打冠军。

8. 2023年，ATP250巡回赛达拉斯站，吴易昺为中国男子网球夺得历史首座巡回赛冠军奖杯。

一、认识网球运动

网球运动是一项融智力与体力于一体，时尚兼具传统，优美而激烈的运动项目，具有较高的观赏性和广泛的参与性。

经常打网球可以增进人体健康，全面发展速度、力量、耐力、柔韧、灵敏等身体素质，培养稳定的心理素质和顽强的意志品质，搭建人与人之间的沟通平台，促进个人融入社会。

二、网球运动技术

（一）握拍方法

常用的握拍方法有东方式、大陆式、双手反握、西方式四种（图5-6-1）。

（二）击球

1. 正手击球

动作要点：两脚开立稍宽于肩，两膝微屈，右手东方式握拍，左手扶拍颈，转肩引拍，左脚前踏，左肩对网，拍头高于手腕。蹬地转髋向前挥，拍面与地面垂直时击球。击球后球拍向前向上随挥，在左肩上方结束，迅速回位（图5-6-2）。

◀ 图5-6-1
握拍方法

东方式　　　大陆式　　　双手反握　　　西方式

◀ 图5-6-2
正手击球

2. 反手击球

动作要点：两脚开立稍宽于肩，两膝微屈，右手握拍，左手扶拍颈，转肩双手反握向后引拍，右脚向左前方跨步。蹬地转髋向前向上挥拍，拍面垂直于地面时击球，击球点稍前于右膝。击球后，球拍向右前方随挥，肘关节向前，手高于肩，迅速回位（图5-6-3）。

◀ 图5-6-3
反手击球

学练赛方法

（1）按口令正反手挥拍分解动作练习。

（2）自抛球、引拍、定点击球练习。

（3）两人一组，互抛球移动击球练习。

第六节　网球　147

（4）两人一组，隔网送底线球，正反手击球练习。

（5）两人一组，正反手击球比赛。

3. 正手截击

动作要点：两脚开立稍宽于肩，两膝微屈，右手大陆式握拍，左手扶拍颈。右转引拍，拍头翘起，手腕锁定。左脚向右前方跨出，拍面呈约45°斜面切击球。击球后球拍沿击球方向做短距离随挥，迅速回位（图5-6-4）。

▶ 图5-6-4
正手截击

4. 反手截击

动作要点：两脚开立稍宽于肩，两膝微屈，上体稍前倾，右手大陆式握拍，左手扶拍颈。左转引拍，拍头翘起，手腕锁定。右脚向左前方跨出，向下切击，左手自然后摆。击球后球拍沿击球方向做短距离随挥，迅速回位（图5-6-5）。

▶ 图5-6-5
反手截击

学练赛方法

（1）徒手动作模仿练习。

（2）多点抛、接球练习。

（3）网前正、反拍对颠球练习。

（4）规定区域正反手截击球练习。

（5）对墙截击球比赛。

> **运动安全**
>
> 打网球时，不要跨跳球网，避免摔伤。清理干净本方球场内的所有网球，避免踩球受伤。在球场内捡球时，注意观察，避免被飞球误伤。

（三）发球

动作要点：左脚尖对网柱，右脚平行于底线，右手大陆式握拍，左手持球并托拍。抛球同时将球拍摆至体后，肘部抬起，形成背弓。双腿蹬地，右臂向上伸，前臂内旋，在最高点击球后转体（图5-6-6）。

◀ 图5-6-6
发球

学练赛方法

（1）蹲或坐式，发球线后发球练习。

（2）不同距离的发球练习。

（3）对墙发球练习。

（4）设定内角、中点、外角三个规定区域发球练习。

（5）每人10球，左右区发球，看看谁的发球成功率最高。

（四）步法

1. 分腿垫步

在准备移动时，成两脚分立姿势，判断好来球方向后，双脚向前跃起，前脚掌着地后，向移动方向蹬地迈出。

2. 滑步

面对球网，两脚向左或向右平行移动。

3. 冲刺步

在击球过程中快速冲刺奔跑。

4. 跨步

支撑腿蹬地支撑，摆动腿向击球方向跨出一大步。

5. 小碎步

在击球之前为调整身体动作（重心）而使用的细微的步法。

专项体能

1. 利用网球场上的边线进行左右折返跑练习。
2. 向前、左右侧向跳跃练习。
3. 双手持实心球，左右移动模拟正反手挥拍练习。

第六节 网球 149

> **启思导练**
>
> 根据打法特点，网球选手可分为三种技术类型：底线型选手，正反手击球技术全面，体力充沛；发球上网型选手，第一发球强劲有力，网前截击技术出色；综合型选手，底线和网前技术均衡，能将两种打法灵活运用。你的打法最接近哪种类型呢？请给自己制订一个训练方案，逐步形成较为成熟的技术风格。

三、网球运动战术

网球比赛通常采用的战术有底线战术和挑高球战术（图5-6-7）。

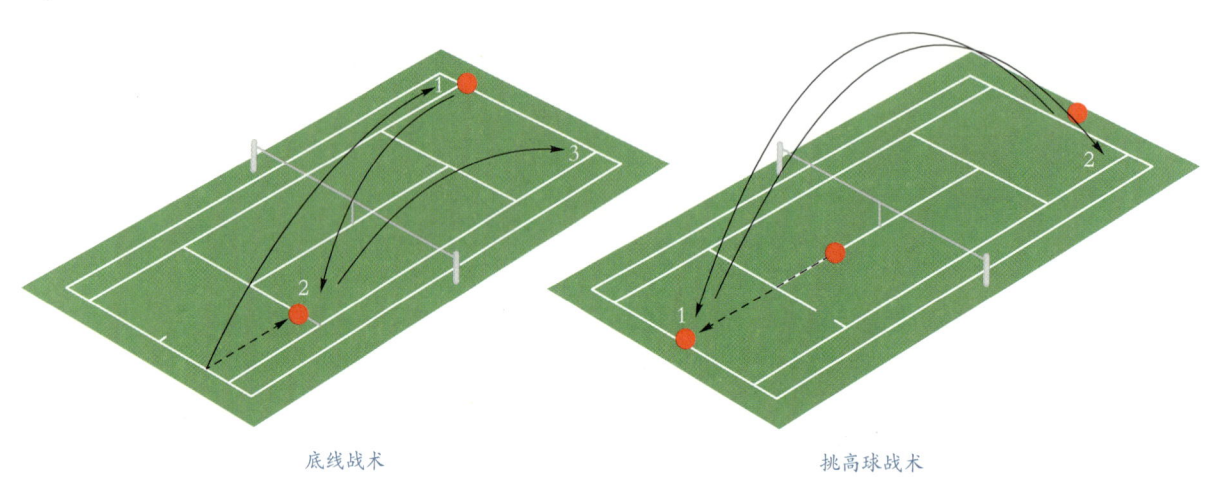

底线战术　　　　　　　挑高球战术

▲ 图5-6-7　网球运动战术

（一）底线战术

发球时，应从落点、力量和旋转等因素考虑如何实施底线战术。

（二）挑高球战术

挑高球战术就是向对方场地打出弧线较高的球，迫使对方回球时间延长，以达到进攻目的或获得充分的防守时间。

学练赛方法

（1）两人底线正反手直线练习。

（2）两人底线正反手斜线练习。

（3）两人一组，底线挑高球对练。

（4）四人一组，两人底线挑高球对练，两人网前伺机截击低球，前后两人交换位置练习。

（5）通过双打比赛运用底线战术和挑高球战术。

> **评一评**
>
> 两人一组，练习底线正反手击球，看看两人的回合数是否达到预定的目标，记录连续击球的回合数，对比前后数量是否有所增加。

体育之窗

打网球时，要灵活运用战术，如果对手靠近网前，可采用挑高球技术，将球打到底线附近；如果对手已经被逼出场外，可以依据底线策略打异侧落点；如果对手奋力回追重心靠前，则打重复落点。

走进运动场

网球场地主要有硬地、草地、红土三种。

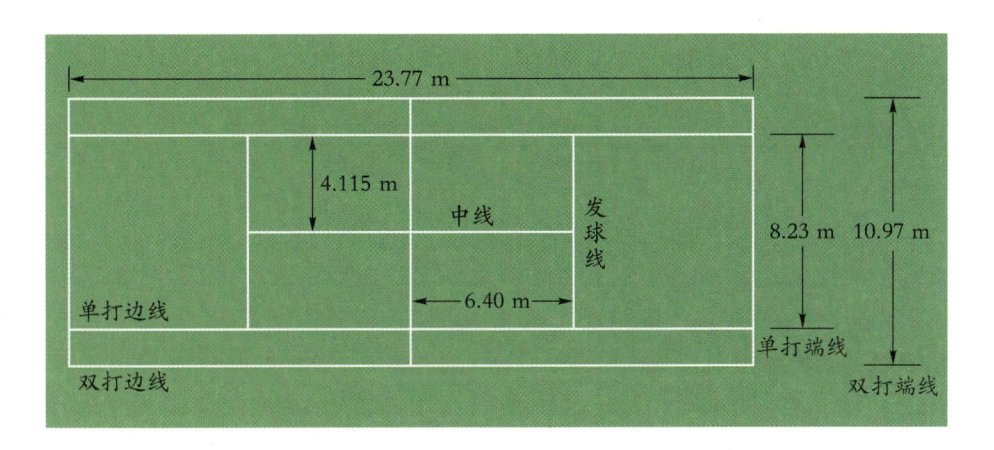

网球比赛每局第1分球记为15，第2分球记为30，第3分球记为40，每局比赛中至少比对手多2分球才能结束该局比赛。每局比赛中，第1分球在右区发，第2分球在左区发，依次往复交替。双方在每盘的第1、3、5等单数局结束后，以及每局结束双方局数之和为单数时交换场地。

体育礼仪

1. 当介绍双方运动员时，应鼓掌给予鼓励。文明参与现场互动，为双方运动员加油助威。

2. 理性面对胜负，控制情绪宣泄，避免不理智的行为。

3. 不携带危险物品观赛，不向场内投掷杂物。观赛后，不遗留垃圾，有序安全退场。

4. 如果有球打到观众席上，捡到球应及时归还赛场工作人员。

5. 网球比赛时，观众需保持安静，不可随意走动。鼓掌喝彩应在一分的比赛结束时。参加温布尔顿网球比赛的运动员必须穿着白色运动服。

励志人物

梅福基与朱振华二人幼年时期在网球场做球童时,就对网球世界充满了无限向往,靠着不断地摸索和实践自学成才,由小球童渐渐蜕变为网球高手。中华人民共和国成立后,上海组建网球队,梅福基与朱振华均顺利入选。1959年,梅福基和朱振华搭档赢得波兰索波特赛双打桂冠,这是新中国网球运动员所获得的第一个国际赛事冠军。退役后,他们都成为教练,培养了很多网球英才。从小球童到网球冠军,梅福基和朱振华用自己的坚忍和努力改写命运,同时将网球的薪火在中国大地上传递下去。

本章小结

本章学习了"三大球"和"三小球"的基本知识,重点围绕球类运动的技战术和基本规则进行讲解。希望你选择一个项目后,坚持学练,熟练掌握技术动作,巧妙地运用各种战术,通过参与比赛、欣赏比赛,逐步提高运动能力,并将之培养为日后的兴趣爱好,促进身体健康,更好地服务于社会。同时,了解球类运动发展过程中的大事件,学习优秀运动员展现出的合作意识、责任意识与集体主义精神。

第六章
体操运动

体操是通过徒手、持轻器械或借助器械进行各种身体操练的非周期性体育运动,主要包括基本体操、器械体操、技巧、韵律操、操舞等项目。体操运动已逐渐成为人们健身健美、塑造体形、预防与纠正脊柱弯曲、培养审美品位的重要手段,同时,这项运动也是培养勇敢自信、坚强果断的意志品质的重要手段。本章将介绍技巧、器械体操和啦啦操的基本知识和技术。

第一节 技巧

运动中国

中国国家体操队是中国体育军团的王牌之师,在2008年北京奥运会上,他们团结协作,勇夺9枚金牌,男女团体双双夺得冠军,成为历史上为中国奥运会代表团中夺得单届最多金牌的队伍,也是目前中国拥有最多奥运冠军荣誉的团队。竞技体操是我国的传统优势项目,国家培养出的大批奥运冠军和世界冠军,为祖国赢得了荣誉,向世界展示了中国力量。中国体育健儿的"体操精神"激励着每一个中国人在各自领域向世界一流冲刺,只要像体操健儿一样有敢于和世界最强挑战的勇气,在"日常训练"中求真务实练真功,那么我们在任何领域、任何重大"世界级竞技场"上都能胜出,都能获得世界无可争议的尊重。

学习目标

1. 了解体操技巧项目的基本知识、锻炼价值和技术要领,掌握技巧的基本技术动作和保护帮助的方法,提高身体的协调、控制能力,提升体能,形成正确的身体姿态,塑造健美体格。
2. 了解体操技巧项目的安全防护知识和方法,能有效地在运动中实施自我保护,避免出现意外伤害事故,并能把所学知识运用到未来的职业工作和生活中去。
3. 培养勇敢果断、不怕困难、互相合作的优秀品质。

大事记摘要

1 1881年7月,欧洲体操联合会成立,并于1921年4月更名为国际体操联合会,简称"国际体联"。

2 1896年,第1届雅典奥运会设立了鞍马、吊环、跳马、双杠、单杠和爬绳项目,且有男子体操比赛。

3 1932年,第10届洛杉矶奥运会,增设自由体操项目,竞技体操初具规模。

4 1936年,第11届柏林奥运会,增设女子体操比赛项目。

5 1953年,我国第一支国家体操队成立,共有21名运动员,其中男运动员11名,女运动员10名。

6 1956年,中国第一批体操运动健将(男8名、女8名)"诞生"。

7 1974年,第7届德黑兰亚洲运动会,体操首次被列为亚运会正式比赛项目。中国国家女子体操队为中国夺取首枚亚运会女子体操金牌。

8 1978年10月,中国体操协会加入国际体联。

一、认识技巧

技巧是指人在垫子上进行各种滚翻、翻腾、倒立、平衡等动作的项目。技巧中的支撑、翻滚等动作是人们在生活中常见的自我保护性动作。例如,当你走路不小心向前摔倒时,可以利用技巧中的团身滚翻动作来保护自己,降低损伤程度。

科学地学练技巧项目能够增强关节、韧带的柔韧性和骨骼力量,促进力量、速度、灵敏、柔韧等身体素质的发展,提高动作的协调性、连贯性,增进健康,培养勇敢、顽强和勇于克服困难的意志品质,提高与他人互相合作和交往能力。

> **运动安全**
>
> 1. 做各种滚翻动作之前,应充分活动腕、颈、肩等部位,防止肌肉、韧带拉伤。
> 2. 在学练新动作初期,必须在保护与帮助下完成动作。

第一节 技巧

二、技巧技术

（一）鱼跃前滚翻

动作要点：由半蹲两臂后摆姿势开始。两臂积极前摆，同时两脚蹬地向前上方跃起，稍提臀。双手撑地后屈臂缓冲，低头顺势前滚翻（图6-1-1）。

▶ 图6-1-1
鱼跃前滚翻

保护与帮助：保护者站在练习者侧前方，当其跃起时，一手托其腹部，一手托其大腿顺势前送。

学练赛方法

（1）远撑前滚翻练习。用醒目的标记物提示每次前滚翻的远撑点。

（2）逐步加大蹬地与摆臂的力量，由远撑前滚翻过渡到轻轻跃起的鱼跃前滚翻。

（3）在保护帮助下练习鱼跃前滚翻或在保护下独立练习鱼跃前滚翻。

（4）跃过一定高度障碍的鱼跃前滚翻练习。

（5）根据自身能力挑战不同难度的鱼跃前滚翻。

（二）直腿后滚翻

动作要点：从站立姿势开始，上体前屈，直腿后坐，两手在大腿两侧用力撑垫缓冲，然后迅速后倒举腿翻臀，脚贴垫子，同时两手在肩上用力推垫子，滚翻经屈体立撑成直立姿势（图6-1-2）。

保护与帮助：保护者站在练习者侧后方，在其翻臀时，两手扶髋上提助其翻转。

① ② ③ ④ ⑤

◀ 图 6-1-2
直腿后滚翻

学练赛方法

（1）由直腿坐开始，后倒举腿翻臀练习。

（2）从体前屈开始，直腿后滚翻成分腿立撑练习。

（3）用垫子搭成斜坡，从高到低做直腿后滚翻练习。

（4）在保护帮助下完整动作练习。

（5）班级展示赛。根据自身能力选择不同难度动作进行展示。

（三）侧手翻

动作要点：由站立开始，双臂向前上方摆起，同时蹬地摆腿，收腹，目视前方，手脚成一条直线。分腿倒立，身体翻转成一垂面，两手依次用力推撑垫子或地面，起立控腿完成侧开立（图6-1-3）。

① ② ③

④ ⑤ ⑥

◀ 图 6-1-3
侧手翻

保护与帮助：保护者站在练习者侧后方，在其踢腿时，两手扶腰，助其至倒立。侧倒落地时，两手顺势交叉上托助其起立成分腿站。

第一节 技巧 157

> **体育之窗**
>
> 日常生活中,我们长时间采用直立的姿势容易导致下肢疲劳。经常练习倒立可以使下肢血液回流,缓解下肢疲劳,还可以有效增强上肢和肩带的力量,提高空间定向能力和平衡能力。

学练赛方法

(1)靠墙手倒立、分腿手倒立练习。

(2)在保护帮助下练习手倒立—分腿倒立—侧翻成分腿站立动作。

(3)在保护帮助下练习侧手翻(不翻过)成分腿倒立,体会侧手翻时身体在空中的动作过程。

(4)在保护帮助下完整动作练习。

(5)在地上画一条直线,完成侧手翻后,看看是不是手脚在一条直线上。

(四)肩肘倒立—经单肩后滚翻成单膝跪撑平衡

动作要点:从肩肘倒立开始,头经单肩向后滚动,两手及时在肩后撑地。一腿屈膝跪撑,另一腿后举,两臂撑直成单膝跪撑(图6-1-4)。

保护与帮助:保护者站在练习者侧后方,一手托高举腿后送,另一手托肩,帮助翻转。

▶ 图6-1-4
肩肘倒立—经
单肩后滚翻成
单膝跪撑平衡

① ② ③

学练赛方法

(1)明确翻转肩和屈头方向,进行屈臂手和跪撑腿的练习。

(2)由直腿坐开始,反复练习后倒头侧屈、伸臂、撑手动作。

(3)由肩肘倒立开始,练习分腿、伸臂、头侧屈动作。

(4)完整动作练习,比一比谁的动作最协调、最优美。

专项体能

1. 手倒立练习。
2. 并腿、分腿体前屈练习。

启思导练

在教师或同伴的保护与帮助下练习技巧动作，不仅能帮助你克服胆怯的心理，而且能让你更快地掌握动作要点。你是否学会了保护与帮助的方法呢？练习时你能和同伴互相保护与帮助吗？

评一评

根据所学技巧动作并结合初中所学的技巧动作，自编，或以小组为单位创编一套包含3个以上技术动作的组合，并进行展示。

第二节 器械体操

运动中国

中国体操是世界体操的一项桂冠，被誉为"亚洲体操乡""世界冠军摇篮"的湖北省仙桃市是这项桂冠上一颗耀眼的明珠。仙桃是一座美丽的花园之城，更是一座充满活力的体育之城、运动之城、冠军之城。仙桃市为国家选拔、培养、输送了大批优秀体操运动员和体育人才，李小双、李大双、杨威、郑李辉、廖辉等体坛名将就是其中的杰出代表，他们在国内国际比赛中取得了辉煌成就，创造了世界体坛神话，在中国体育事业发展史上留下了浓墨重彩的一笔。站在新的历史起点，众多像仙桃一样的城市，正在从重视竞技体育发展，到推广全民健身，续力奋发，为谱写体育强国新篇章而努力着。

学习目标

1. 了解器械体操的基本知识和锻炼价值，掌握器械体操的基本动作和保护帮助的方法，提高爆发力、协调、灵敏及平衡能力，并能把相关技能运用到生活及体育运动中。
2. 能用保护与帮助的方法进行自我保护及保护同伴，提高自我安全与防范意识，并能指导未来工作、生活中的体育锻炼，促进健康。
3. 培养勇敢、果断的意志品质，学会与他人合作。

大事记摘要

1 | 1953年，第1届全国田径·体操·自行车运动会，首次将体操列入全国性比赛。

2 | 1960年，刘长胜获得社会主义国家友军体操锦标赛跳马冠军，是第一位在大型国际体操比赛中获得单项冠军并奏响中国国歌的运动员。

3 | 1979年，第20届体操世锦赛，马艳红夺得高低杠冠军，是中国历史上第一个体操冠军。

4 | 1984年，第23届洛杉矶奥运会，李宁夺得鞍马、吊环和自由体操冠军，是我国第一位在奥运会上一人独得3枚金牌的运动员。

5 | 2000年，第27届悉尼奥运会，中国国家男子体操队获得团体冠军。

6 | 2006年10月18日，中国国家女子体操队在第39届世界体操锦标赛中夺得女子团体冠军。这是中国国家女子体操队第一枚世界团体金牌。

7 | 2008年，第29届北京奥运会，中国国家女子体操队夺得首枚奥运会体操女团金牌。这是中国体操历史上首次实现大满贯。

8 | 2014年，第45届世界体操锦标赛，中国国家男子体操队实现六连冠。

一、认识器械体操

器械体操是利用规定的器械，在悬垂或支撑状态下，利用身体各关节的屈伸完成各种静力性、动力性动作的项目。常用的器械有单杠、双杠、吊环、鞍马、平衡木、高低杠、跳马、跳箱、跳山羊等。

经常参与器械体操运动，可以有效地提高中枢神经系统的控制能力，促进身体的力量、柔韧、协调和灵敏素质的发展。通过器械体操运动可以展示人的形态和动作，表达情感和情绪，可以加强对身体美、动作美和形体美的感知、鉴赏与创造，并提高反应能力和判断能力。

体育之窗

现代奥运会竞技体操比赛中，男子体操比赛共有6个项目：自由体操、鞍马、吊环、跳马、双杠和单杠。女子体操比赛共有4个项目：跳马、高低杠、平衡木和自由体操。在2000年第27届悉尼奥运会上，蹦床被列为正式比赛项目。

二、器械体操技术

（一）支撑跳跃

支撑跳跃是人通过双臂支撑完成超越器械的一种技术动作，基本技术包括助跑、上板、踏跳、第一腾空、推手、第二腾空、落地。这里主要介绍横箱分腿腾越。

动作要点：双脚前脚掌上板踏跳后，两手前摆顶肩推手，提臀分腿，跃过器械，平稳落地（图6-2-1）。

▶ 图6-2-1
横箱分腿腾越

保护与帮助：保护者站在器械远端练习者落地点一侧，面向练习者前后分腿站立，在其撑器械后，双手握其上臂顺势提拉过器械。保护者的两腿也随之后退至练习者落地处。

学练赛方法

（1）原地连续分腿跳、分腿立卧撑练习。做分腿立卧撑时，要求两脚落在两手的延长线上，脚落地前两臂顶肩推离地面，抬起上体。

（2）在低山羊上做分腿腾越，逐渐升高山羊。在山羊两侧加横杆，逐渐升高至山羊面。

（3）在保护与帮助下做分腿腾越。

（4）在安全的情况下，比一比谁能做出第二腾空，且动作最优美。

启思导练

支撑跳跃中，双手支撑时，直臂顶肩、短促有力的推手技术非常重要，它能使已腾起的身体再一次获得支撑反作用力，进入第二腾空把身体腾得更高更远，更充分地完成空中动作。你是否已感受到了它们的重要性？赶快体会一下吧。

（二）双杠

双杠技术是在两臂的支撑、悬垂状态下，在双杠上身体完成摆动、屈伸、转体、滚翻、回环等动作的技术。

1. 分腿坐—前滚翻成分腿坐

动作要点：由分腿坐开始，两手靠近大腿握杠，上体前倾，顺势提臀、收腹、团身，杠上做前滚翻，当臀部移过垂直位置时，两手迅速换握杠，两腿迅速分开压杠，两臂撑起成分腿坐（图6-2-2）。

保护与帮助：保护者站在练习者的侧前方，在其前倒提臀时，一手托其腿帮助提臀，另一手在杠下托肩。在其换握时，换托其腰背。可由两人托腿托肩。

◀ 图6-2-2 分腿坐—前滚翻成分腿坐

学练赛方法

（1）垫上分腿站立，前滚翻成分腿坐练习。

（2）屈体分肘挂臂撑，前滚压起成分腿坐练习。

（3）杠上分腿坐，收腹提臀练习。

（4）在低双杠上利用保护带或放垫子，做前滚翻成分腿坐练习。

（5）完整动作练习，比一比谁的翻滚最流畅、最圆滑。

2. 支撑前摆向内转体180°下

动作要点：以向左侧下杠为例。前摆过杠下垂面后，向左前上方越出杠外，接近最高点时，两臂依次撑顶离杠，同时伸腿转髋带动身体左转180°，挺身落下（图6-2-3）。

保护与帮助：保护者站在练习者的左侧方，在其伸腿转髋时，两手扶其髋部搓转。

◀ 图6-2-3 支撑前摆向内转体180°下

第二节 器械体操 163

评一评

以小组为单位，选择一个所学动作或一套组合动作进行展示，轮流进行保护与帮助。展示后，既要评价动作的完成质量，也要考评保护与帮助方法的掌握情况。

学练赛方法

（1）左腿站立，右腿前摆向左转体180°成并脚站。

（2）由地面仰撑开始，做推手转体180°成俯撑练习（可以把脚放在二级跳箱上）。

（3）支撑摆动前摆挺身下练习。

（4）低杠上练习支撑前摆向内转体90°。

（5）根据自身能力选择独立或在帮助下做完整动作。比一比谁的前摆高度最高、下法最协调。

专项体能

1. 双杠臂屈伸。
2. 双杠支撑移行。

运动安全

1. 支撑摆动练习时不能低头，否则容易掉下杠。
2. 在任何时候练习都需要在保护或帮助下进行。
3. 练习时，不能互相嬉戏打闹，以防出现意外。
4. 练习前要仔细检查场地和器材的安全性。

第三节 啦啦操

运动中国

20世纪90年代，啦啦操进入中国，啦啦操运动员在场上热情奔放、阳光向上的表现，给许多中国人留下了深刻的印象。随后，在2010年，啦啦操成为国家体育总局体操运动管理中心的官方项目，该项目具备的团队精神、协作精神、大局意识，使其获得全国校园体育的青睐，成为大、中、小学受追捧的项目之一。

啦啦操进入中国的二十多年间，在党和国家的大力支持下，在众多专业运动队、运动员、教练员的努力下，在人民群众的广泛参与下，啦啦操在中国大地上展现出独特的运动魅力和体育精神。近几年，我国在世界啦啦操锦标赛中，一直秉持"团队、自信、卓越"的参赛宗旨，频频喜获佳绩，让越来越多的人认识到这项运动能够伴随人的一生，让人在团队中成长，在协作中蜕变，受益终身。

学习目标

1. 了解啦啦操运动的基本知识、锻炼价值和技术要领，掌握啦啦操运动的基本技术和组合动作练习方法，能够在音乐伴奏下完成4个8拍的基本技术动作组合。在学练中提高有氧运动能力与体能水平，并运用到校内与校外比赛中。学会欣赏啦啦操比赛。
2. 掌握啦啦操运动的安全知识，并能指导学习、生活中的体育锻炼，促进身心健康。
3. 培养自主学习能力和团结协作意识，提高表现力、审美能力和自信心。

大事记摘要

1 19世纪80年代，啦啦操起源于美国的大学校园。

2 21世纪初，啦啦操传入我国。

3 2001年，我国举办首届全国大学生啦啦操锦标赛。

4 2001年11月，第1届世界啦啦操锦标赛在日本东京举行。

5 2008年，我国举办第1届全国啦啦操锦标赛。

6 2009年，我国正式开展全国啦啦操联赛。

7 2018年，首届中国啦啦操文化节举行。

8 2021年，第138届国际奥委会执委会召开，宣布给予国际啦啦操联合会授予完全承认的国际地位。

一、认识啦啦操

啦啦操是在音乐的伴奏下，集体完成基本手位、基本步法、难度动作、过渡配合等内容，展示团队运动技术与技巧，体现团队精神与集体荣誉感的一项体育运动。啦啦操的特点是：通过肢体动作短暂加速、制动定位来实现特有的力度感；动作完成干净利落，具有清晰的开始和结束；在运动过程中，强调人体重心稳定、移动平稳，身体控制精准、位置准确。

经常参与啦啦操运动，可以提高心肺功能、反应能力，提升节奏感和表现力。在团队协作氛围中，可以培养团队合作的责任感，体验与他人合作获胜的荣誉感；同时，还能启发思维，提高创编能力、审美能力和展现美的能力，从而达到强身健体、锤炼心理素质的目的。

二、花球舞蹈啦啦操技术

花球舞蹈啦啦操技术动作特点是：重心稳、移动快，手臂发力迅速，位置准确，手臂动作要保持在视线范围内。

（一）基本手形

花球舞蹈啦啦操的手形主要有以下6种。

1. 并拢式

五指伸直，相互并拢。拇指微屈，指关节贴于食指旁。

2. 分开式

五指用力伸直，充分张开。

3. 芭蕾手式

五指微屈，后三指并拢、稍内收，拇指内扣。

4. 拳式

握拳，拇指在外，指关节弯曲，紧贴于食指和中指之间。

5. 立掌式

五指伸直，手掌用力上翘。

6. 西班牙舞手式

五指用力，小指、无名指、中指自掌指关节处依次屈，拇指稍内扣。

> **运动安全**
> 1. 练习难度动作时，注意力要高度集中。
> 2. 动作幅度和强度要遵守循序渐进原则，逐步增加身体负荷。

（二）36个基本手位

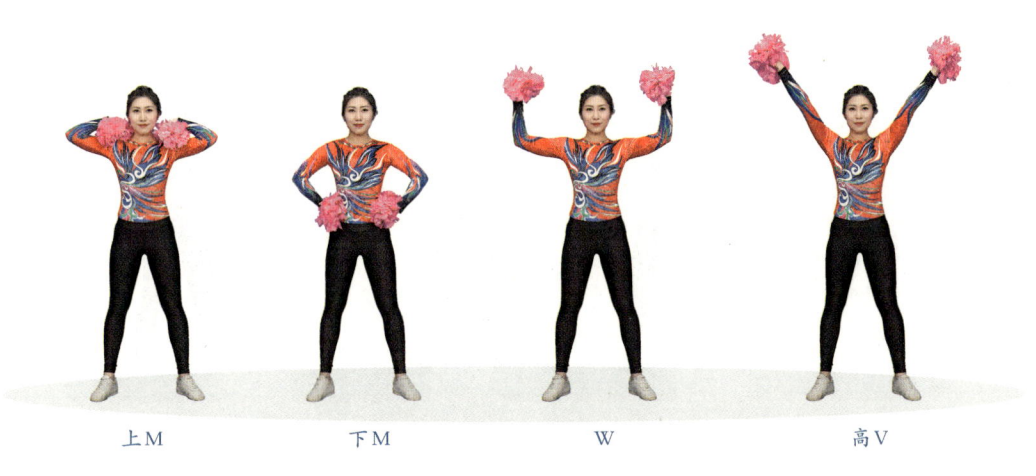

花球舞蹈啦啦操上肢动作有36个基本手位（图6-3-1）。学练的基本要求是以肩关节为固定点，手臂快速摆动至相应位置，及时制动，保持躯干稳定。

上M　　　下M　　　W　　　高V

低V	T	斜线	短T
高X	前X	屈臂X	X
上A	下A	加油	上H
下H	小H	L	倒L

| K | 侧K | R | 弓箭 |

| 小弓箭 | 短剑 | 高冲拳 | 斜下冲拳 |

| 斜上冲拳 | 侧上冲拳 | 侧下冲拳 | 低X |

| 屈臂H | 后M | O | 前H |

◀ 图6-3-1
36个基本手位

学练赛方法

（1）2拍或4拍一动，练习36个基本手位。

（2）在音乐伴奏下，反复进行36个基本手位练习。

（3）手臂快速摆动至基本手位，以肩关节为固定点，保持躯干稳定。

第三节 啦啦操　169

（4）手握哑铃快速摆动至精确位置，进行36个基本手位练习。

（5）两人一组，进行36个基本手位比赛。

> **体育之窗**
>
> 啦啦操具备较强的观赏性、参与性和娱乐性。啦啦操分为技巧啦啦操和舞蹈啦啦操两个大项，技巧啦啦操包括集体技巧啦啦操、五人配合技巧啦啦操和双人配合技巧啦啦操；舞蹈啦啦操包括花球舞蹈啦啦操、爵士舞蹈啦啦操、街舞舞蹈啦啦操和自由舞蹈啦啦操。
>
> 学练花球舞蹈啦啦操时，应选择节奏强劲有力、动感欢快的音乐，这样才能体现出花球舞蹈啦啦操的特点。通常选用爵士音乐和迪斯科音乐。

（三）12个下肢基本步法

花球舞蹈啦啦操的基本步法（图6-3-2）要求人在做动作时，在最短时间内到达指定位置，每个步法清晰、有力，身体的重心始终保持平稳。

并腿站　　开腿站　　弓箭步　　侧弓步

锁步　　开合步　　弓步　　吸腿

弹踢　　侧弹踢　　垫步　　后踢

▶ 图6-3-2
12个下肢基本步法

学练赛方法

（1）2拍或4拍一动，分解练习12个下肢基本步法。

（2）喊口令进行12个下肢基本步法练习。

（3）在慢节奏音乐配合下，原地重复进行12个下肢基本步法练习。

（4）在快节奏音乐配合下，行进间进行12个下肢基本步法练习。

（5）两人一组，在音乐伴奏下，进行12个下肢基本步法比赛。

（四）难度动作

花球舞蹈啦啦操的难度动作分为三类。跳步类：垂直跳、吸腿垂直跳、跨跳、分腿跳、团身跳、C跳和击腿跳；转体类：垂直跳转180°；平衡与柔韧类：吸腿平衡、侧搬腿平衡、侧倒地踢腿、纵劈腿、连续大踢腿和连续吸踢腿等（图6-3-3）。

垂直跳　　吸腿垂直跳（左右腿交换）　　跨跳

分腿跳　　团身跳　　C跳　　击腿跳

（1）　（2）　（3）　（4）

垂直跳转180°

第三节　啦啦操　171

吸腿平衡　　　　　侧搬腿平衡　　　　　侧倒地踢腿

纵劈腿　　　　　（1）　　　（2）
连续大踢腿

▶ 图6-3-3
难度动作

（1）　　　（2）　　　（3）　　　（4）
连续吸踢腿

学练赛方法

（1）扶把杆单脚提踵、前举腿练习。

（2）不把杆吸腿练习。

（3）单手扶把杆至脱把杆练习180°的挥鞭转体动作。

（4）立转、单足转体360°、挥鞭转、抱腿转等练习。

（5）两人比赛，看谁转的圈数多，动作规范。

专项体能

1. 手倒立。
2. 负重直臂上举练习。
3. 负重上踢腿练习。
4. 单足吸腿、搬腿、控腿练习。

（五）创编组合动作示例

1. 第1个8拍组合动作

花球舞蹈啦啦操第1个8拍组合动作（图6-3-4）。

图6-3-4 第1个8拍组合动作

预备姿势：双脚并拢，两臂体侧自然下垂。

1拍：左脚踏步，双手伸直举过头顶。

2拍：右脚踏步，双臂成大T。

3-4拍：双脚跳跃打开成半蹲，双手放在膝关节上，双肘架起。

5-6拍：身体向右转体90°，左腿单膝跪地，双臂成侧K。

7-8拍：双脚跳跃收回并拢，两臂体侧自然下垂。

2. 第2个8拍组合动作

花球舞蹈啦啦操第2个8拍组合动作（图6-3-5）。

▲ 图6-3-5 第2个8拍组合动作

1拍：左后踢腿跳，双臂胸前水平举。

2拍：右后踢腿跳，左臂保持不动，右臂斜上举。

3拍：左后踢腿跳，右臂收回胸前，左臂斜上举。

4拍：双脚跳跃收回并拢，双臂收至小A（加油）。

5-6拍：左脚向前，单膝跪地，双臂成高V。

7-8拍：双脚并拢，两臂体侧自然下垂。

3. 第3个8拍组合动作

花球舞蹈啦啦操第3个8拍组合动作（图6-3-6）。

图6-3-6 第3个8拍组合动作

1拍：双脚踏步，左臂屈向左伸出，右臂屈置于腰侧或腹前。

2拍：双脚踏步，右臂屈向右伸出，左臂屈置于腰侧或腹前。

3-4拍：按照1-2拍的步骤，双手来回交替3次。

5拍：右脚向右迈出一步，双臂成小T。

6拍：双脚保持不动，双臂成高V。

7拍：双脚保持不动，双臂成大T。

8拍：还原成直立。

4. 第4个8拍组合动作

花球舞蹈啦啦操第4个8拍组合动作（图6-3-7）。

1-2拍　　　　　　　　3-4拍　　　　　　　　5拍

6拍　　　　　　7拍　　　　　　8拍　　　　　　结束动作

◀ 图6-3-7
第4个8拍组合动作

1-2拍：双脚跳起打开，双臂成高V。

3-4拍：双脚保持不动，双臂成小A（加油）。

5拍：身体向右转体90°，右弓步，双臂成侧K。

6拍：身体保持不动，双腿并拢下蹲，双臂成小A（加油）。

7拍：向上分腿跳，双臂成高V。

8拍：双腿落地还原并拢下蹲，双臂成小A（加油）。

结束动作：双脚跳跃打开，手臂成高冲拳。

注：第5-8个8拍动作相同，方向相反。

学练赛方法

（1）利用橡皮筋辅助进行手位组合练习。

（2）变换节奏的下肢动作练习。

（3）步法组合重复练习。

（4）每4个8拍重复练习。

（5）在音乐伴奏下，完整练习，比一比谁跳得有力度、有感染力。

启思导练

跳花球舞蹈啦啦操时，人体通过肢体动作"发力快、路线短、制动脆、定位准"来实现特有的力度感。在学习中，你存在哪些不足？为自己制订一个训练计划赶快进行练习吧。

评一评

根据所学基本手位、基本步法和组合动作，在教师的指导下，以班级为单位创编一套8个8拍技术组合，进行展示，相互评价，看哪组完成得更好。

第三节　啦啦操　175

走进运动场

体操运动中，运动员通过腾跃、旋转等复杂、协调的动作来展示人体的力量美、形体美、韵律美。可以说，"美"是体操运动的最高境界，是体操运动的灵魂和魅力所在。欣赏体操比赛时，要注重欣赏运动员成套比赛动作展现出的人体美，进而感受其中蕴含的体育精神。例如，啦啦操是具有高度艺术表演性的运动项目，运动员以其丰富的身体语言，展现了力量美，如男性运动员肌肉线条明显，体型匀称；女性运动员身体曲线分明，比例匀称，形态优美。同时，向观众传达了健康乐观、积极向上、不懈奋斗的态度和精神面貌。

体育礼仪

1. 在比赛过程中，运动员成功地完成难度动作或整齐划一的队形变化时，观众都应该热情地用掌声给予鼓励。

2. 运动员做动作时，应全神贯注地观看，不要鼓掌加油，不要欢呼，更不要喊运动员的名字。

3. 当你认为有裁判不公的现象时，不要起哄，不要冲动，要克制自己的情绪。

励志人物

陆恩淳是中华人民共和国成立后的第一批体操运动员、第一任国家体操队队长、中国第一个自由操全国冠军获得者、中国第一批持有国际裁判员证书的体操国际裁判。1958年开始担任中国国家体操队教练员，为祖国培养出了多位耳熟能详的体操世界冠军。他和所有的老体育人一起，为我国体育事业做出了巨大贡献。并且他不忘初心，退休后，通过千余件体育收藏品来宣传、弘扬中国体操队艰苦奋斗、顽强拼搏、为国争光、永不放弃的体育精神。

本章小结

本章学习了技巧、器械体操、啦啦操的基本知识和技术。攀爬、支撑、悬垂、鱼跃等体操技能在生活中处处存在，啦啦操运动可以极大地丰富人们的休闲时间。学练体操运动，不仅能提高身体定向、控制和平衡等能力，展现人体美，还能使你更加灵巧、更加强健、更加自信，充满活力，这些都将为你未来的职业生涯打下健康坚实的身心基础。同学们，请继续坚持学练你喜欢的体操运动项目，使自己的生活更加丰富多彩吧！

第七章
冰雪运动

人们在冰雪环境里进行的运动被称为冰雪运动，冰雪运动内容形式多样，一般可以分为冰上运动和雪上运动两大类。在校园体育教学中常见的有速度滑冰、冰球、花样滑冰等。人长期在寒冷环境中运动，可以有效提高心血管系统、呼吸系统和神经系统的机能，帮助身体适应低温天气。

在国家的大力支持和推广下，尤其是2022年北京冬奥会的成功举办，冰雪运动在大众中的普及程度越来越高，范围越来越广泛，更多的人享受到了冰雪运动的乐趣和对健康的促进效用。同时，我国冬季项目得到较充分发展，竞技成绩有了长足进步，和夏季项目共同走向了高质量发展和平衡发展的道路。本章将介绍速度滑冰、高山滑雪和冰球的基本知识和基本技术。

第一节 速度滑冰

运动中国

在申办北京冬奥会过程中，中国做出"带动三亿人参与冰雪运动"的庄严承诺。借助北京冬奥会的重大机遇，中国努力克服南北气候差异明显、冰雪资源分布不均等不足，坚持以人民为中心，努力使冰雪运动参与人群从小众走向大众，参与空间从区域走向全国，参与时间从冬季变为全年。如今，各地群众性冰雪运动已蓬勃开展，这一承诺已经实现，成为"健康中国"亮丽的风景线，也是北京冬奥会最大遗产成果。

学习目标

1. 了解速度滑冰的基本知识和锻炼价值，掌握基本技术、安全保护方法，学会欣赏速度滑冰比赛。
2. 通过学练速度滑冰，学会适应在寒冷环境中进行锻炼，提升身心健康水平。
3. 培养锐意进取、超越自我等意志品质和精神。

大事记摘要

1. 1892年，国际滑冰联盟成立。1956年，中国加入国际滑冰联盟。

2. 1924年，第1届夏蒙尼冬奥会，速度滑冰被列为正式比赛项目。

3. 1960年，女子速度滑冰被列入冬奥会正式比赛项目。

4. 1980年，第13届普莱西德湖冬奥会，中国首次出席，共派出28名运动员，参加了滑冰、滑雪、现代冬季两项的18个单项比赛。

5. 1990年，王秀丽取得世界女子速滑锦标赛1 500 m速滑第一名，成为中国首位女子速滑世界冠军。

6. 1992年，第16届阿尔贝维尔冬奥会，中国队获得了女子速滑500 m和速滑1 000 m两枚银牌。这是中国人第一次登上冬季奥运会的领奖台。

7. 2002年，第19届盐湖城冬奥会，中国队队员杨扬获得短道速滑女子500 m决赛冠军，实现了中国人在冬季奥运会历史上金牌零的突破。

8. 2022年，第24届北京冬奥会，中国队队员高亭宇以34.32 s的成绩获得速度滑冰男子500 m比赛冠军，并刷新奥运纪录，实现了中国男子速滑奥运金牌零的突破。

一、认识滑冰运动

滑冰是人脚穿冰鞋在冰面跑道上滑行竞速，或做出各种动作的项目。滑冰可分为短道速滑、速度滑冰、花样滑冰等，其中，速度滑冰是滑冰运动中历史最为悠久、开展最为广泛的项目，简称速滑。这是一项在400 m赛道上较量滑行速度的冰上体育运动，是冬季奥运会的正式比赛项目。速度滑冰分短距离、中距离、长距离和全能四种比赛项目，每种均分男女组。

滑冰运动技术要求高，速度快，竞争性强，具有较强的观赏性。经常滑冰，能够促进心血管系统与呼吸系统机能的改善，加强身体代谢功能，增强腿部、臂部、腰腹部等部位肌肉的力量和各部位关节的灵活性和柔韧性，可以提高人体平衡能力。

二、速度滑冰运动技术

（一）基本姿势

动作要点：屈膝下蹲，两手互握置于背后，上体前倾，髋、膝、踝关节呈屈曲状态（图7-1-1）。

◀ 图7-1-1
基本姿势

（二）单支撑蹬冰

单支撑蹬冰是身体随着重心移动，在冰面上交替蹬冰的动作。

动作要点：左脚支撑，右腿前摆，左脚冰刀内刃压冰。收左腿，右脚支撑滑行。左腿前摆，右脚冰刀内刃压冰。收右腿，左脚支撑滑行。左右脚交替滑行（图7-1-2）。

◀ 图7-1-2
单支撑蹬冰

> **启思导练**
>
> 良好的平衡能力有助于我们学练速度滑冰。初学时，可以在地面上进行模仿蹬地收腿、单脚支撑等动作的练习，还可以借助单排轮滑鞋在硬地上模拟练习。你还知道哪些提高平衡能力的练习方法呢？

（三）摆臂

动作要点：两臂前后加速摆动、与双腿协调配合是滑行的基础技术。摆臂的力量、幅度要与腿部动作及滑跑速度、方向一致（图7-1-3）。

摆臂的前高点　　　　　　摆臂的下垂点　　　　　　后摆的后高点

◀ 图7-1-3
摆臂

（四）内八字停止

动作要点：在准备停止时，上体稍前倾，两腿微屈，两膝逐渐并拢内扣，上体稍后坐，重心下降，用两刀内刃压冰，刀跟逐渐分开呈"八"字（图7-1-4）。

学练赛方法

（1）地面双脚支撑基本姿势练习。

（2）地面单脚支撑平衡练习。

（3）地面蹬冰与摆臂协调配合练习。

（4）冰面站立行走练习。

（5）冰面单脚支撑平衡练习。

▲ 图7-1-4　内八字停止

专项体能

1. 连续蛙跳练习。
2. 平地上负重交替单腿支撑滑行练习。
3. 冰上单支撑滑行练习。

体育之窗

初学者在冰面摔倒是很正常的，滑冰时不应害怕或过于紧张，否则更容易使身体失去平衡而摔倒。当你感觉即将失去平衡时，应迅速降低身体重心，低头团身顺势向侧面摔倒，尽量让更多的身体部位与冰面接触以增大摩擦力，减少冲击力。摔倒后慢慢站起来。

第一节　速度滑冰　181

> **运动安全**
>
> 滑冰时,要穿有弹力、保暖的运动服。身上不带任何硬器和尖物。选择适合自己尺码的冰鞋。初学者应在内场顺时针学练滑行技术,注意滑行安全。

走进运动场

中国国家速滑馆,又称"冰丝带",是冬季奥运会上第一个使用二氧化碳作为制冷剂的速度场馆,承担了2022年北京冬奥会速度滑冰项目的比赛,产生了14块金牌,是冬奥会产生金牌数量最多的单个场馆。

速度滑冰比赛时,每组有2名运动员参赛。两条赛道中,内道起跑的运动员滑行到换道区时须换到外道滑跑,外道运动员则须换到内道滑跑。换道时,为了避免运动员之间的冲撞,外道选手拥有换道优先权,如选手在换道时发生冲撞,则判内道选手失去比赛资格。在比赛过程中,运动员可随时超越对手,但不能采取非法手段,如故意推挤对手、偷跑等。

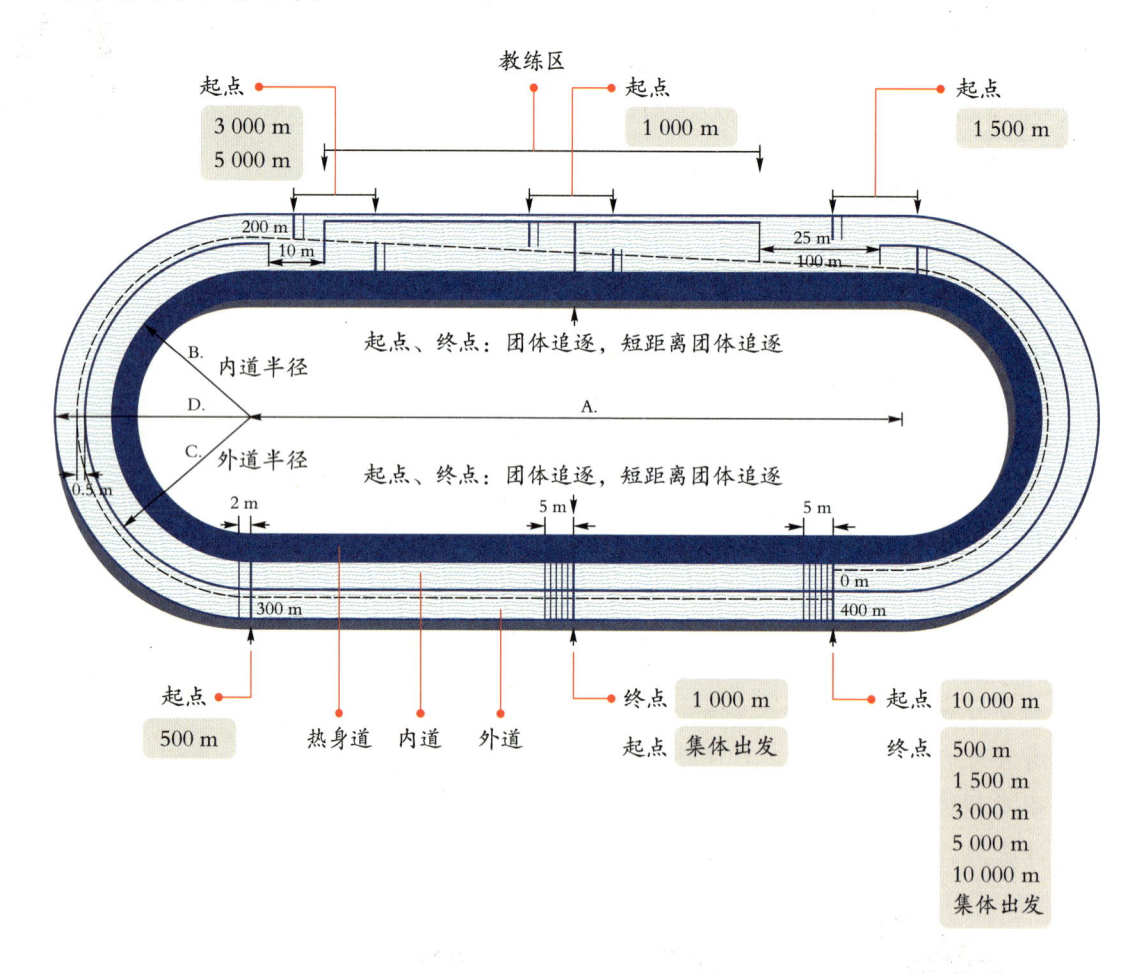

182　拓展篇　第七章　冰雪运动

第二节 高山滑雪

运动中国

2017年12月15日，2022年北京冬奥会会徽、北京冬季残奥会会徽公布。北京冬奥会会徽"冬梦"将中国传统文化和奥林匹克元素巧妙结合，以汉字"冬"为灵感来源，图形上半部分展现滑冰运动员的造型，下半部分展现滑雪运动员的英姿，中间舞动的线条流畅且充满韵律，代表举办地起伏的山峦、赛场、冰雪滑道和节日飘舞的丝带，为会徽增添了节日欢庆的视觉感受，也象征着北京冬奥会在中国传统节日春节期间举行。会徽运用中国书法的艺术形态，将东方文化底蕴与国际化的现代风格融为一体，呈现出新时代中国的新形象、新梦想。北京冬季残奥会会徽"飞跃"的设计展现了汉字"飞"的动感和力度，巧妙地幻化成一个向前滑行、冲向胜利的运动员，同时形象地表达了轮椅等残奥会特殊运动器械。会徽上半部分线条刚劲曲折，下半部分柔美圆润，寓意运动员经过顽强拼搏，最终达到目标获得圆满成功。会徽展现了运动员不断飞跃、超越自我、奋力拼搏、激励世界的冬残奥会精神。

学习目标

1. 了解高山滑雪运动的基本知识和锻炼价值，掌握基本技术、安全保护方法，学会欣赏高山滑雪比赛。
2. 通过学练高山滑雪，学会适应在寒冷环境中进行锻炼，提升身心健康水平。
3. 培养勇于挑战、不畏艰难的精神，贴近自然，领悟人与自然和谐相处的理念。

大事记摘要

1 1924年，国际滑雪联合会成立。

2 1924年，第1届夏蒙尼冬奥会，越野滑雪被列为正式比赛项目。

3 1979年，中国加入国际滑雪联合会。

4 1992年，第16届阿尔贝维尔冬奥会，将自由式滑雪中的雪上技巧（男女）列为正式比赛项目。

5 2006年，第20届都灵冬奥会，中国队队员韩晓鹏夺得男子自由式滑雪空中技巧金牌。这是中国首枚冬季奥运会自由式滑雪金牌，也是中国首枚雪上项目金牌，韩晓鹏则成为中国首位男子冬季奥运会冠军。

6 2015年，我国新疆阿勒泰地区被国际公认为"人类滑雪的起源地"。

7 2022年，第24届北京冬奥会，中国队队员苏翊鸣获得单板滑雪男子坡面障碍技巧银牌，为中国队创造了该项目的历史最好成绩。

8 2022年，第24届北京冬奥会，中国队队员闫文港在男子钢架雪车项目获得铜牌，这是中国钢架雪车在冬奥会上的首枚奖牌。

一、认识高山滑雪运动

高山滑雪是一项勇敢者的运动。人们在白雪皑皑的雪山上，脚穿滑雪鞋、滑雪板，利用雪杖，在专设的线路上通过熟练的技术动作进行快速滑降、转弯、跳跃和停止等动作，具有较强的挑战性。高山滑雪是在越野滑雪的基础上发展而成的。目前，冬季奥运会比赛项目分为速度系列和技术系列两种。速度系列分为滑降和超级大回转项目，技术系列分为大回转和回转项目，加上滑降与回转合二为一的高山滑雪全能以及团队比赛，高山滑雪共有11个小项。

经常参与高山滑雪运动，可以提高人体呼吸系统、心血管系统机能，锻炼身体的平衡能力和反应判断能力，增强各关节灵活度，同时，还能让人在大自然中愉悦身心，调节情绪，缓解因冬季来临导致的季节性情绪紊乱。

二、高山滑雪运动技术

（一）基本姿势

高山滑雪的基本姿势是初学者必须掌握的基础动作，包括原地站立姿势和斜坡站立姿势。

1. 原地站立姿势

动作要点：雪杖分立，插于雪板两侧，双眼目视前方，双雪板平行，间距不超过骨盆宽度，重心居中，身体放松（图7-2-1）。

▲ 图7-2-1 原地站立姿势

2. 斜坡站立姿势

动作要点：雪板平行横在山坡上，山上板较山下板位置略高，且略前于山下板半脚距离。双膝微屈略向山上倾斜，以快速应对突发状况（图7-2-2）。

（二）原地变向

原地变向技术是进行其他练习的前提，包含原地踏步变向和原地180°变向。其中，原地踏步变向技术有两种：雪板前端固定原地变向和雪板后端固定原地变向。

▲ 图7-2-2 斜坡站立姿势

1. 雪板前端固定原地变向

动作要点：原地站立，板头保持不动，一只板的板尾打开向外侧移动，另一只板跟进收拢至双板平行，反复多次完成转向（图7-2-3）。

2. 雪板后端固定原地变向

动作要点：原地站立，板尾保持不动，一只板的板头打开向外侧移动，另一只板跟进收拢至双板平行，反复多次完成变向（图7-2-4）。

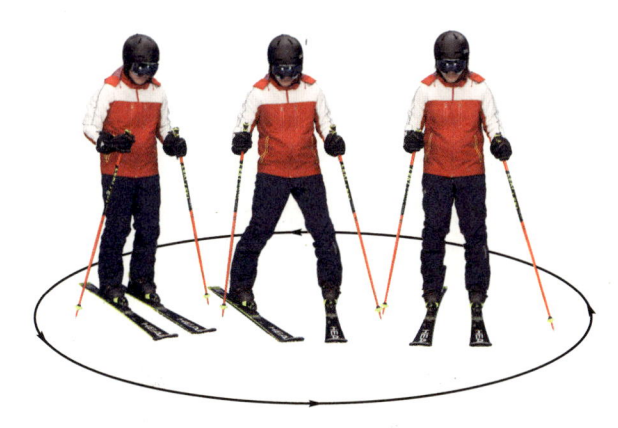

▲ 图7-2-3 雪板前端固定原地变向 　　▲ 图7-2-4 雪板后端固定原地变向

3. 原地180°变向

原地180°变向常用于在斜坡上静止状态下改变方向。

动作要点：原地站立姿势，右腿支撑，左腿向前抬起，身体左转的同时，左板以板尾为中心向左侧下方转动着地。放左板的同时，左侧雪杖移至右板外侧支撑，重心移至左脚板，右侧雪杖抬起移向与左侧平行的同一方向，两雪杖在体前侧支撑。掌握好移动和抬起雪板的时机（图7-2-5）。

▶ 图7-2-5 原地180°变向

（三）平地滑行

1. 同时推进滑行

动作要点：双杖前摆，身体重心向前移动，双杖在固定器的前端两侧插入雪面。降低重心，双臂向后用力撑动。动作结束后，上体自然抬起呈滑行基本姿势，准备下一次推进滑行。滑行过程中，两臂同步摆动，撑动雪杖直至双臂伸直（图7-2-6）。

▶ 图7-2-6 同时推进滑行

2. 交替滑步

动作要点：左腿带动雪板向前滑动，右杖插入雪面向后撑动，同时右腿带动雪板向前滑动，左杖插入雪面向后撑动，依次交替完成滑行（图7-2-7）。

▶ 图7-2-7 交替滑步

体育之窗

当你感到身体失控即将摔倒时，应采取主动的摔倒动作，即迅速降低身体重心，身体向一侧摔倒的同时扔掉雪杖，保护好头部，应尽量避免身体向后倒下。

摔倒后，通常利用雪杖或双手支撑站起，最好采用"八"字站起，或将雪板固定器打开，雪板与雪鞋分离后站起。

启思导练

在日常学练中，首先要能够手脚协调配合，准确、自然地操控雪板与雪杖，可以在平地上反复进行模仿练习。你还知道哪些练习方法呢？请与同学探讨并尝试练习。

（四）减速与停止

动作要点：减速时，身体呈犁式滑降姿势慢速滑行，两脚内侧蹬住雪板，根据地势确定雪板的分开角度（图7-2-8）。

学练赛方法

（1）在平地上做移动练习。

（2）在平地上做变向移动练习。

（3）在平整的雪面上做同时推进滑行练习。

（4）摔倒与站起练习。

（5）两人一组，比一比滑行后谁停得更稳。

▲ 图7-2-8 减速与停止

专项体能

1. 两人一组，背人行走练习。
2. 平地上，双脚支撑转体180°跳跃前进练习。
3. 平整雪地上横向移动折返练习。

第二节 高山滑雪 187

❗ 运动安全

必须穿戴好护具后再滑雪。初学者应选择空旷无人、无障碍物的地方进行练习。

量力而行：当滑雪者的技术水平达到能安全地停住，并能避开雪道上的障碍物和其他滑雪者时，才能去高一级别的雪道滑雪。

靠边歇停：停留休息时，要停在雪道边上，并要时刻注意避开从上面滑下来的人。

严防相撞：在雪场上宁可摔倒，也不要发生碰撞，尽量避免撞到人、树和安全防护网。

不要冒险：不要单独在树林、陡坡和深谷滑雪。一般来说三人以上一起滑雪较为安全。

走进运动场

中国国家高山滑雪中心共设有7条雪道，雪道坡度大、落差大。主要承担高山滑雪和雪车雪橇赛事。

高山滑雪速度系列比赛按一次滑行成绩决出名次。技术系列比赛的名次按两次成绩合计计算。

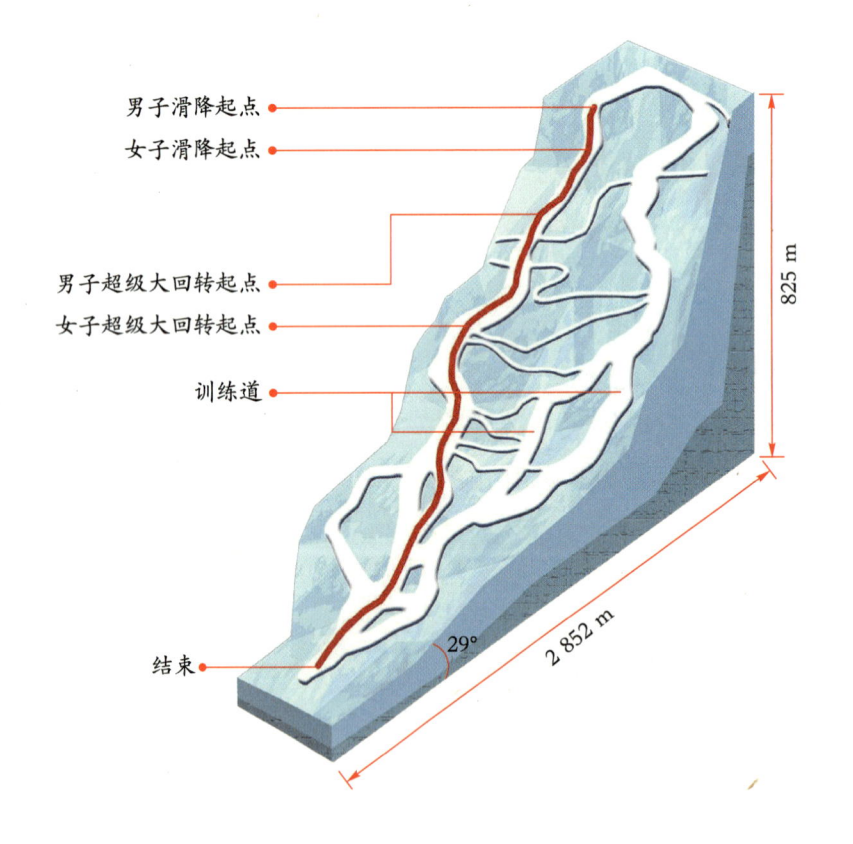

第三节 冰球

运动中国

奥运会吉祥物承载着传递奥林匹克精神的任务，承载着宣传每届盛会核心价值观的任务，更是推广一个国家、一座城市历史和文化的重要手段。2022年北京冬奥会吉祥物"冰墩墩"和北京冬季残奥会吉祥物"雪容融"正式亮相后很快就大受欢迎。"冰墩墩"以熊猫为原型进行设计创作，传递给世界中华民族是一个敦实、憨厚、勤劳、和善、友好的民族，中国人民要通过自己的努力，建设好自己的国家，实现自己民族复兴梦想的信息。"雪容融"以灯笼为创意进行设计创作，把中国优秀的传统文化遗产，通过拟人化的艺术处理，加入冰雪运动的元素，形象鲜明，特色突出，点燃人们心中的希望、梦想之火。两件标志性的中国符号在传承和创新中焕发着光彩。

学习目标

1. 了解冰球运动的基本知识和锻炼价值，掌握基本技术，学会欣赏冰球比赛。
2. 通过打冰球，锻炼心肺功能，提高身体的对抗能力和迅速反应能力。
3. 培养奋勇争先、坚定信念的品质和齐心协力、合作共赢的意识。

大事记摘要

1 1875年3月3日，在加拿大蒙特利尔维多利亚冰场举行了第一次正式的冰球比赛。

2 1908年3月15日，国际冰球联合会成立。

3 1924年，第1届夏蒙尼冬奥会，男子冰球被列入冬季奥运会项目。

4 1953年，全国首届冰上运动会召开，有力地促进了冰球运动在全国的普及。

5 1954年，吉、黑、松、哈联合冰上运动会举行。齐齐哈尔成立了一支冰球队，是中国第一批冰球运动员。

6 1957年，中国加入国际冰球联合会。

7 1998年，第18届长野冬奥会，女子冰球被列为正式比赛项目。

8 1986年，第1届札幌亚冬会，中国国家男子冰球队勇夺金牌。

一、认识冰球运动

冰球，又名冰上曲棍球，是运动员穿着冰球鞋，以冰球杆为工具在冰上进行的一项集体性竞技运动，具有冰上运动和球类运动的双重属性，由男子和女子两个小项组成。运动员在场上滑行速度快，动作灵活多变，对抗性极强，是冬季奥运会唯一的集体项目。

参与冰球运动，能提高人体力量、速度、耐力、灵敏等身体素质，对反应能力、应变能力、心理素质的提升都具有积极作用，同时，在团队配合中，队员间进行频繁的互动交流，能够培养团队凝聚力和积极向上的人生观。

> **体育之窗**
>
> 冰球装备包括冰球鞋、护具、冰球杆等。对于初学者来说，最重要的是避免在运动中受伤，所以在学练时要全身穿戴护具。护具包括头盔、面罩、护颈/脖、护胸、护肘、手套、护腿等。现代冰球护具一般多采用轻体硬质塑料外壳，内衬海绵或泡沫塑料软垫。守门员戴有特制的面罩、手套、加厚的护胸及加厚加宽的护腿。

二、冰球运动技术

（一）起动滑行

动作要点：起跑时，重心前移，上体前倾，一脚冰球鞋的刀尖向外展开，以冰刀内刃用力向后蹬冰，另一脚冰刀微离冰面移放到蹬冰脚前，身体重心迅速由蹬冰腿移向摆动腿。前两步为跑，第三步开始滑行（图7-3-1）。

◀ 图7-3-1 起动滑行

（二）制动滑行

动作要点：身体向滑行相反方向倾斜，重心略向上提起，两冰刀与滑行方向平行，屈膝用力蹬冰，前脚内刃、后脚外刃同时切压冰面停止（图7-3-2）。

内刃　外刃
20 cm

◀ 图7-3-2 制动滑行

（三）拨运球

动作要点：双手握杆，抬头直视前方，余光看球，持杆手与胸腹部保持一定距离，将球控制在拍面的中部，拍刃要全刃着冰，用拍面扣压球，主要靠前臂和腕关节发力向左右两侧拨动球。向左拨球，拍面向左压，向右拨球，拍面向右压（图7-3-3）。

▶ 图7-3-3
拨运球

（四）行进间正手拉球射球

动作要点：面对射球方向，将球控制在握杆手下同一侧脚旁，两臂向射球方向拉动球杆，随着两手扭杆抽压将球射出，重心前移，球杆前送（图7-3-4）。

▶ 图7-3-4
行进间正手拉球射球

启思导练

旱地冰球，20世纪70年代中期起源于瑞典，2008年引入中国。标准旱地冰球比赛是在室内进行的球类团体项目，具有很强的娱乐性和趣味性，且安全性高，简单易学。冰球和旱地冰球有什么区别呢？请查找资料并与同学讨论。

专项体能

1. 连续蹲跳起练习。
2. 平地上模拟快速拨球练习。
3. 冰球场地上蓝线间运球折返练习。

体育之窗

守门员是冰球队全队的后盾。守门员基本技术包括：用球杆挡球，运用球杆的不同位置挡住并控制住来球；抓球，当冰球射到膝部以上时可用手抓球；全分腿挡球，两腿在冰上迅速分开，以阻挡射到远处下角球；分腿挡球，一腿跪下，另一腿伸出，用以防守底角球；双腿侧躺挡球，多用于应对远侧冰面球等；蝶式跪挡，多用于应对冰面球等；侧踢球，使用护腿踢侧面的快速低射球；刀挡球，使用冰刀挡球，多用于防守快速射来的底角球；截球，当门前发生混战时，守门员可迅速果断地用球拍戳球，完成防守动作。

走进运动场

北京的五棵松体育中心是按照低能耗建筑标准设计建造的，可以在6小时内实现冰球、篮球两种比赛场地模式的转换。北京冬季奥运会期间，作为冰球训练馆使用。

冰球比赛时，每队20人，双方各上场6人，分别是守门员、左后卫、右后卫、左前锋、右前锋和中锋。比赛分3局进行，每局20 min，中间休息15 min，进一球得1分，得分多者为胜。

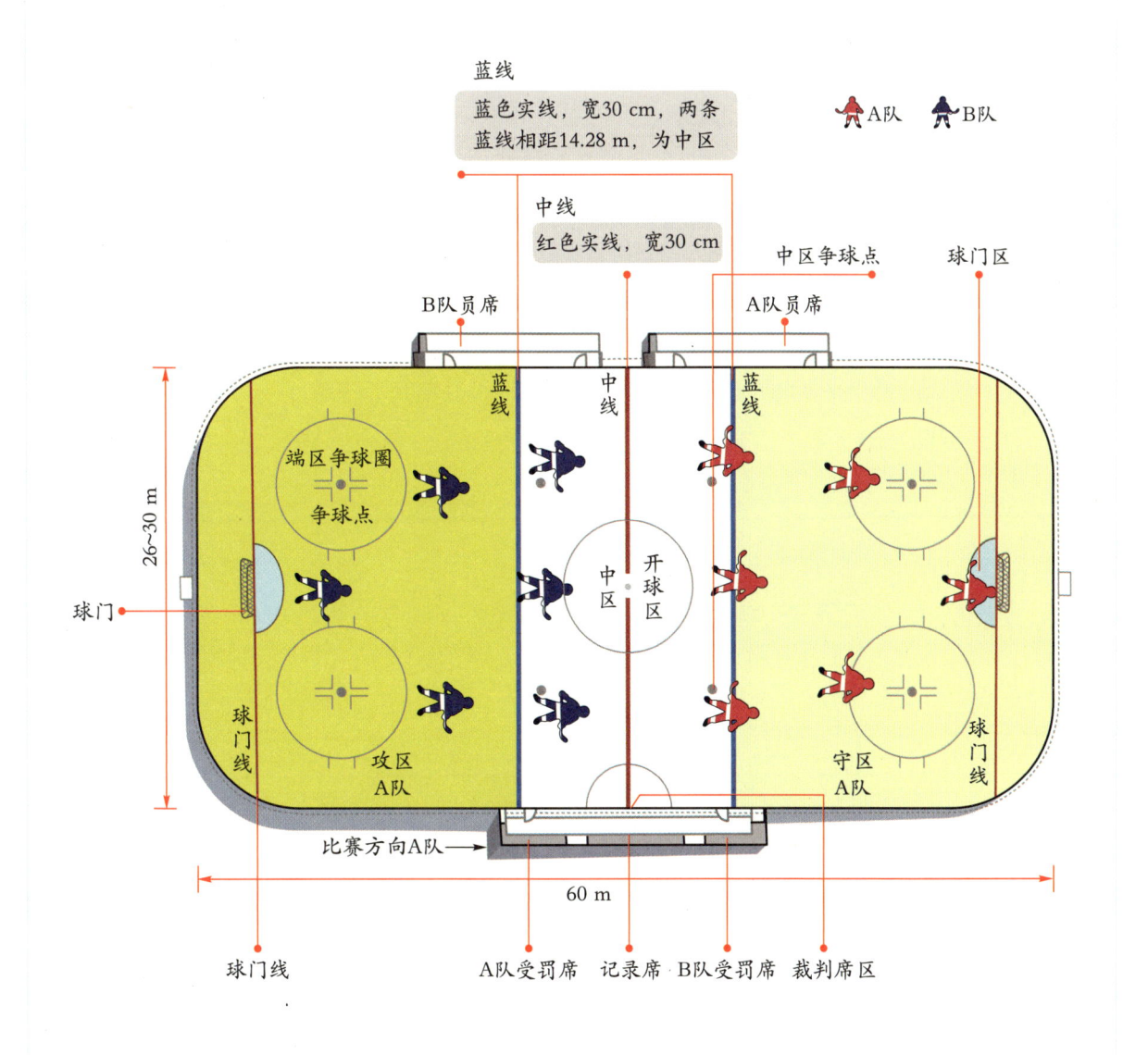

第三节 冰球　193

体育礼仪

1. 观赛时，严禁擅自闯入比赛场地内，以免干扰比赛的正常进行。
2. 在速度滑冰、高山滑雪等项目比赛的鸣枪起跑阶段，观众需保持安静，以免干扰运动员对鸣枪指令的判断。
3. 冰球比赛结束双方握手之后，还需站成一排向观众致敬，向裁判致敬。

励志人物

1963年，罗致焕在日本举行的世界速度滑冰锦标赛上夺得男子1 500 m冠军，成为中国首位速度滑冰世界冠军。作为运动员的罗致焕，虽然在艰苦的环境中训练，但永不服输，强烈的爱国心使他最终站上领奖台最高处，让中国冰雪运动走进了国际视野。成为教练员后，在国家的大力支持下，罗致焕投入全部心血培养了众多优秀运动员，使中国冰雪运动事业站到了一个新的起点上。

本章小结

本章学习了冰雪运动中最具代表性、最为大家熟悉的速度滑冰、高山滑雪和冰球三个项目的基本知识、基本技术。希望大家通过学习，了解冰雪运动的文化和魅力，积极投入冰雪运动中，锻炼健康体魄，同时领会我国参与、举办冬季奥运会的重大历史意义，培养自己的体育精神，不断战胜自我、超越自我。

第八章
水上运动

人们在水中借助水环境进行的运动称为水上运动，如蛙泳、潜水等。由于水的浮力大、阻力大，经常参与水上运动能够有效地锻炼心肺功能，塑造良好体形。随着我国国力不断强盛，经济、文化快速发展，无论是在南方，还是在北方，人们都可以便捷地在室外或室内开展水上运动。本章将介绍游泳、实用游泳和安全救护的基本知识和基本技术。

第一节 游泳

运动中国

我国竞技游泳运动自1992年第25届巴塞罗那奥运会实现金牌零的突破后，中国国家游泳队逐渐成为中国体育代表团的一支劲旅，在世界锦标赛、亚运会、奥运会等重大体育比赛中屡创佳绩，如获得首个男子游泳世界冠军、打破男子1 500 m自由泳世界纪录。我国竞技游泳水平逐步提高，是我国建设体育强国的关键运动项目之一。竞技游泳运动的兴起也带动了群众性游泳运动的发展，全国每年都有亿万群众开展各类游泳健身活动，广大游泳爱好者走进自然、贴近自然，充分享受大自然的阳光、空气和水，游泳成为一项丰富人们业余文化生活的运动，群众的普及度、参与度极高。

学习目标

1. 了解游泳运动的基本知识和锻炼价值，掌握蛙泳基本技能，学会欣赏游泳比赛。
2. 通过学练游泳，提高心肺功能，增强身体抵抗力，塑造良好体形，将游泳作为实现终身体育的一种途径，培养健康文明的生活方式。
3. 体验游泳的乐趣，培养勇敢顽强、力争上游、不畏强手、敢于争先的精神。

大事记摘要

1. 1837年，在英国伦敦成立了世界上第一个游泳协会。

2. 1896年，第1届雅典奥运会，游泳被列为正式比赛项目。

3. 1908年，国际业余游泳联合会（FINA）成立，简称国际泳联。2022年，更名为世界水上运动总会。

4. 1957年，戚烈云在广州打破100 m蛙泳世界纪录（庆"五一"游泳表演赛），成为中国第一个游泳世界纪录创造者。

5. 1973年，第1届世界游泳锦标赛举行。

6. 1989年，第1届世界杯短池游泳赛举行。

7. 1992年，第25届巴塞罗那奥运会，中国队收获首枚游泳奥运金牌。

8. 2014年，中国游泳协会决定，每年7月16日这一周为"全民游泳健身周"。

一、认识游泳运动

游泳是人类一项重要的生存技能，也是一项可以终身从事的体育运动项目。游泳主要分为实用游泳、竞技游泳和花样游泳。按照泳姿的不同，游泳也可以分为蛙泳、仰泳、蝶泳和自由泳。

在水中游泳，要求人体克服水的阻力，并充分利用水的浮力。在这种特殊环境中发挥运动技能，能够提高人的运动能力和体能。经常参与游泳运动，能提高呼吸系统机能，改善体温，调节机制，加强皮肤血液循环，增强对温度的适应力，还可以有效控制体重和健美形体。

> **体育之窗**
>
> **奥运会游泳比赛项目**
>
> 1. 蛙泳：100 m、200 m。
> 2. 自由泳：50 m、100 m、200 m、400 m、800 m、1 500 m。
> 3. 仰泳：100 m、200 m。
> 4. 蝶泳：100 m、200 m。
> 5. 混合泳：200 m、400 m。
> 6. 自由泳接力：4×100 m、4×200 m。
> 7. 混合泳接力：4×100 m。
> 8. 男女混合泳接力。
>
> 注：根据第32届东京奥运会统计。

二、蛙泳技术

（一）熟悉水性

在学习蛙泳之前，首先要熟悉水性，消除对水的恐惧，感受水的温度，体验水的浮力与阻力，增进对水的特性的了解，从而熟练掌握在水中活动的基本技能。

1. 水中呼吸

呼吸是游泳的基础，如果在游泳时你无法流畅、有节奏地进行呼吸，游泳的速度和距离都会受到限制。游泳时，要掌握一定的呼吸节奏，即"水上快吸—水中稍闭—水中慢呼—水面快吐"。

（1）扶池边练习：在浅水区，两手扶住池边做呼吸练习（图8-1-1）。

▶ 图8-1-1
扶池边练习

（2）与同伴配合练习：在浅水区，抓住同伴的手做呼吸练习（图8-1-2）。

▶ 图8-1-2
与同伴配合练习

（3）呼吸节奏练习：在浅水区，进行"快吸—稍闭—慢呼—快吐"的呼吸练习（图8-1-3）。

快吸　　稍闭　　慢呼　　快吐

◀ 图8-1-3 呼吸节奏练习

启思导练

经常游泳可以提高人体的肺活量，而肺活量大又能帮助你游得更快、更远，二者是相辅相成的。你可以通过有氧运动提高肺活量，如跑步。你还知道哪些锻炼肺活量的方法呢？请与同学分享。

2. 水中漂浮

水中漂浮一般分为抱膝漂浮和展体漂浮两种。

（1）抱膝漂浮

动作要点：深吸气入水，双臂抱紧双腿（图8-1-4）。

（2）展体漂浮

动作要点：双脚蹬离水底，俯卧漂浮（图8-1-5）。

▲ 图8-1-4 抱膝漂浮

◀ 图8-1-5 展体漂浮

3. 水中滑行

水中滑行包括蹬壁滑行、蹬底滑行、协助滑行三种。练习时应主要体会身体在水中的运动感，提高在游动中控制身体平衡的能力，本教材主要介绍蹬壁滑行和蹬底滑行。

第一节　游泳　199

(1) 蹬壁滑行

动作要点：两脚用力蹬池壁，身体成流线型向前滑行（图8-1-6）。

► 图8-1-6
蹬壁滑行

(2) 蹬底滑行

动作要点：用力蹬池底，身体伸展成流线型向前滑行（图8-1-7）。

► 图8-1-7
蹬底滑行

（二）蛙泳基本技术

熟悉水性后，就可以正式开始学习泳姿了。游蛙泳时，身体俯卧在水面，两臂伸直在胸前以对称的路线向侧下划水，两腿对称屈伸蹬夹水，形似青蛙游泳，故称为"蛙泳"。蛙泳是初学者的首选泳姿，在渔猎、水上作业及救护等方面应用广泛。

蛙泳的基本技术主要分为身体姿势、腿部技术、臂部技术、完整技术配合和转身技术。

1. 身体姿势

动作要点：头、臂保持高位，身体以胸部为基准（图8-1-8）。

► 图8-1-8
身体姿势

2. 腿部技术

腿部技术可分为收腿、翻脚、蹬夹水和滑行。

动作要点：边收边分开双腿，向外翻脚对准水，弧形向后蹬夹水，伸直并拢漂一会儿（图8-1-9）。

◀ 图8-1-9 腿部技术

3. 臂部技术

臂部技术主要包括向外划、抱水、向下划、向内划、伸展等动作。

动作要点：两臂向侧、向下、向后方向屈臂划水，收手夹肘、伸臂伸肩（图8-1-10）。

◀ 图8-1-10 臂部技术

4. 完整技术配合

腿臂完整技术配合的关键是牢记"先手后腿"的动作概念，即划水腿不动，收手后收腿；先伸手臂再蹬腿，臂腿伸直并拢漂一会儿。手臂和呼吸的配合技术要点是：低头伸臂慢呼气，划臂抬头快吸气。

5. 转身技术

游到泳池端后折返回头继续游进的这一动作称为转身技术（图8-1-11）。

◀ 图8-1-11 转身技术

第一节 游泳 201

> **评一评**
>
> 不计时连续游蛙泳200 m，要求途中不能停顿。同学间互评，看看谁的动作最标准，谁的速度最快。

学练赛方法

（1）水中手扶游泳池壁蹬水练习。

（2）水中手扶浮板蹬腿练习。

（3）水中滑行蹬腿练习。

（4）陆上模仿蛙泳上、下肢及呼吸配合节奏的练习。

（5）50 m蛙泳比赛。

体育之窗

仰泳，又称背泳，是人仰卧在水中的游泳姿势。仰泳时，因为脸在水面上，呼吸便捷，动作简单省力，适合在水中拖带作业或救护时使用。蝶泳是最能展现游泳魅力的泳姿，但是对人的力量要求较高，人在蝶泳时，身体上下起伏，时而飞出水面，时而潜入水中，气势磅礴，水花四溅，是泳池里的一道风景线。自由泳，又称爬泳，是人在水中成俯卧姿势，两腿交替上下打水，两臂轮流划水的一种游泳姿势。自由泳是四种泳姿中速度最快的一种。

专项体能

1. 手持哑铃（或哑铃片）做蛙泳划水动作练习。
2. 手带划掌做蛙泳划水练习。

走进运动场

标准游泳池长50 m（短池长25 m），宽25 m，池深至少2 m，最好在3 m左右。水温控制在25 ℃~28 ℃。出发台正对泳道的中间，出发台坚固没有弹性，台面由防滑材料覆盖，设有横式和竖式的仰泳出发握手器，四周有明显的阿拉伯数字标明泳道号数。

自由泳、蛙泳、蝶泳比赛时，运动员必须从出发台起跳出发。仰泳比赛时，运动员在水中出发。

比赛中，运动员转身时必须使身体某一部位触及池壁。转身必须在池壁完成，否则即算犯规。运动员不得使用或穿戴任何有利于其速度、浮力的器具（如手蹼、脚蹼等，护目镜除外），否则即算犯规。

接力比赛时，如本队的前一名运动员尚未触及池壁，而后一名运动员即离台出发，则算犯规。

体育礼仪

1. 游泳馆内严禁吸烟。
2. 照相时禁止使用闪光灯，以免刺激运动员特别是仰泳运动员的眼睛。
3. 裁判员发令时，保持安静，以免干扰运动员的起跳和比赛节奏。

第二节　实用游泳和安全救护

运动中国

在我国，每年3月最后一周的星期一为全国中小学生安全教育日。国家设立这一天的目的是让全社会关注、推动中小学生安全教育工作，降低各类伤亡事故的发生率，切实保护好中小学生，促进学生健康成长。每一年，到了这一天，国家都会确定一个主题进行宣传教育，例如，1996年第一个安全教育日的主题是"全社会动员起来，人人关心中小学校安全工作"，2021年的主题是"知危险，会避险，守护安全成长"。作为一名中职学生，我们自己要增强意识、提高警惕，在国家的倡导下，多了解、多学习有关安全的知识，并且在日常生活、学习中去践行，确保自身安全，更要带动周围的家人、朋友、同学高度重视自身安全和他人安全。

学习目标

1. 了解实用游泳和水上安全救护的基本知识，掌握基本技能，学会在日常生活、工作中运用这些技能。
2. 通过学习实用游泳和安全救护知识，培养安全运动意识，学会判断、选择在适宜的环境中锻炼。
3. 培养自己科学求实、遵守规则、尊重生命的意识观念。

大事记摘要

1. 1910年，国际救生联合会成立。

2. 20世纪60年代，人们创建了现代心肺复苏术。

3. 1992年，人们提出"早期识别求救，早期心肺复苏，早期电除颤，早期高级生命支持"的心肺复苏生存链。

4. 1998年，中国游泳协会救生委员会成立。

5. 2005年，中国救生协会成立。

6. 2007年，中国民间专业、独立的纯公益紧急救援机构蓝天救援队成立。

一、实用游泳

（一）踩水

踩水，也称立泳，一般用于持物过河、水上侦察、水中救护等活动。

动作要点：直立于水中，两腿交替上提下踩，保持身体不下沉并能前进，两手在胸前做横向摸水、压水动作（图8-2-1）。

（二）侧泳

侧泳是身体侧卧在水中向前游进的一种泳姿，常用于水中拖带作业、救助溺水者等。

动作要点：两臂交替划水，两腿做剪水动作游进（图8-2-2）。

▲ 图8-2-1 踩水

▲ 图8-2-2 侧泳

第二节 实用游泳和安全救护

> **评一评**
>
> 以班级为单位，分为4组，进行接力比赛，按照潜泳—侧泳—反蛙泳—踩水的顺序游进。看看哪组最先完成比赛，每组评选出泳姿最标准的同学。

（三）潜泳

潜泳是在水下游进的一种泳姿，常用于水下作业、科学考察、抢救溺水者等（图8-2-3）。

▲图8-2-3　潜泳

（四）反蛙泳

反蛙泳是身体翻转过来的蛙泳，也称蛙式仰泳。反蛙泳时，呼吸自然，动作自如，节省体力，易学实用，是在水中拖带作业、救助溺水者时常用的泳姿（图8-2-4）。

▲图8-2-4　反蛙泳

二、水上安全与救护

（一）水上运动安全

在进行水上运动或水上作业前，首先要确保自己和他人的安全，要认真观察周围环境，如辨别水流方向、水面宽窄、水面上的来往船舶、水上设施、水草、桩柱、杂物情况等，排除安全隐患，预防意外事故的发生。同时，要做好充分的热身准备，注意在空腹或饭后1小时内、激烈运动或重体力劳动后不宜进行水上运动或作业。

一旦在水中发生意外事故，如出现肌肉痉挛，切不可慌张，应设法自救和向他人求救。如遇到他人溺水时，应立即呼救并拨打"120"急救电话求救。

（二）水上运动救护

1. 自我救护

在水上运动或作业时，可能会发生肌肉痉挛，主要部位为小腿、大腿、手指、脚趾等。出现肌肉痉挛主要的原因是准备活动不充分、身体疲劳、突然遇到寒冷的刺激或过分紧张、动作不协调等。发生肌肉痉挛时，应保持镇静，可呼救也可自救。

当手指痉挛时，要将痉挛的手握拳，然后用力张开，这样迅速、反复做几次，直到痉挛状况消失为止。当小腿或脚趾痉挛时，先吸一口气仰浮于水面上，用对侧的手握住痉挛的小腿或脚趾，用力向身体方向拉，同时用同侧的手掌压在痉挛腿的膝关节，帮助痉挛腿伸直。当大腿痉挛时，应仰浮于水面，弯曲痉挛的大腿，两手用力抱住小腿贴近大腿，反复拉伸以缓解痉挛。

2. 间接救护

间接救护是指施救者不下水的援救，是利用救生圈、救生杆、绳索等救生设备进行的援救。

3. 直接救护

直接救护是指施救者入水，运用救生技术将溺水者拖带上岸的救护。直接救护时，施救者要沉着、冷静，入水前应观察周围环境，辨别水流方向、水面宽窄，选择正确的入水地点。对自己熟悉的水域可起跳入水，但对不熟悉的水域应以脚部先入水，再以最快速度接近溺水者。施救者不论是采用自由泳还是采用蛙泳，头部必须露出水面，以便观察溺水者的情况和选择拖运溺水者的方法。未成年人在对溺水者进行救护时，不建议采用直接救护的方式。

拖运溺水者一般采用侧泳或仰泳进行。侧泳拖运法是指一臂伸直托住溺水者的脑后部，一手在体侧划水，两腿用侧泳姿势蹬水游进。仰泳拖运法是指施救者仰卧于水中，一手或两手扶住溺水者，用蛙泳腿蹬夹水的动作使身体游进。

救人上岸常用的方法有压手提拉法和肩背上梯法（图8-2-5）。

压手提拉法

肩背上梯法

◀ 图8-2-5 救人上岸的方法

第二节 实用游泳和安全救护

4. 岸上急救

将溺水者救上岸以后，应立即检查溺水者的脉搏和呼吸是否停止，并及时拨打"120"急救电话求救，同时在现场应立刻采取以下急救措施：清除口鼻内杂物；迅速进行控水，即施救者一腿跪地，另一腿屈膝，将溺水者腹部放在施救者屈膝的大腿上，施救者一手扶溺水者的头，使溺水者嘴向下，另一手用力压其背部，将水排出，也可以利用斜坡等物体，使溺水者俯卧，头处于低处，用力压其背部，将水排出；如果溺水者脉搏、呼吸停止，应立刻施行人工呼吸和胸外心脏按压。

启思导练

游泳是人类生存的必备技能之一，你的生活和未来工作与游泳有什么直接的关系呢？当遇到他人溺水时，你知道该怎样给予帮助吗？

体育之窗

救生员的使命是防止遇溺和救助遇溺者。因此，救生员必须精于水性，具备紧急救护技术。初级救生员考核科目包括理论知识和实践技能两部分。理论知识包括救生的目的、指导思想和意义、安全预防、救生员工作守则和职责等。实践技能包括25 m速度游（男20 s、女22 s）、潜泳20 m（蹬边出发）、现场赴救（入水、接近、拖带、上岸、解脱技术）和现场急救（心肺复苏）。

励志人物

穆祥雄是我国著名游泳运动员，他曾数次打破男子100 m蛙泳世界纪录，也是第一个打破游泳世界纪录的中国运动员，被誉为"蛙王"。退役后，穆祥雄担任了中国游泳队的主教练，为中国培养出了许多优秀游泳运动员。1994年，在中华人民共和国成立45周年之际，穆祥雄被评为"建国45周年体坛45英杰"。

本章小结

游泳既是一项重要的生存技能，又是一项重要的生产技能和军事技能。本章学习了蛙泳、实用游泳的基本技术，了解了游泳的锻炼价值和各种游泳姿势在生活、工作中的运用，了解了水上安全知识与救护技能，提高安全意识，从而为从事各种水上活动提供安全保障。希望你以此学练为契机，在平时的体育锻炼中进行游泳练习，为自身的身心健康保驾护航。

第九章
武术与民间传统体育类运动

武术与民间传统体育是我国博大精深的体育文化的重要组成部分，蕴含着中华民族的精神和中华优秀传统体育文化的精髓。武术是以技击动作为主要内容，以套路、格斗和功法为主要运动形式，注重内外兼修、形神兼备的中国传统体育项目。民间传统体育是千百年来各民族创造的，以身体运动为基本方式的一种综合性文化形态、文化生活方式。本章将介绍武术的基本知识以及毽球、舞龙、舞狮、赛龙舟等民间传统体育项目。

第一节 武术

运动中国

武术是中华民族的瑰宝，是中华传统文化的重要组成部分。党和国家高度重视武术文化、武术精神的传播与传递，每一位运动员也将弘扬中华传统武术作为己任。2020年1月8日，国际奥委会执委会会议上，将武术列入2022年第4届青奥会正式比赛项目，这是武术首次成为奥林匹克系列运动会正式比赛项目。武术进入青奥会具有历史性意义，为实现我国发展体育强国迈出了坚实步伐，进一步提升了中国体育影响力，推动了东西方文明交流交融，拓宽了中华文化传播渠道，对提升中国文化软实力发挥了重要作用。

学习目标

1. 了解武术的基本知识和锻炼价值，掌握太极拳、长拳的基本技术和套路动作，学会欣赏太极拳和长拳比赛。
2. 通过学练太极拳和长拳，增强体质，修身养性。
3. 深入了解中华民族优秀传统体育文化的内容，提高发扬民族灿烂文化的意识，培育自强不息的精神，养成厚德载物的气度。

大事记摘要

1. 1936年，中国武术队赴德国参加柏林奥运会武术表演，这是中国武术首次在奥运会上崭露头角。

2. 1958年，中国武术协会成立。

3. 1978年，邓小平在接见日本太极拳友人三宅正一时，挥笔写下了"太极拳好"四个大字，揭开了太极拳运动的新篇章。

4. 1987年，亚洲武术联合会成立，并在日本横滨举办了第1届亚洲武术锦标赛，推动了中国武术在亚洲的普及与发展。

5. 1990年，国际武术联合会成立，极大地推动了武术国际化传播的进程。

6. 1994年，国际武术联合会被世界单项体育联合会正式接纳入会。

7. 2020年，武术被列为第4届青奥会正式比赛项目，实现了中国文化和奥林匹克精神的有机交融。

8. 2020年，太极拳被列入联合国教科文组织人类非物质文化遗产代表作名录，为其普及推广提供了世界级舞台。

一、认识武术运动

武术被誉为中华民族的国粹，并走向了世界，成为世界性的健身手段和竞技项目。武术运动最基本的特点是攻防技击性，练功方法具有中华传统文化特征，讲究内外合一、形神兼备，具备广泛适用性。武术套路运动包括拳术套路、器械套路、对练套路和集体演练。格斗是两人在一定条件下，按照一定规则，自由地运用某些攻防技击方法进行的身体对抗。

武术区别于其他体育项目的根本在于武术注重"内外兼修，形神共养"，强调意识与肢体动作的高度统一。习练武术，可以帮助身体壮内强外，加快脑部血液循环，改善大脑功能，增进中枢神经系统的灵活性与稳定性，有利于氧气和血液的畅通运转，还能够修身养性，使身心合一。

> **体育之窗**
>
> 未曾学艺先学礼，未曾习武先习德——这是历代拳师传徒入门的规矩，即习武首先看重人的道德品质。今天，每一位习武者在学艺前，必须明确习武目的，端正习武态度，学成之后，自觉践行"行道德之事，做道德之人"，传承中华优秀传统文化，抵制是非、善恶、美丑不分等的道德失范现象，树立担当民族复兴大任的崇高信念。武德比山重，名利草芥轻，就是这个意思。

二、太极拳

太极拳是以太极哲理为依据，汲取传统养生和技击智慧而创编的一种武术，是中华优秀传统文化的标志。集文化、健康、武术三种属性于一体的太极拳已成功被列入联合国教科文组织人类非物质文化遗产代表作名录，得到了世界的认可，并向全世界传递中华民族传统文化的精髓。

发源于黄河岸边的太极拳，自17世纪中叶在河南省焦作市温县陈家沟村形成以来，世代传承，不断创新，在陈氏太极拳的基础上发展出多个流派，并在过往的300多年间传播至中国各地，是中华民族辩证的理论思维与武术、艺术、气功引导术的完美结合，是中国古代哲学的具体展现的形式之一。

（一）太极拳基本技术

1. 基本身型

动作要点：头，虚灵顶劲，不可歪斜。肩，保持松沉，不可上耸。肘，自然松坠，不可外翻。胸，舒松微含，不可挺胸。腰，松活自然，不可前挺。膝，屈伸自然，不可僵直（图9-1-1）。

2. 基本手型

动作要点：拳，五指弯曲，屈指卷握，大拇指扣住食指和中指第二指节处。掌，五指自然放松，掌心向内微含，虎口成弧形。勾，五指指尖自然捏拢，屈腕，勾尖向下（图9-1-2）。

▶ 图9-1-1 基本身型

▶ 图9-1-2 基本手型

拳　　掌　　勾

3. 基本步型

动作要点：弓步，前腿屈膝前弓，脚尖向前，后腿自然伸直，后脚脚尖斜向45°～50°。仆步，一腿全蹲，另一腿自然伸直，伸直腿脚尖内扣，两脚全脚掌着地。虚步，一腿屈膝半蹲，另一腿微屈，微屈腿的前脚掌或脚跟着地（图9-1-3）。

弓步　　　　　　　　　仆步　　　　　　　　　虚步

◀ 图9-1-3
基本步型

> **! 运动安全**
>
> 在与同伴一起练习前，应提出要求与限制性条件，如不得用全力或蛮力，不能逞强好斗，规定进攻方只能击打躯干部位等。有条件时可戴上护具练习。

（二）八式太极拳

八式太极拳是中国武术段位制初段位技术规定教程的一段太极拳，即初段位中的一段考评套路。共有10式（含起势、收势），全部采用杨式大架太极拳，吸取了其中最为主要和基础的8个动作。八式太极拳动作均匀缓慢、行云流水、连绵不断，内容精练简洁、重点突出、易学易记。

1. 起势

动作要点：两脚开立，两臂前举，屈膝按掌（图9-1-4）。

◀ 图9-1-4
起势

2. 第一式　卷肱式

动作要点：转身翻手摆掌，屈臂卷肱，前推后收（图9-1-5）。

第一节　武术　213

▶ 图9-1-5
卷肱式

3. 第二式　搂膝拗步

动作要点：转腰摆手收脚，上步屈臂，弓步搂推，后坐摆脚，转腰摆手收脚，上步屈臂，弓步搂推（图9-1-6）。

▶ 图9-1-6
搂膝拗步

4. 第三式　野马分鬃

动作要点：转身坐腿分手，收脚抱球，转身上步，弓步分靠，坐腿撇脚转身，收脚抱球，转身上步，弓步分靠（图9-1-7）。

◀ 图9-1-7
野马分鬃

5. 第四式　云手

动作要点：摆手翻掌，转身左云，翻手收脚，转身右云，翻手出脚，转身左云，侧翻手，转身右云，翻手收脚，转身左云，翻手出脚，转身右云，侧弓步翻掌（图9-1-8）。

◀ 图9-1-8
云手

6. 第五式　金鸡独立

动作要点：坐腿转腰落手，提右脚独立挑掌，落脚落手，提左脚独立挑掌（图9-1-9）。

◀ 图9-1-9
金鸡独立

第一节　武术

7. 第六式　蹬脚

动作要点：落脚抱手，提右膝抱手，分手蹬脚，落脚抱手，提左膝抱手，分手蹬脚，落脚抱球（图9-1-10）。

▶ 图9-1-10
蹬脚

8. 第七式　揽雀尾

动作要点：转身上步，右弓步前掤，提左手旋臂，后坐下捋，转身后捋，转腰搭手，弓步前挤，弓步（平分）抹掌，后坐引手，弓步前按，转身分手扣脚，收脚抱球，转身上步，弓步前掤，提右手旋臂，后坐下捋，转身后捋，转腰搭手，弓步前挤，弓步（平分）抹掌，后坐引手，弓步前按（图9-1-11）。

◀ 图 9-1-11
揽雀尾

9. 第八式　十字手

动作要点：撇右脚，右弓步分手，扣右脚，左弓步绷掌于胸前，收右脚，两脚成开立步，两手举抱（图 9-1-12）。

◀ 图 9-1-12
十字手

10. 收势

动作要点：翻掌分手，垂臂落手，并步还原（图 9-1-13）。

第一节　武术　217

图 9-1-13
收势

> **体育之窗**
>
> 十六式太极拳是中国武术段位制初段位技术规定教程的二段太极拳，共有16个规定动作。它是在八式太极拳的基础上，结合了步法的动作，突出对进、退、侧进等基本步伐和基本手法的练习。套路动作包含了太极拳的主要动作，简练易学，具有良好的养身、健身功效。
>
> 二十四式太极拳也称简化太极拳，是国家体委（现国家体育总局）于1956年组织太极拳专家吸取杨氏太极拳之精华编串而成的。尽管它只有24个动作，但相比传统的太极拳套路来讲，招式更显精练，动作更显规范，并且也能充分体现太极拳的运动特点。

三、长拳

长拳是中国武术拳种之一，是在吸取了查拳、花拳、华拳、炮拳、少林拳诸拳种之长的基础上形成的，其内容包括拳、掌、勾3种手型及弓、马、仆、虚、歇5种步型，还有一定数量的拳法、掌法、肘法和伸屈、直摆、扫转、击响等不同组别的腿法以及平衡、跳跃、跌仆、滚翻动作。长拳以套路为主要运动形式，既适用于基础武术训练，又适用于竞赛和技术水平提高的训练。长拳的特点是动作舒展大方、快速有力、节奏鲜明，并多起伏转折。要求习练者手捷快、眼明锐、身灵活、步稳固、精充沛、气下沉、力顺达、功纯青、四击合法，以形喻势。长拳技术表现出的至轻至重、至静至动、至刚至柔的技术特点，体现了中华传统文化"阴阳对立统一"的观念。而拳法中攻中有守，守中寓攻，攻守并重的辩证统一关系，正是长拳套路创编的一个重要依据。

（一）长拳基本技术

1. 静态动作

动作要点：歇步，两腿左右交叉，靠拢全蹲。弓步，一腿屈膝前弓，大腿与地面接近水平，另一腿伸直。马步，两腿平行开立，下蹲成马步（图9-1-14）。

歇步　　　　　　　　　　弓步　　　　　　　　　　马步

◀ 图 9-1-14　静态动作

2. 动态动作

（1）手法

动作要点：冲拳，拳由腰间旋臂向前快速击出，力达拳面。侧冲拳、上冲拳要求同此，但方向不同。推掌，掌由腰间旋臂向前立掌推击，速度要快，臂要直，力达掌外沿（图 9-1-15）。

（2）腿法

动作要点：一腿直立，另一腿由屈到伸向前弹出，脚面绷平，力达脚尖（图 9-1-16）。

冲拳　　　　　　　　　　推掌　　　　　　　　　　弹腿

▲ 图 9-1-15　手法　　　　　　　　　　　　　　▲ 图 9-1-16　腿法

（3）跳跃动作

动作要点：腾空飞脚，一腿高摆，另一腿在空中完成单拍脚。旋风脚，一腿外摆，另一腿在空中完成里合拍脚（图 9-1-17）。

腾空飞脚

第一节　武术　　219

▶图 9-1-17
跳跃动作

旋风脚

（二）三段长拳

三段长拳是中国武术段位制长拳段位技术教程的初级段位，整套动作共有22式（含起势、收势）。其技术包含打、踢、拿3种，基本步型有弓步、马步、歇步和虚步4种，基本手法有冲拳、抄拳、撩掌、推掌、劈掌5种，跳跃动作包括旋风脚和腾空飞脚。整套动作舒展轻巧、快慢相间、节奏分明，是学习长拳的入门套路。

1. 第一式　起势

动作要点：并步抱拳，上步抡臂，并步砸拳，弓步看拳（图9-1-18）。

▶图 9-1-18
起势

2. 第二式　右弓步格挡

动作要点：右脚上步成弓步，右手格挡，左手变拳收于腰间（图9-1-19）。

▶图 9-1-19
右弓步格挡

3. 第三式　抱拳弹踢

动作要点：重心前移，左腿弹出（图9-1-20）。

4. 第四式　金丝缠腕

动作要点：左脚前落，右膝提起，上下拿臂缠腕（图9-1-21）。

▲ 图9-1-20　抱拳弹踢　　　　▲ 图9-1-21　金丝缠腕

5. 第五式　马步冲拳

动作要点：震脚上步，两腿屈膝内扣成马步冲拳（图9-1-22）。

◀ 图9-1-22　马步冲拳

6. 第六式　转身平扫前推掌

动作要点：转身提膝，右掌平扫，弓步推掌（图9-1-23）。

7. 第七式　右弓步抄拳

动作要点：提膝挑掌，右臂外旋，弓步抄拳（图9-1-24）。

▲ 图9-1-23　转身平扫前推掌　　　　▲ 图9-1-24　右弓步抄拳

第一节　武术

8. 第八式　翻腰提膝推掌

动作要点：插步翻腰，弓步撩掌，提膝推掌（图9-1-25）。

► 图9-1-25
翻腰提膝推掌

9. 第九式　旋风脚

动作要点：旋风脚成马步，右肘格挡（图9-1-26）。

► 图9-1-26
旋风脚

10. 第十式　虚步护身掌

动作要点：并步收掌，虚步推掌（图9-1-27）。

11. 第十一式　歇步冲拳

动作要点：撤步按掌，歇步冲拳（图9-1-28）。

▲ 图9-1-27　虚步护身掌　　　　▲ 图9-1-28　歇步冲拳

12. 第十二式　右弓步格挡

动作要点：上步下格挡，弓步上格挡（图9-1-29）。

◀ 图9-1-29　右弓步格挡

13. 第十三式　马步切掌

动作要点：后撤马步切掌（图9-1-30）。

14. 第十四式　右弓步冲拳

动作要点：右上步，弓步冲拳（图9-1-31）。

▲ 图9-1-30　马步切掌

▲ 图9-1-31　右弓步冲拳

15. 第十五式　左弓步斜推掌

动作要点：重心左移，右手内旋下按，左腿插步上架，撤步斜推（图9-1-32）。

◀ 图9-1-32　左弓步斜推掌

16. 第十六式　震脚弓步双推掌

动作要点：右转提膝摆臂，右脚震脚按掌，左弓步双推掌（图9-1-33）。

17. 第十七式　左弓步推掌

动作要点：提左膝分掌，左弓步推右掌（图9-1-34）。

18. 第十八式　翻身劈掌

动作要点：右闪身翻身跳，弓步劈掌（图9-1-35）。

第一节　武术　223

▶ 图9-1-33
震脚弓步双推掌

▶ 图9-1-34
左弓步推掌

▶ 图9-1-35
翻身劈掌

19. 第十九式　腾空飞脚

动作要点：两臂前后抡摆，蹬地跳起，腾空拍脚，并步站立（图9-1-36）。

▶ 图9-1-36
腾空飞脚

20. 第二十式　右弓步冲拳

动作要点：右弓步冲拳（图9-1-37）。

21. 第二十一式　马步看拳

动作要点：跳换步右转冲拳（图9-1-38）。

▲ 图9-1-37　右弓步冲拳　　　▲ 图9-1-38　马步看拳

22. 第二十二式　收势

动作要点：马步分掌，并步按掌，落掌（图9-1-39）。

▲ 图9-1-39　收势

学练赛方法

（1）按动作要领进行分解练习，再做完整动作练习。

（2）多个动作组合练习。

（3）以小组为单位进行套路练习。

（4）听音乐独立完成动作练习。

（5）以班级为单位，分小组，比赛八式太极拳或三段长拳套路。

评一评

以班级为单位，每人选择八式太极拳或三段长拳套路进行展示，评选出动作最到位的同学、动作最流畅的同学和神形兼备、身心合一的同学。

启思导练

习练武术强调个体身心的和谐、形神兼备，强调人与社会的和谐、人与自然的和谐。你在学练武术的过程中是如何体现和谐的特点呢？请与同学一起讨论，并尝试练习。

专项体能

1. 马步冲拳练习。
2. 各种方式的踢腿练习。

第一节　武术

走进运动场

武术套路竞赛规则要求个人项目场地长14 m，宽8 m；集体项目场地长16 m，宽14 m。

武术套路竞赛规则要求运动员完成成套动作后，须并步收势（计时结束），再转向裁判长行注目礼，然后退场。运动员应在同侧场内完成相同方向（左右不得超过90°）的起势与收势。除集体项目，任何项目在比赛时均不得配乐。

武术美学是武术运动中对形态和意识所产生的美与审美的统称，包括武术的刚柔美、节奏美、技击美、形神美、意境美五大部分。阴阳刚柔相互统一、相互转化体现了武术的刚柔美；动静、快慢、轻重、刚柔的对立变化体现了武术鲜明的节奏美；武术拳种门派众多，攻防格斗的技击美在历史文化的熏陶下，体现得淋漓尽致；武术强调形神兼备，注重内外合一、身心兼修，体现了武术的形神美；而武术的意境美是武术的本质与格调的体现，使武术具有了更浓郁的民族特色，且武术的招式名称也尽显武术的意境美，"燕子抄水""仙人指路""吐为落雁""纳为鹰扬"都是武术之美的体现。

体育礼仪

1. 武术运动员听到上场比赛的点名时，应向裁判长行"抱拳礼"。然后走到裁判长的右侧半场完成相同方向的起势和收势。听到宣布最后得分时，也应向裁判行"抱拳礼"以示答谢。

2. 运动员起势前需要排除杂念、凝神静气，观众此时应全神贯注地观看，不要鼓掌加油。

励志人物

霍元甲是清朝末年著名的爱国武术家。1910年6月1日，霍元甲在农劲荪等人帮助下，在上海创办了"中国精武体操会"，为了救国，他更是迈出了很不容易的两步：第一步打破家规，开始收外姓人为徒；第二步把秘宗拳改为迷踪艺，让套路变得更实用，以便让人们能够尽快掌握要领，学会防身。孙中山先生对霍元甲"以武保国强种"的胆识给予了很高的评价，在精武会成立10周年之际，他亲临大会，题写了"尚武精神"四个大字，以示对霍元甲的纪念。霍元甲的一生诠释了作为一个中国人的精武图强，将爱国精神发扬光大，他的传奇事迹和感人精神流传至今。

第二节 民间传统体育

运动中国

我国的民间传统体育是由各民族人民共同创造并经过实践和优选传承下来的运动项目或形式。这些运动项目或形式丰富多样、民族特色鲜明，富有不同的文化内涵。民间传统体育在凝聚中华民族精神与力量，传递中国传统文化中的理念、情趣、情感等方面发挥着重要影响力。发挥学校作为民间传统体育传承与发展的主阵地作用，将有助于培育青少年承担民间传统体育发展的历史责任。在国家的鼓励和支持下，各个地区、各个学校研究、梳理、总结民间传统体育的文化精髓，选择易于开展的项目，进一步丰富学校体育教育内容，让体育课更科学合理，更富有趣味性，以培养阳光健康、拼搏向上的学子，以体育人、以文化人，增强文化自信，增强实现中华民族伟大复兴的精神力量。

学习目标

1. 了解民间传统体育的基本知识与锻炼价值，选择自己感兴趣的项目进行学习，掌握基本技术。
2. 通过学练民间传统体育项目，丰富日常生活，增强体质，热爱运动，培养终身体育的意识和习惯。
3. 通过学练民间传统体育项目，有意识地积极主动传承与弘扬民间传统体育文化，坚定文化自信，增强民族自豪感、凝聚力。

大事记摘要

1 1953年，第1届全国少数民族传统体育运动会将赛龙舟作为表演项目。

2 1984年，国家体委（现国家体育总局）将毽球和龙舟竞渡列为全国正式比赛项目。同时，在广州佛山举行了全国首届"屈原杯"龙舟赛。

3 1985年，中国龙舟协会在湖北成立，现总部设于北京。

4 1991年，第4届全国少数民族传统体育运动会，赛龙舟被列为正式比赛项目。

5 1995年，中国龙狮运动协会在北京成立。

6 1995年，首届龙舟国际锦标赛在湖南岳阳举办。

7 1999年11月，国际毽球联合会成立。

8 2010年11月，在广州举办的第16届亚运会上，龙舟首次成为正式比赛项目。中国队在龙舟比赛中包揽女子项目3枚金牌，男子项目获得2枚铜牌。

  民间传统体育是各民族历代因循、普遍开展的具有浓厚民间文化色彩和特征的体育活动。它作为一种社会实践活动，与人类的发展有着同步的节奏，源于人类的生产劳动、生活习惯、军事训练、种族繁衍及经济活动等。

  学习民间传统体育项目，有助于你了解、传承、弘扬民间传统体育文化，培养尚和谐、重道德、尚礼仪、重宽容和重敬业的精神，强身健体，修身养性，陶冶情操，形成积极健康的生活方式。

一、毽球

  毽球（图9-2-1），俗称"踢毽子"，起源于汉代，是由侗族、苗族、水族同胞传统的"手毽"活动演变而来，流传于湘、鄂、渝、黔地区的民间传统游戏，于南北朝和隋唐盛行，在宋代得到极大发展。到了清代，踢毽子从一项娱乐游戏活动发展成竞赛运动的毽球，在各地得到广泛的开展。中华人民共和国成立以后，毽球运动逐渐成为受欢迎、易开展的大众体育项目。经常踢毽球，可以让身体协调自如，身轻似燕，在与他人一起运动的过程中，还能充分调动积极性，激发责任感和团队协作意识，感受运动的快乐，使身心俱健。

◀ 图9-2-1 毽球比赛

毽球运动集羽毛球的场地、排球的规则、足球的技术于一体，具有较强的健身性、娱乐性、竞技性。毽球运动所需场地不大，设备简单，规则和比赛方法也不复杂，比赛节奏可快可慢，运动量可大可小，适宜多数人参加，具有良好的群众运动基础。

毽球的基本技术包括：准备姿势，一般分为左右开立和前后开立两种；移动步法，即从起动到制动之间所采用的身体位移方法，有前上步、后撤步、并步、滑步、交叉步、跨步、转体上步和跑动步等；起球技术，有脚内侧起球、脚外侧起球、脚背起球，除此之外，还有腿部起球、腹部起球、胸部起球和头部起球等；发球技术，有脚正面发球、脚内侧发球、侧身脚背发球。

体育之窗

太极柔力球运动吸收了中华传统文化中的思想精髓，是将中国传统的太极运动元素与现代的健身理念融为一体，以迎、引、抛为技术特征，以套路和隔网对抗为主要运动形式，是具有民俗特色的体育运动项目。这项运动的技术动作刚柔并重、缓急有致、形神兼备、灵活多样，是一项全身性的有氧运动，可以使人的身体得到全面均衡发展，同时，运动中以退为先、以静制动，可以锻炼人的思维能力，培养创造意识。

二、舞龙

舞龙（图9-2-2），又称"舞龙灯"，是一项集娱乐、竞技、健身等功能于一体的体育运动。舞龙在我国的发展历史悠久，每逢喜庆佳节、节日庙会等，多地流行舞龙灯，以寄予人们对风调雨顺、吉祥丰收的祈福和向往。关于舞龙的

◀ 图9-2-2 舞龙

第二节 民间传统体育 229

记载，最早起源于古代的求雨祭祀活动，殷商时期是以"舞"或"奏舞"的祭祀活动进行求雨，在甲骨文记载中就有"其乍龙与凡田，又雨"的记录。汉代，出现"鱼龙漫衍"之戏；唐宋时期，"社火""舞队"表演中耍龙灯已是常见的表演形式，且规模较大，进入鼎盛阶段，成为中华民族传统文化的重要组成部分。明清时期，舞龙的表演形式和种类有了进一步发展，已达到较高的艺术水准，其表演上追求形神兼备，特别强调舞龙回旋婉转之态，讲究飞腾冲天之象。而今，舞龙已是中华民族传统节日文化活动的重要组成部分。由于不同民族、不同地域的风俗习惯，舞龙也衍生出种类繁多、各具特色的不同形式，如舞火龙、舞草龙、舞板凳龙、舞人龙、舞荷花龙等近百种。

舞龙，由龙珠、龙头、龙身和龙尾组成。舞龙珠者是舞龙队指挥者，引导其他队员完成龙的游、穿、腾、跃、翻、滚、戏、缠、组图造型等动作，确保舞龙动作生动、流畅、协调。舞龙头者是在舞龙珠者引导下紧随其后，从而带动龙身的舞动；龙头摆动时一定要龙嘴领先，以显追"珠"之势，龙嘴与龙珠相距约 1 m，似吞吐之势。舞龙身者与前后队员保持一定的距离，眼观四方，走定位，龙身不可触地、打结、脱节。舞龙尾者是随着龙身的带动，时刻左右摆动龙尾，以体现龙的灵巧生动。

在舞龙过程中，舞者随着鼓乐伴奏完成动作，以尽显龙的威严和精、气、神、韵，将力量、速度、耐力等融合于舞龙技巧当中。参与这一运动，不仅可以提高身体的力量、灵敏性、协调性，促进心肺功能发展，还能培养文化自信，增强民族自豪感，培养不屈不挠、奋发向上、勇于拼搏的精神。

> **体育之窗**
>
> 传统舞龙是中国几千年历史文化的产物，是作为一种祭祀活动或节日庆典活动存在的。中华人民共和国成立后，国家倡导将舞龙作为一种健身和教育手段。经过研究、挖掘、改造后的现代舞龙运动，被新时代赋予了健身、教育、娱乐、竞技等意义和功能，在保持浓郁的民族特色基础上，又具有了现代体育运动的价值特征。

三、舞狮

舞狮（图9-2-3），又称"狮子舞"，每逢元宵佳节或集会庆典，人们通过舞狮寄托国泰民安、吉祥如意的美好愿望。舞狮的起源众说纷纭，文献中关于舞狮的最早记载是三国时魏人孟康注释的《汉书·礼乐志》："若今戏虾鱼、狮子者也"。南北朝时期，舞狮开始盛行，到了唐朝，舞狮已盛行于宫廷、军营及民间，是一项重要的社会娱乐活动，同时，开始与配乐同台，烘托出舞狮表演的热闹气氛。明清时期，民间舞狮活动已比较普遍了。如今，在我国传统节日期间，民间舞狮已成为隆重的喜庆仪式，各个狮队之间还会进行较量和切磋，具有了比赛的性质，逐渐形成了竞技舞狮的雏形，使舞狮运动朝着规范化、竞技化和国际化的方向发展。

◀ 图9-2-3
舞狮

舞狮运动是利用人体多种姿态和狮头、狮尾双人配合，在音乐伴奏下，完成翻腾、跳跃、登高等动作，在动态和静态造型变化中展现力量美、速度感。舞狮运动不仅能使人强健体魄，娱乐身心，还能使人获得勇敢、乐观、向上的奋进力量，增强民族自豪感和集体荣誉感。

学习舞狮首先要掌握狮头的握法和一些代表性技术动作。狮头的握法是舞狮的基本技术，有单手反握法和双手反握法（图9-2-4）。

单手反握法 　　　　　　　双手反握法

◀ 图9-2-4
狮头的握法

南狮舞狮的代表性技术动作包括采青和上步拜狮。采青动作主要由食青、碎青、吞青、吐青四个难度动作组成。采青是套路表演登高采摘悬挂于高处或置于盆中的"利是"，因"利是"往往伴以青菜，故名"采青"，挂青者多会图得吉利。上步拜狮又称三拜狮，意味着尊敬之意，比赛或表演时是对观众、裁判的尊敬，同时也是舞狮套路的开始或结束。

体育之窗

舞狮按地域可分北狮和南狮，在艺术造型和表演形式上呈现不同的风俗习惯和地方特色。北狮主要流行于长江以北地区，其狮子造型逼真，主要表现狮子勇猛剽悍、顽皮活泼的姿态；南狮主要流行于广东、广西等南方各地，又称"醒狮"，其神似重于形似，外形和颜色多样，造型威猛。2006年5月20日，狮舞（徐水舞狮、天塔狮舞、黄沙狮子、广东醒狮）经国务院批准被列入第一批国家级非物质文化遗产名录。

第二节　民间传统体育　231

图 9-2-5 赛龙舟

四、龙舟

龙舟（图 9-2-5），又称赛龙舟、龙舟竞渡等，是一项集众多划手，依靠单片桨叶的划桨作为推进方式，运用肌肉力量向船后划水，推动船前进的运动。这项运动是我国端午节的习俗活动之一，是人们在长期生产活动和社会活动中创造的一种具有独特民族特色的运动，盛行于南方水乡地区。关于赛龙舟的起源，说法不一，有说是"祭曹娥""祭屈原""祭水神"或"祭龙神"等祭祀活动，其中，流传最广的是"祭屈原"说和"沅陵盘瓠招魂"说。公元前278年农历五月初五，楚国大臣屈原因富国强兵等政治主张不被采纳，反遭小人诬陷，含恨投江殉国，楚人驾船争逐江上相救，但未果。此后，每年人们都会举行赛龙舟，借划龙舟驱散江中之鱼，以免鱼吃掉屈原的身体，以祭祀屈原。另有史料记载早在屈原之前，沅陵（湖南省怀化市沅陵县）就有了龙舟。沅陵龙舟发源于远古，祭祀的对象是五溪各族共同的始祖盘瓠。这一起源说比纪念屈原的传说更有地方特色。

经过几千年的演变和发展，赛龙舟逐渐从民间习俗活动演变成一种竞技体育活动，形成规范的龙舟体育文化。如今，龙舟赛进入了一个新的发展阶段，已成为国际性的比赛项目，在浩瀚的世界体育大观园中占有一席之地。同时，此项运动逐渐走进校园，很多学校开设了赛龙舟课，为传承与发展民族民间传统体育项目提供了良好的契机。目前，赛龙舟已被我国列入国家级非物质文化遗产名录。

赛龙舟通常在江、河、湖、海上进行，经常参加此运动，不但能使人体心肺功能、肌肉力量得到提高，还能增强意志品质，建立良好的安全责任意识、团队意识。同时，赛龙舟承载了民族文化传承、教育、娱乐、竞技等多种功能，有利于增强民族自豪感、凝聚力，培养爱国主义精神。

赛龙舟时，一支龙舟队伍由划手、鼓手、锣手、舵手组成。按照国际标准，参赛的龙舟标准是可容纳22人的船体。而在不同的文化下，各个地区的赛龙舟都有各自的规则，其龙舟大小不一，划手人数不一，如广西南宁龙舟长20多米，每船五六十人；湖南汨罗龙舟长 16~22 m，划手 24~48 人；福建福州龙舟长 18 m，划手 32 人。

赛龙舟的基本划手动作由握桨、坐姿、划桨技术及集体配合等组成。比赛过程一般分为起航、途中和冲刺三个阶段。想要在比赛中战胜对手，取得优异成绩，就要采用合理战术，主要包括起航领先战术、匀速划战术、冲刺划战术。

评一评

以小组为单位，将自己研究或学练的民间传统体育项目介绍给大家，小组内评选出研究最有特点的组员和学练最有成果的组员。

启思导练

中国民间传统体育项目种类繁多，除了毽球、舞龙、舞狮、龙舟之外，还有陀螺、抢花炮、射箭、板鞋竞速等。请选择一项自己感兴趣的项目，了解该项目的起源和发展，在有条件的情况下，开展学练活动。

专项体能

1. 毽球：正踢腿、下劈腿练习。
2. 舞龙：绕杆蛇形跑练习。
3. 舞狮：杠铃抓举、跳深练习。
4. 赛龙舟：哑铃、杠铃推举练习。

体育之窗

鼓手是龙舟队的灵魂，通常站在船头，其擂鼓水平直接影响比赛成绩。鼓手身高不宜太高，身体要轻盈、灵活，击鼓时注意力要集中，鼓点心中有数，控制腕力，落鼓快，鼓声不能拖泥带水，声音要清脆有节奏。

运动安全

踢毽球要选择平坦的场地，注意清除场地中的小石子，避免运动损伤。舞龙舞狮时，要加强对踝关节的保护，对动作要有预判，增强自我保护意识。学练赛龙舟前要学会游泳和实用游泳的基本技术，掌握基本救护知识。

走进运动场

毽球比赛时，双方各上场3人。比赛时由发球一方队员在发球区内抛球，用脚踢到对方场内比赛即开始。对方场区接发球时，3人最多共击球4次，每名队员连续击球不可超过2次。比赛采用3局2胜，每球得分制，3人赛每局21分，其他各项每局15分。

舞龙比赛时，每支运动队人数不超过16人。北狮和南狮的比赛方法有所不同，南狮比赛每支运动队人数限定为10人，北狮比赛每支运动队人数限定为12人。竞赛项目分为规定套路、自选套路、传统套路、技能舞龙或技能舞狮、其他舞狮。其中，规定套路、自选套路得分高者，名次列前。舞龙舞狮的音乐伴奏是烘托气氛、转换节奏、激发队员情绪的重要组成部分。音乐旋律、乐曲快慢、强弱转换等均要与舞龙舞狮动作成为一个协调、完美的整体。

赛龙舟的场地必须在静水水域，赛道的长度和宽度须经过专业人员测量并有精确的平面图。每条龙舟必须配有规格及造型一致的鼓。运动员须会游泳，具备穿着比赛服游 200 m 以上的能力。

体育礼仪

1. 毽球比赛多在室内进行，故观众拍照时不要使用闪光灯，以免影响运动员。

2. 舞龙比赛时，运动员上场后，由"龙珠"向裁判台、观众席举手示意。完成比赛套路后，全队排成一排向裁判台、观众席举手行礼。

3. 舞狮时，如果遇上比自己早来的舞狮队伍，要拱三下狮头，以示礼让尊重。

4. 龙舟赛大多设置在风景秀丽的水域或城市中心，比赛和观赛时要爱护人文景观和大自然环境。为了安全，观众必须按要求有序观看，不要推挤，以免落水。

励志人物

张文广是我国著名武术教育家，被人们称为武术界的巨人。他一生致力于武术教学，参与创建了我国体育院校的第一个武术系，培养出了我国第一批武术硕士研究生。张文广自幼痴迷武术，下功夫苦练基本功，在求学期间因勤奋好学，得到众多武术名师的教授和指点，最终博采众长，融为己用，形成了自己的风格。成为一名教师后，他遵循"身教重于言教"的原则，认真上好每一节课，注重对学生进行武德教育与培养，弘扬和发掘中华武术精神。多年来，张文广为祖国培育了众多武术之花，浇灌了众多武林之苗，是一位技艺全面、文武双全的教育家。

本章小结

本章学习了武术与民间传统体育类运动项目的基本知识、技战术和基本规则，加深了你对祖国博大精深的武术和多彩多样的民间传统体育及其中蕴含的文化内涵的了解。希望你在日后的学练中，注重提升尊师重道、仁义忠厚等武德修养，坚定民族文化自信，树立民族自豪感，弘扬民族精神，并积极地将所学知识运用到平时的体育锻炼中和课内外活动中，在增进健康的同时将中国武术和民族精神发扬光大。

第十章
新兴体育运动

新兴体育运动是指在国际上比较流行,国内开展不久或经过创新的,深受大众喜爱的运动项目,例如,花样跳绳、轮滑、定向运动、滑板和攀岩等。这些运动项目在人们的探索和创新下,仍在不断演变。本章结合新兴体育运动项目的受欢迎程度及在中职学校开展的实际情况,主要介绍花样跳绳、轮滑和定向运动三个项目的基本知识和技能。

第一节 花样跳绳

运动中国

清光绪初年,"中华跳绳王"胡安民的祖母将宫廷花绳和民间常规跳绳结合,创立了"花式跳绳"。1957年,胡安民在"花式跳绳"基础上不断创新,把"花式跳绳"改为"花样跳绳"。花样跳绳包含十二大类,六十多套绳路,三百多种跳法。近年来,陕西西安花样跳绳运动发展迅速,培养了众多跳绳爱好者。在人民群众的共同努力下,全国农民运动会以及陕西省民运会、农运会、工运会已把花样跳绳列入正式比赛项目。目前,花样跳绳已被陕西省、西安市列入省级、市级非物质文化遗产项目。

学习目标

1. 了解花样跳绳的基本知识及锻炼价值,知道如何安全、科学地进行学练。
2. 掌握花样跳绳基础练习方法,初步学会至少两种单人绳花样和两种双人绳花样,结合跳绳游戏和比赛,进一步提高身体平衡能力、控制能力和单人绳花样技术。
3. 培养不怕困难、积极进取、团结合作、自信创新等优秀品质,提高观察、分析和相互协作的能力。

大事记摘要

1. 2002年，陕西省第3届民运会，花样跳绳被列为正式比赛项目。

2. 2015年，在首届世界学生跳绳锦标赛上，一位中国学生以30 s单摇跳单脚110次（原纪录106次）和3 min单摇跳单脚548次（原纪录530次）打破两项世界纪录。

3. 2018年，国际跳绳联合会成立。

4. 2019年，挪威跳绳世界杯赛，中国少年团队三破世界纪录，斩获8金8银3铜，让中国国歌频繁响彻世界舞台。

5. 2019年，亚洲跳绳联合会成立。

6. 2020年，《中国跳绳段位制（试行）》印发。

一、认识花样跳绳运动

花样跳绳是集运动性、技巧性与趣味性于一体，将速度与力量、难度与花样、传统与创新相结合的运动项目，具有娱乐性、观赏性、表演性和竞技性等多种特点。花样跳绳简单易练，不受时间限制，安全性较高，是适宜在学校开展的运动项目。

经常参与花样跳绳运动，不仅可以提高心肺系统功能和身体协调性，还可以缓解压力，改善情绪，有助于培养自信、健康、快乐的运动理念。同时，在与同伴共同参与、默契配合的过程中，还能提升开拓创新、挑战自我的意识并增强集体责任感。

二、花样跳绳运动技术

（一）单人花样跳绳

1. 并脚后摇跳

动作要点：双手握绳，上臂靠近身体两侧，双手手腕发力向后摇绳，绳将落地的瞬间双脚并拢起跳（图10-1-1）。

▲ 图10-1-1　并脚后摇跳

第一节　花样跳绳　237

2. 基本交叉跳

动作要点：此动作分成两拍完成，双手摇绳，第一拍两手为交叉摇绳，第二拍两手为直摇绳（图10-1-2）。

◀ 图10-1-2
基本交叉跳

学练赛方法

（1）徒手模仿跳绳练习。

（2）正、反向摇绳练习。

（3）慢动作跳绳练习。

（4）由慢到快反复练习完整技术动作。

（5）1 min单摇或交叉单摇跳比赛。

体育之窗

跳绳可分为竹节绳、胶绳和钢丝绳等。竹节绳的颜色鲜艳，打地的声音清脆，易于跳绳者掌握节奏，常用于花样跳绳集体表演。胶绳的绳体较轻、耐磨，常用于个人花样表演或多摇跳练习。钢丝绳因与空气阻力较小，常用于速度比赛。

启思导练

集体花样跳绳对团队的配合默契程度要求较高，降低失误、减少断绳和停绳的次数是基本要求。此外，绳速、动作、节奏保持一致，成功率才能更高。你和同伴在参加集体花样跳绳的过程中探索到了哪些默契配合的方法和技巧呢？请和同伴交流，并尝试练习双人、多人多种动作组合跳，看看能完成几种动作的组合？

（二）双人花样跳绳

1. 双人单绳跳

动作要点：两人并排站立，分别用外侧手握住绳的两端，将绳置于体后，两人同时向上向前摇绳，当绳摇至脚下时两人跳起（图10-1-3）。

2. 双人双绳跳（两绳交叉同步跳）

动作要点：两人并排站立，交叉持绳，同时摇跳，两绳始终处于相互交叉状态，两人动作协调一致。也可进行后摇跳（图10-1-4）。

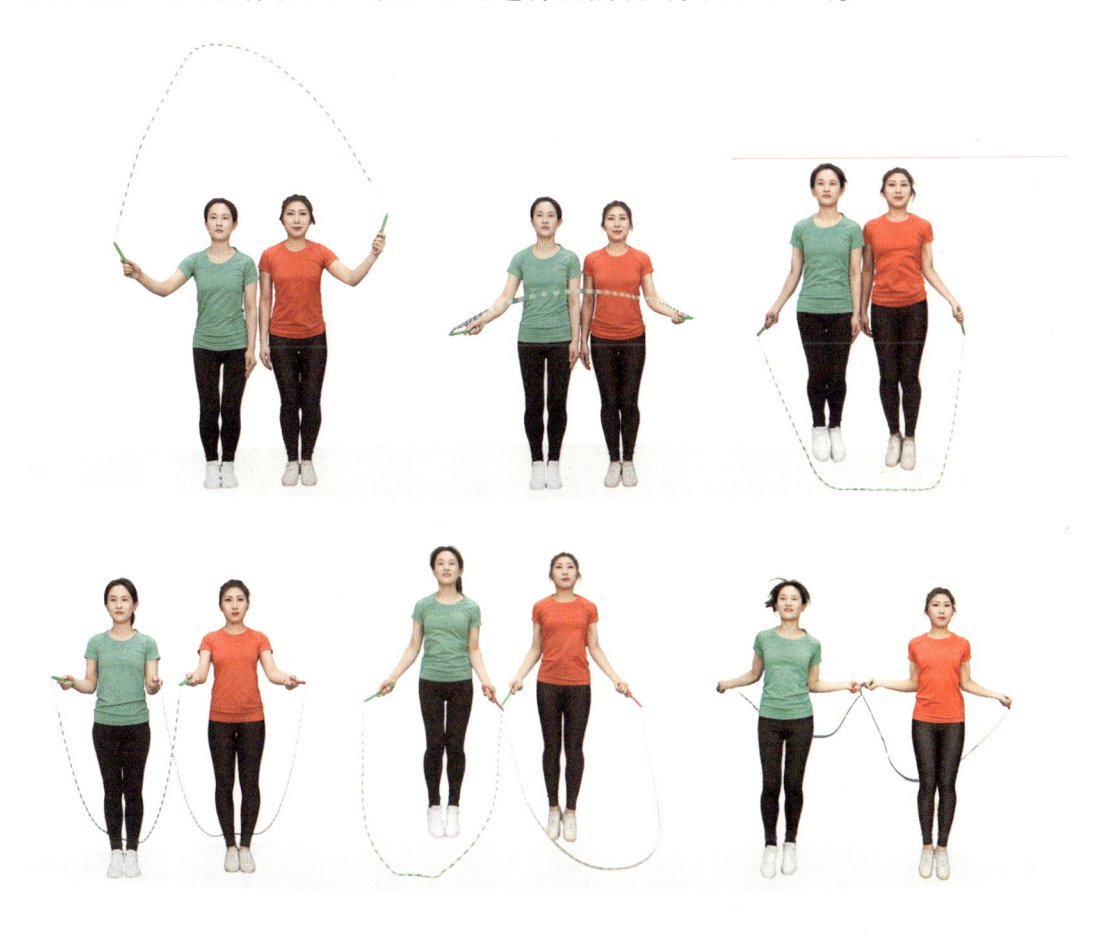

◀ 图 10-1-3 双人单绳跳

◀ 图 10-1-4 双人双绳跳

学练赛方法

（1）双人原地徒手跳绳。

（2）双人正、反向摇绳练习。

（3）两人摇一绳，从一人跳过渡到同时跳。

（4）两人摇两绳连续跳练习。

（5）两人一组，1 min连续跳比赛。

专项体能

1. 30 m快速往返跑练习。
2. 哑铃屈腕练习。
3. 3 min耐力跳绳比赛。

（三）多人跳长绳

1. 单长绳"8"字跳

动作要点：由单人鱼贯式或多人一起跑进、跳过、跑出的方式进行，采用跑"8"字的方式上绳。

2. 长短绳跳（原地绳中绳跳）

动作要点：跳短绳者和摇长绳者同时摇绳，跳短绳者跳绳的节奏要与摇起的长绳节奏一致。根据长绳的长度，可以适当增加跳短绳的人数（图10-1-5）。

▶ 图10-1-5
长短绳跳

学练赛方法
（1）前摇、后摇、侧摇和平摇等摇绳动作练习。
（2）两人持一绳，相对跳、背向跳等技术动作练习。
（3）集体"8"字跳绳技术动作练习。
（4）3 min 10人长绳"8"字跳比赛。
（5）3 min长短绳连续跳比赛。

评一评

以班级为单位，两人一组，根据学习内容，利用两种单人跳绳花样和两种双人跳绳花样，组合创编4个8拍动作，班级内相互评价各组创编创意，组内自评配合默契程度。

⚠️ **运动安全**

1. 穿着质地软、重量轻的运动鞋，避免脚踝受伤。
2. 练习时注意观察周围环境，确保自己和他人的安全，避免绳具抽打到他人。
3. 选择防缠绕的跳绳，初学者宜用硬绳，熟练后可改为软绳。
4. 跳起高度不宜太高，落地时稍有屈膝缓冲动作，呼吸要有节奏，全身要放松。

走进运动场

花样跳绳计数赛场地为5 m×5 m，花样赛场地为12 m×12 m，广场绳舞和小型、大型集体自编赛、规定赛场地不小于15 m×15 m，3 min 10人长绳"8"字跳要求两名摇绳运动员间距不小于3.6 m。

花样跳绳经过编排后，分为个人绳、交互绳和大长绳，每项跳绳下又分有不同难度级别的动作。观赏花样跳绳比赛时，要观察跳绳者能否结合不同的音乐调节难度和动作，使得动作和音乐相结合，并能创造新颖的跳绳动作。

体育礼仪

参赛者应在动作开始前和结束后，向裁判和观众鞠躬行绳礼，即参赛者两脚左前右后站立，右脚全脚着地，左脚脚跟着地，脚心踩在绳子中间位置，双手各握两端绳柄持绳于身体两侧，鞠躬示意。

第二节 轮滑

运动中国

2014年，南京青奥会上，轮滑被作为实验性项目进入奥运会大家庭，成为体育实验室中的一项。青奥会期间，体育实验室的轮滑项目深受南京市民、青少年的喜爱。热情的轮滑项目感染了六朝古都，为满足市民日益高涨的运动热情，南京市委、市政府将轮滑纳入"一城、两中心、两基地"发展计划中，筹划建立世界轮滑之都。2016年，国际轮滑联合会授予南京市"世界轮滑之都"的称号，南京是世界上第一个被授予该荣誉称号的城市。

学习目标

1. 了解轮滑运动的基本知识和锻炼价值，掌握轮滑运动的安全知识，提高自我保护意识与能力，养成良好的锻炼习惯，促进身心健康。
2. 掌握轮滑运动的基本技术动作，提高体能与技术运用水平，改善心肺功能，提高肌肉力量素质，增强身体的协调性和平衡能力。
3. 培养机警敏锐的思维、勇于挑战的品质，并能陶冶情操，丰富课余生活。

大事记摘要

1. 1924年,国际滚轮溜冰联合会成立。1952年,改为现名"国际轮滑联合会"。

2. 1980年,中国轮滑协会正式成立,并加入了国际轮滑联合会。

3. 2010年,第16届广州亚运会,速度轮滑和花样轮滑被纳入正式比赛项目。

4. 2012年,中国轮滑协会将每年的6月6日定为"中国轮滑日"。

5. 2016年,国际奥委会执委会宣布,将滑板正式纳入第32届东京奥运会比赛项目。

6. 2017年,世界全项目轮滑锦标赛在中国南京举办。

一、认识轮滑运动

轮滑也称旱冰或滚轴溜冰,是一项穿着轮滑鞋在平坦的地面上自由滑行的运动。轮滑运动种类繁多,表现形式各异,包括速度轮滑、极限轮滑、花样轮滑、轮滑球、休闲轮滑五大类。轮滑运动具有竞技、娱乐、健身、艺术表演等多种功能。由于这一运动受气候和场地条件的限制较小,装备便于携带,技术容易掌握,因而普及程度很高,参与人数众多。

经常学练轮滑运动,不仅可以有效地改善和提高机体中枢神经系统功能,提高呼吸系统等内脏器官的功能,而且能够全面协调和综合地发展身体的速度、力量、耐力、灵敏等各方面素质,特别是对青少年的身心发展具有积极作用。

二、轮滑运动技术

(一)滑行

1. 双脚滑行

动作要点:"八"字站立,右脚蹬地后迅速与左脚并拢,两脚平行站立滑行。左脚反之,交替进行(图10-2-1)。

▲ 图10-2-1 双脚滑行

2. 单脚滑行

动作要点："八"字站立,右脚蹬地后收于左脚后方,依此方法蹬地向前滑行,反复进行(图10-2-2)。

3. 交替滑行

动作要点："八"字站立,右脚蹬地后迅速收于左脚后方,再由左脚蹬地滑行,交替反复进行(图10-2-3)。

▲ 图10-2-2 单脚滑行

▶ 图10-2-3 交替滑行

学练赛方法

(1) 单脚交替蹬收练习。

(2) 单脚蹬地移重心,单脚支撑练习。

(3) 单脚蹬地并腿向前滑行2~3 m练习。

(4) 单脚蹬地单脚滑行练习。

(5) 单脚蹬地单脚滑行和交替蹬地滑行比赛。

体育之窗

轮滑时,难免会跌倒,所以必须掌握正确的跌倒姿势,以确保安全。当你感到即将要跌倒时,要快速反应,收紧颈部、腰腹部等处的肌肉,降低重心使身体缓慢接触地面,减缓冲击力。

前摔时,屈膝下蹲,膝关节顺势先着地,再双臂屈肘撑地,以减少摔向地面的撞击力。侧摔时,屈膝下蹲,重心下移,双膝缓慢接触地面,再用双臂向一侧撑地来减缓冲击。后摔时,保持膝关节弯曲,使臀部先着地,顺势后倒双肘撑地,并低头团身以免摔伤头部。

前摔　　　　　　　　　　　侧摔

后摔

244　拓展篇　第十章　新兴体育运动

（二）制动技术

1. 单排制动

动作要点：脚尖微向上，让刹车器与地面摩擦逐渐减速而停止（图10-2-4）。

2. "八"字制动

动作要点：两脚尖内扣呈"八"字，降低重心，两脚向外用力（图10-2-5）。

3. "T"形制动

动作要点：一只脚单脚滑行，另一只脚横放在前脚后面呈"T"形（图10-2-6）。

▲ 图10-2-4　单排制动

正面　　　侧面　　　　　　　正面　　　侧面

▲ 图10-2-5　"八"字制动　　　▲ 图10-2-6　"T"形制动

学练赛方法

（1）向前滑行3～5 m，单排制动练习。

（2）向前滑行3～5 m，"八"字制动练习。

（3）向前滑行3～5 m，"T"形制动练习。

（4）固定停止范围的制动练习。

（5）限定距离的滑行比赛。

启思导练

在学习滑行基本技术后，能迅速移动身体重心是提高技术的关键。可以利用地上的直线左右变换重心练习单脚支撑滑行，也可以做各种走的练习，如高抬腿走、左右移动走、左右交叉步移动走等。你还有其他更好的练习方法吗？请和同学一起分享吧！

专项体能

1. 单脚收腿屈伸跳练习。

2. 左右跨步蹬跳练习。

3. 屈腿走30 m练习。

评一评

班级比赛，分小组完成直线两腿交替滑行30～40 m，滑行途中运用2～3种制动技术。评一评哪一组的动作最连贯、协调、自然。

第二节　轮滑　245

运动安全

1. 按规定佩戴护具，保护好头部和四肢关节。
2. 养成靠右侧滑行和圆形场地上逆时针滑行的习惯。
3. 遵守交通规则，不在机动车道上滑行。
4. 避免在有水、油或充满杂物及不平坦的场地或路面上滑行。
5. 养成滑行前检查各零部件及紧固装置的习惯。
6. 初学者要循序渐进、由易到难系统地学习，应熟练掌握自我安全保护技术。

走进运动场

轮滑运动对场地、器材的要求并不高，初学者只需要一双轮滑鞋和一块平整的水泥地面或柏油路面，就可以享受轮滑运动的乐趣。

轮滑竞赛对场地的要求较高，速度轮滑的比赛场地分为场地跑道和公路跑道两类。场地跑道为椭圆形，标准比赛场地的长度为200 m，宽度为6 m。公路跑道分为起点与终点不衔接的直线开放式跑道和起点与终点相衔接的封闭环形式跑道两种。封闭环形式跑道最短不少于250 m，最长不超过1 000 m，跑道的宽度全程不得小于5 m。参加轮滑比赛时要右向滑行，超越他人时一定要从外道超越。

体育礼仪

运动员参加比赛时要向教练、裁判敬礼：右手握拳，置于左胸前，身体前屈低头行礼。运动员之间也要行礼节，如招呼礼、击掌礼、鞠躬礼、鞠躬拍手礼、握手礼等。

第三节 定向运动

运动中国

雨水打在石板路上，选手们愉快地奔跑，城楼、酒旗、马头墙被脚步串起，古风、古韵在脚下被唤醒……2016年，南粤古驿道定向大赛开跑。这项大赛以挖掘古驿道文化内涵和改善村落人居环境为切入点，创新了"古驿道+体育"的发展模式，让南粤古驿道焕发出新的生机。大赛赛场设在我国广东省美丽的古驿道、古村落，这项赛事将体育与水乡文化、山居文化和海洋文化相结合，发扬中华优秀传统文化内涵；将体育与旅游相结合，参赛者亦是游客，在运动中享受旅行的愉悦，感受自然风光，融入自然。新兴体育运动项目在中国大地上发展得如火如荼，在党和国家的带领下，中国人民用智慧的头脑、坚定的文化自信和踏实务实的精神，打造了具有中国特色的群众体育文化。

学习目标

1. 了解定向运动的基本知识和锻炼价值，掌握定向运动地图基本知识、指北针结构及户外运动常识。
2. 学会导航读图方法，提高野外生存能力。
3. 培养团队合作能力、规则意识及社会责任感。

大事记摘要

1 1897年10月31日，世界上第一次公开的定向运动比赛在挪威的首都奥斯陆举行，它被认定为定向运动史上的第一座里程碑，标志着定向运动的诞生。

2 1961年，国际定向运动联合会成立。

3 1966年，第1届世界定向锦标赛在芬兰举行。

4 1977年，定向运动被国际奥委会确定为奥林匹克运动项目。

5 1991年，中国定向运动委员会成立，1995年，更名为中国定向运动协会。

6 1992年7月，中国加入国际定向运动联合会。

7 1994年，首届全国定向锦标赛在北京举行；2004年，首届全国定向冠军赛在南京举行。

8 2018年，中国定向运动协会与中国无线电运动协会合并，更名为中国无线电和定向运动协会。

一、认识定向运动

定向运动是一项智慧型体育项目，是智力与体力并重的运动。定向运动是利用一张定向地图和一个指北针，按顺序到访地图上所指示的各个点标，以最短时间到达所有点标者为胜的运动。定向运动开展范围较广，可以在校园、野外、城市公园里开展。

经常参与定向运动，可以强健体魄，培养识图辨别方向能力、逻辑思维能力、时间管理能力和专注力，还能让我们学会独立思考、独立解决问题，在压力环境中迅速反应，果断决策。

> **⚠ 运动安全**
> 1. 比赛中保持稳定的情绪和自信心。
> 2. 认真、仔细地选择正确、安全的路线。
> 3. 全程合理分配体力。
> 4. 在平日，多储备户外运动的意外事故急救、自救知识和技能。

（一）定向运动地图

地图是开展定向运动必备的工具之一。根据比赛地点的不同，配备不同的地图，如开展公园定向运动，需要配备公园地图。

在地图上，一条标准的定向路线包括一个起点（用三角表示），一个终点（用双圆圈表示）和一系列点标（用单圆圈表示）。定向运动地图组成元素有方向指示标识、比例尺、符号和颜色、等高线、图例注记和检查点符号说明表等。地图方向默认"上北下南，左西右东"（图10-3-1）。

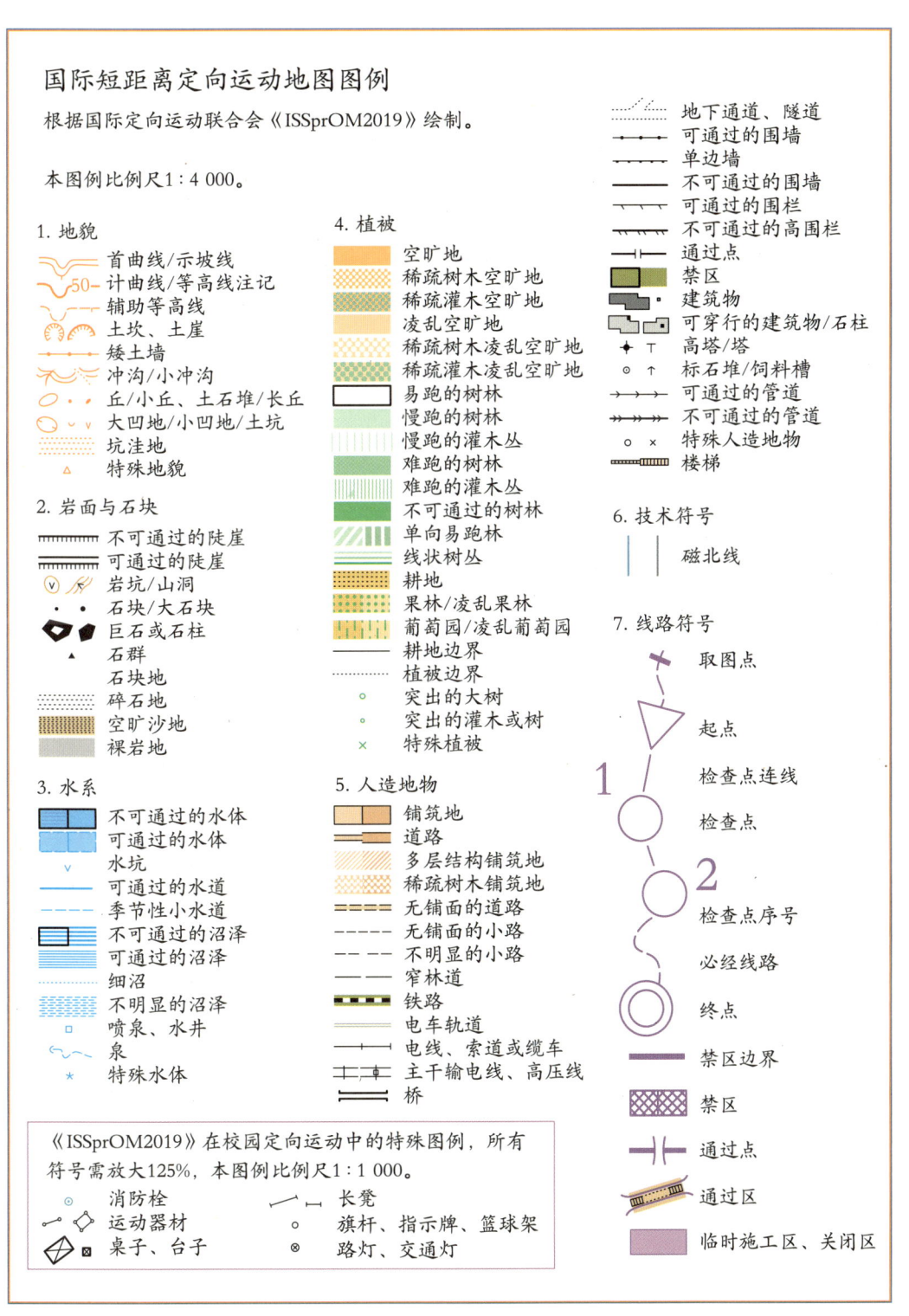

国际短距离定向运动地图图例

根据国际定向运动联合会《ISSprOM2019》绘制。

本图例比例尺 1∶4 000。

1. 地貌
- 首曲线/示坡线
- 计曲线/等高线注记
- 辅助等高线
- 土坎、土崖
- 矮土墙
- 冲沟/小冲沟
- 丘/小丘、土石堆/长丘
- 大凹地/小凹地/土坑
- 坑洼地
- 特殊地貌

2. 岩面与石块
- 不可通过的陡崖
- 可通过的陡崖
- 岩坑/山洞
- 石块/大石块
- 巨石或石柱
- 石群
- 石块地
- 碎石地
- 空旷沙地
- 裸岩地

3. 水系
- 不可通过的水体
- 可通过的水体
- 水坑
- 可通过的水道
- 季节性小水道
- 不可通过的沼泽
- 可通过的沼泽
- 细沼
- 不明显的沼泽
- 喷泉、水井
- 泉
- 特殊水体

4. 植被
- 空旷地
- 稀疏树木空旷地
- 稀疏灌木空旷地
- 凌乱空旷地
- 稀疏树木凌乱空旷地
- 稀疏灌木凌乱空旷地
- 易跑的树林
- 慢跑的树林
- 慢跑的灌木丛
- 难跑的树林
- 难跑的灌木丛
- 不可通过的树林
- 单向易跑林
- 线状树丛
- 耕地
- 果林/凌乱果林
- 葡萄园/凌乱葡萄园
- 耕地边界
- 植被边界
- 突出的大树
- 突出的灌木或树
- 特殊植被

5. 人造地物
- 铺筑地
- 道路
- 多层结构铺筑地
- 稀疏树木铺筑地
- 无铺面的道路
- 无铺面的小路
- 不明显的小路
- 窄林道
- 铁路
- 电车轨道
- 电线、索道或缆车
- 主干输电线、高压线
- 桥

- 地下通道、隧道
- 可通过的围墙
- 单边墙
- 不可通过的围墙
- 可通过的围栏
- 不可通过的高围栏
- 通过点
- 禁区
- 建筑物
- 可穿行的建筑物/石柱
- 高塔/塔
- 标石堆/饲料槽
- 可通过的管道
- 不可通过的管道
- 特殊人造地物
- 楼梯

6. 技术符号
- 磁北线

7. 线路符号
- 取图点
- 起点
- 检查点连线
- 检查点
- 检查点序号
- 必经线路
- 终点
- 禁区边界
- 禁区
- 通过点
- 通过区
- 临时施工区、关闭区

《ISSprOM2019》在校园定向运动中的特殊图例，所有符号需放大125%，本图例比例尺 1∶1 000。
- 消防栓
- 长凳
- 运动器材
- 旗杆、指示牌、篮球架
- 桌子、台子
- 路灯、交通灯

定向运动地图组成元素——国际短距离定向运动地图图例

第三节　定向运动　249

国际定向运动地图图例

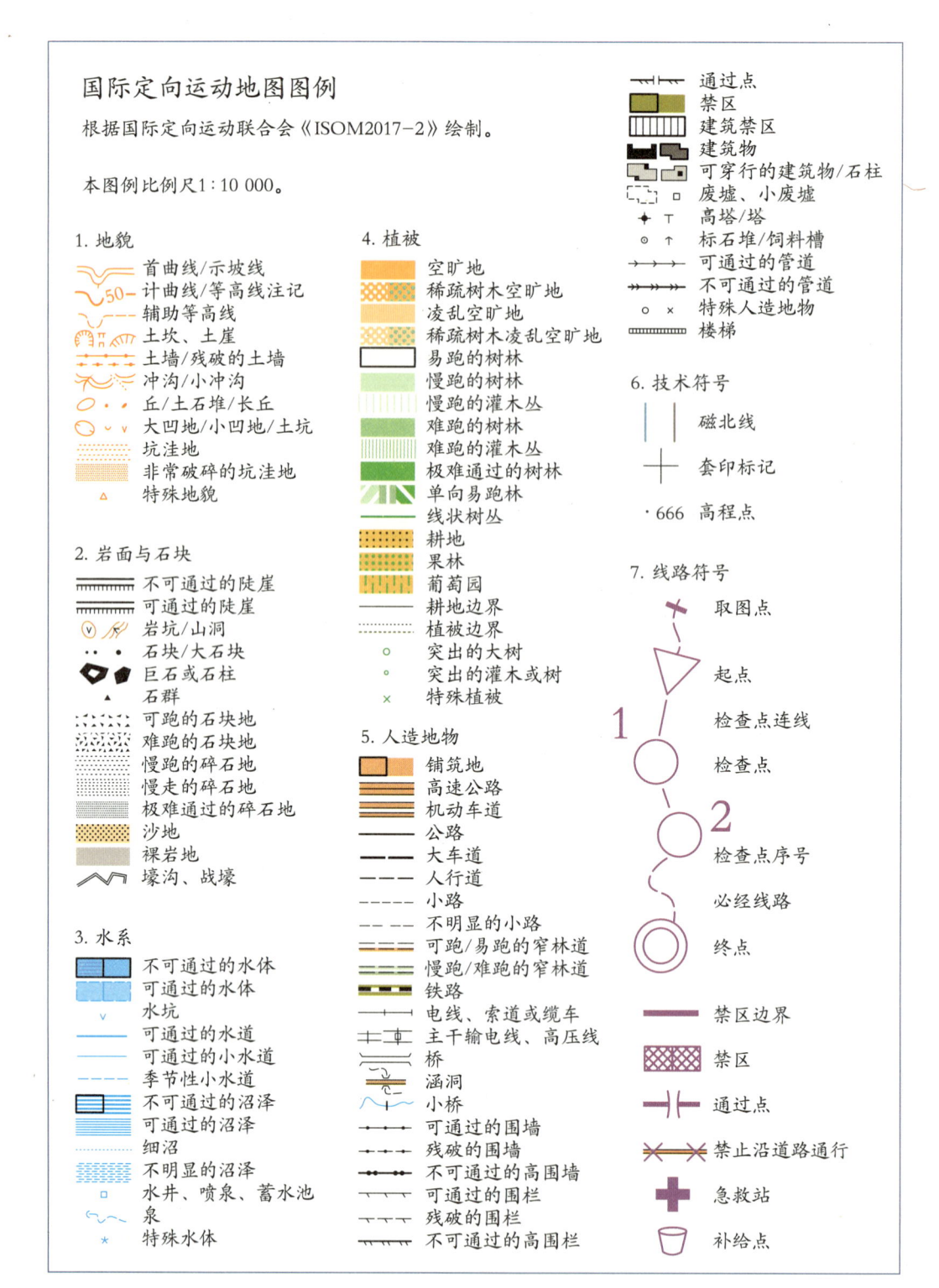

根据国际定向运动联合会《ISOM2017-2》绘制。

本图例比例尺1:10 000。

1. 地貌
- 首曲线/示坡线
- 计曲线/等高线注记
- 辅助等高线
- 土坎、土崖
- 土墙/残破的土墙
- 冲沟/小冲沟
- 丘/土石堆/长丘
- 大凹地/小凹地/土坑
- 坑洼地
- 非常破碎的坑洼地
- 特殊地貌

2. 岩面与石块
- 不可通过的陡崖
- 可通过的陡崖
- 岩坑/山洞
- 石块/大石块
- 巨石或石柱
- 石群
- 可跑的石块地
- 难跑的石块地
- 慢跑的碎石地
- 慢走的碎石地
- 极难通过的碎石地
- 沙地
- 裸岩地
- 壕沟、战壕

3. 水系
- 不可通过的水体
- 可通过的水体
- 水坑
- 可通过的水道
- 可通过的小水道
- 季节性小水道
- 不可通过的沼泽
- 可通过的沼泽
- 细沼
- 不明显的沼泽
- 水井、喷泉、蓄水池
- 泉
- 特殊水体

4. 植被
- 空旷地
- 稀疏树木空旷地
- 凌乱空旷地
- 稀疏树木凌乱空旷地
- 易跑的树林
- 慢跑的树林
- 慢跑的灌木丛
- 难跑的树林
- 难跑的灌木丛
- 极难通过的树林
- 单向易跑林
- 线状树丛
- 耕地
- 果林
- 葡萄园
- 耕地边界
- 植被边界
- 突出的大树
- 突出的灌木或树
- 特殊植被

5. 人造地物
- 铺筑地
- 高速公路
- 机动车道
- 公路
- 大车道
- 人行道
- 小路
- 不明显的小路
- 可跑/易跑的窄林道
- 慢跑/难跑的窄林道
- 铁路
- 电线、索道或缆车
- 主干输电线、高压线
- 桥
- 涵洞
- 小桥
- 可通过的围墙
- 残破的围墙
- 不可通过的高围墙
- 可通过的围栏
- 残破的围栏
- 不可通过的高围栏
- 通过点
- 禁区
- 建筑禁区
- 建筑物
- 可穿行的建筑物/石柱
- 废墟、小废墟
- 高塔/塔
- 标石堆/饲料槽
- 可通过的管道
- 不可通过的管道
- 特殊人造地物
- 楼梯

6. 技术符号
- 磁北线
- 套印标记
- ·666 高程点

7. 线路符号
- 取图点
- 起点
- 检查点连线
- 检查点
- 检查点序号
- 必经线路
- 终点
- 禁区边界
- 禁区
- 通过点
- 禁止沿道路通行
- 急救站
- 补给点

▶ 图10-3-1
定向运动地图组成元素

定向运动地图组成元素——国际定向运动地图图例

体育之窗

定向运动按工具分类，可分为徒步定向、滑雪定向、山地车定向、轮椅定向等；按持续时间分类，可分为长距离定向、中距离定向、短距离定向、百米定向等；按活动场地分类，可分为野外定向、城市定向、公园定向、校园定向等。

（二）定向运动所需器材

开展定向运动，除必备地图外，还需要利用指北针标定方向；利用点标旗明确点位标志；利用指卡记录时间；利用电子点签器形成到达位置的凭据；利用打印机记录成绩（图10-3-2）。

指北针　　　　　点标旗　　　　　指卡

电子点签器　　　　　打印机

◀ 图10-3-2 定向运动所需器材

二、定向运动技术

（一）标定地图

标定地图就是给地图定向，可以借助指北针，使图上的北方向与红色指针所指方向保持一致（图10-3-3）。

（二）选择路线

选择正确路线是指在两个检查点之间选择最优路线的策略，是定向运动技术的灵魂。路线选择的原则是安全可靠、省时省力、发挥特长（图10-3-4）。

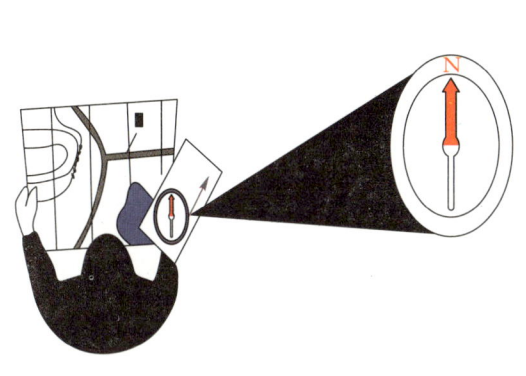

▲ 图10-3-3 利用指北针标定地图　　　　▲ 图10-3-4 选择路线

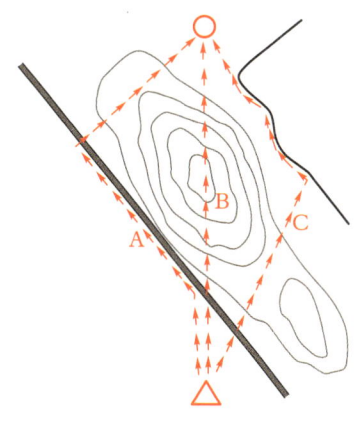

第三节　定向运动　251

(三)快速行进技能

1. 拇指辅行法

在定向运动中,常用拇指压住图上站立点的位置,将拇指想象为自己,当执行路线时,拇指也在图上做相应移动(图10-3-5)。

▶ 图10-3-5
拇指辅行法

2. "扶手"法

"扶手"法是把实地中的线状地形,如各种道路、输电线、地类界、溪流等,比作上下楼梯时的扶手,利用"扶手"引领可以较为容易和安全地到达目标点。"扶手"法分为扶线法和扶点法。扶线法是运用图中的线性地物地貌,如马路、等高线、植被分界线等,引导去下一个点位;扶点法是将自身位置与点位间的某个点状地物地貌,如块状、独立树、人造物等作为"踩点",引导去下一个点位,多用于短距离的穿越。

学练赛方法

(1)篮球场、足球场场地布置点位练习。

(2)校园星型定向练习。

(3)走或慢跑读图状态中进行技术训练,如拇指辅行法、"扶手"法。

(4)用校园地图完成蛛网定向、记忆定向等形式的练习。

(5)以班级为单位,组织直线距离为1~3 km的校园定向或公园定向比赛。

> **评一评**
>
> 以班级为单位,开展校园短距离定向运动。看看哪位同学的路线选择、技术运用最合理,评选出"班级定向超人"。

专项体能

1. 20~30 m不等距往返打卡跑练习。

2. 不同场地的跑步练习。

3. 单脚独立(闭眼和不闭眼)的练习。

4. 3 km越野跑。

启思导练

开展野外定向运动时,主要依靠自身经验和自然环境确定方向,例如,可以利用太阳、地物和植物特征进行定位。如果你在野外定向运动中丢失了自己的站立点,你会怎样快速重新确定站立点呢?请与同学一起探讨。

走进运动场

开展定向运动必须避开含大面积危险区域的场地，如断崖、沼泽或有野生动物出没的森林。通常选址以城镇、公园居多。如果在野外开展定向运动，必须做好前期勘测工作，并在进行定向活动时配备安全员。

定向运动中常见的犯规有三类：赛前违规，指运动员在比赛未开始前进入比赛场地，违规获取场地信息，或在比赛未开始前接触赛事地图；跟跑犯规，指在比赛过程中，运动员有意跟随其他运动员执行相同路线，跟随行进3个点位以上即涉嫌跟跑犯规；恶意犯规，指在比赛过程中，恶意影响他人比赛，干扰他人选取、执行线路。

体育礼仪

1. 运动员应遵守定向运动的契约精神，尊重规则与理解规则，如不提前去比赛限定区域训练、考察场地等，不提前接触制图员、线路设计裁判员等。

2. 注意保护自然生态环境，在运动中认识自然、尊重自然、顺应自然、保护自然，养成良好的环保行为。

本章小结

本章学习了花样跳绳、轮滑和定向运动的基本知识、基本技术。这些新兴体育运动贴近生活，易学易练，是丰富课余生活，增进健康的"好帮手"。除了这三项运动，还有很多值得学习的运动项目，如攀岩、登山等，这些运动项目中的技术动作及蕴含的道理、精神，还能够转化到工作中，帮助你养成坚韧不拔、努力创新等品质。希望大家能够精学细练，培养广泛的体育运动兴趣爱好，为健康的身体、充沛的精力和良好的人际关系打下牢固的基础。

郑重声明

高等教育出版社依法对本书享有专有出版权。任何未经许可的复制、销售行为均违反《中华人民共和国著作权法》，其行为人将承担相应的民事责任和行政责任；构成犯罪的，将被依法追究刑事责任。为了维护市场秩序，保护读者的合法权益，避免读者误用盗版书造成不良后果，我社将配合行政执法部门和司法机关对违法犯罪的单位和个人进行严厉打击。社会各界人士如发现上述侵权行为，希望及时举报，我社将奖励举报有功人员。

反盗版举报电话　（010）58581999　58582371
反盗版举报邮箱　dd@hep.com.cn
通信地址　北京市西城区德外大街4号　高等教育出版社法律事务部
邮政编码　100120

读者意见反馈

为收集对教材的意见建议，进一步完善教材编写并做好服务工作，读者可将对本教材的意见建议通过如下渠道反馈至我社。

咨询电话　400-810-0598
反馈邮箱　zz_dzyj@pub.hep.cn
通信地址　北京市朝阳区惠新东街4号富盛大厦1座
　　　　　高等教育出版社总编辑办公室
邮政编码　100029

防伪查询说明

用户购书后刮开封底防伪涂层，使用手机微信等软件扫描二维码，会跳转至防伪查询网页，获得所购图书详细信息。

防伪客服电话
（010）58582300

学习卡账号使用说明

一、注册/登录

访问http://abook.hep.com.cn/sve，点击"注册"，在注册页面输入用户名、密码及常用的邮箱进行注册。已注册的用户直接输入用户名和密码登录即可进入"我的课程"页面。

二、课程绑定

点击"我的课程"页面右上方"绑定课程"，在"明码"框中正确输入教材封底防伪标签上的20位数字，点击"确定"完成课程绑定。

三、访问课程

在"正在学习"列表中选择已绑定的课程，点击"进入课程"即可浏览或下载与本书配套的课程资源。刚绑定的课程请在"申请学习"列表中选择相应课程并点击"进入课程"。

如有账号问题，请发邮件至：4a_admin_zz@pub.hep.cn。